ENTRE VOZ E LETRA

O lugar da ancestralidade na ficção
angolana do século XX

ENTRE VOZ E LETRA

O lugar da ancestralidade na ficção
angolana do século XX

2ª edição – revista

Laura Cavalcante Padilha

Copyright © 2007 by Laura Cavalante Padilha

Direitos desta edição reservados à EdUFF — Editora da Universidade Federal Fluminense — Rua Miguel de Frias, 9 — anexo — sobreloja Icaraí — CEP 24220-900 — Niterói, RJ — Brasil — Tel.: (21) 2629-5287 — Fax: (21) 2629-5288 —http://www.eduff.uff.br — e-mail: eduff@vm.uff.br e à Pallas Editora — Rua Frederico de Albuquerque, 56 — Higienópolis — Rio de Janeiro — CEP 21050-840 — Tel.: (21)2270-0186 — http://www.pallaseditora.com.br — e-mail: pallas@pallaseditora.com.br

É proibida a reprodução total ou parcial desta obra sem autorização expressa das Editoras.

Normalização: Caroline Brito
Edição de texto: Tatiane de Andrade Braga
Revisão: Icléia Freixinho, Rozely Campello Barrôco, Silvia Rebello e Anna Carla Ferreira
Capa: Substância 4
Projeto gráfico: Fernanda Barreto
Editoração eletrônica: José Luiz Stalleiken Martins / Fernanda Barreto / Aron Balmas
Supervisão gráfica: Káthia M. P. Macedo
Coordenação editorial: Christine Dieguez

DADOS INTERNACIONAIS DE CATALOGAÇÃO-NA-FONTE - CIP

P123   Padilha, Laura Cavalcante
           Entre voz e letra: o lugar da ancestralidade na ficção angolana do século XX / Laura Cavalcante Padilha, 2. ed. — Niterói: EdUFF, Rio de Janeiro: Pallas Editora, 2011.
           267p. : il. ; 21 cm.
           Inclui bibliografias.
           ISBN 978-85-228-0440-5 (EdUFF – Editora da Universidade Federal Fluminense)
               978-85-347-0430-4 (Pallas Editora)
           1. Velhice na literatura. 2. Ficção angolana - história e crítica. I. Título.

                                                                    CDD 869.3

PALLAS EDITORA
Editoras: Cristina Fernandes Warth / Mariana Warth

UNIVERSIDADE FEDERAL FLUMINENSE
Reitor: Roberto de Souza Salles
Vice-Reitor: Emmanuel Paiva de Andrade
Pró-Reitor de Pesquisa e Pós-Graduação: Humberto Fernandes Machado
Diretor da EdUFF: Mauro Romero Leal Passos
Diretor da Divisão de Editoração e Produção: Ricardo Borges
Diretora da Divisão de Desenvolvimento e Mercado: Luciene Pereira de Moraes
Assessora de Comunicação e Eventos: Ana Paula Campos

Comissão Editorial
Presidente: Mauro Romero Leal Passos
Gesmar Volga Haddad Herdy
Gisálio Cerqueira Filho
Hildete Pereira Melo
João Luiz Vieira
José Walkimar de Mesquita Carneiro
Lívia Reis
Márcia Menendes Motta
Maria Laura Martins Costa
Mariângela Rios de Oliveira
Silvia Maria Baeta Cavalcanti
Vânia Glória Silami Lopes

DEDICO

Àqueles que conheci nos caminhos e espaços da infância e me acompanham até hoje, quando, já esposa de Mathusalém, mãe de Mário José e José Alfredo e sempre aluna de Cleonice Berardinelli, tento de certa forma reescrever a minha história.

A meus pais, José e Áurea, mais que origem.

A meus amigos, companheiros de tantas jornadas e tecelões de sonhos antigos.

A Xangô, que veio de lá com meu povo e aqui sincretizou com São Jerônimo. Velho dos velhos. Senhores da Sabedoria. Ambos sentados em suas pedras.

SUMÁRIO

NOTA INTRODUTÓRIA
De novo, a necessidade de uma breve explicação 9

PARA COMEÇAR
Ancorando o discurso 15

1º SEGMENTO
Exercícios de sabedoria 33
   1.1 Um ato gozoso 45
   1.2 Criando um corpo mágico 54
   1.3 Em defesa das tábuas da lei 62

2º SEGMENTO
À sombra da rainha Jinga 77
   2.1 Angola, 1900: Resistir é preciso 84
      2.1.1 A fratura do bilingüismo 89
      2.1.2 Convite para uma viagem 92
      2.1.3 Mulheres ao espelho do Cuanza 95
   2.2 Segredos de uma ficção mestiça 100
      2.2.1 Um romance oralizado 102
      2.2.2 Vozes em polifonia 109

3º SEGMENTO
Um viajante na Lunda 117
   3.1 Um movimento de amor: a tradição oral revisitada 122
      3.1.1 Onde está o ancestral 125

3.1.2 Uma visão marinheira 131
3.2 Mundos em contenda ou Sob o signo de Camuari 137
   3.2.1 Os velhos no processo de fragmentação dos mundos 143
   3.2.2 Para capturar a antinomia 152
   3.2.3 O duplo invertido do cipaio 160

4º SEGMENTO
O salto para a outra margem 167

   4.1 Retecendo a teia antiga 178
      4.1.1 Tempo dos primeiros traços 181
      4.1.2 A inscrição na pedra e o encontro alquímico 190
   4.2 Os caminhos de uma fala 202
      4.2.1 Sementes ao amanhecer 204
      4.2.2 De voz e de letra: um trançado possível 209
         4.2.2.1 Elos de uma cadeia 211
         4.2.2.2 Por uma causa 219
         4.2.2.3 A festa da palavra marginal 227

FONTES CONSULTADAS 239
   I. Obras literárias 239
   II. Títulos gerais 243

ILUSTRAÇÕES 255

NOTA INTRODUTÓRIA
DE NOVO, A NECESSIDADE DE UMA BREVE EXPLICAÇÃO

No ano do Centenário da Abolição da Escravatura, 1988, defendi, na Universidade Federal do Rio de Janeiro, a tese de doutoramento intitulada *Entre voz e letra: o lugar da ancestralidade na ficção angolana do século XX*, sob a orientação da mestra de todos nós, Cleonice Berardinelli. Lembro-me de ter aberto a defesa, mostrando a coincidência de datas e o fato de não ver, naquela Lei, um gesto de libertação dos negros brasileiros; antes, o contrário.

Como sabemos, o fato de não haver mais escravidão no Brasil não assegurou aos afro-descendentes amplas condições de cidadania e de inclusão. Isso justifica por que a história, a filosofia, a literatura, a arte etc. dos grupos étnicos africanos nunca tenham sido matéria de conhecimento formal em nosso país e, em conseqüência, não façam parte da memória oficial brasileira, ficando excluídas do sistema educacional como um todo. A tese se queria uma forma de não-acatamento do silêncio cultural que se abatia sobre a África, no caso, representada por Angola.

Em 1995, o texto primeiro ganhou forma de livro, sendo publicado, com os necessários ajustes, pela Editora da Universidade Federal Fluminense. Nova comemoração então acontecia: o tricentenário de Zumbi dos Palmares, símbolo da resistência e da luta pela liberdade dos negros cativos brasileiros. Esse sonho sonhado lá na serra da Barriga, ainda no tricentenário, não se encontrava de todo realizado. A organização neocolonial das estruturas de pensamento e as da sociedade brasileira, como um todo, impediam que o desejo utópico de Zumbi e seus seguidores se transformasse em realidade.

Publicado o livro, ele veio a ganhar o Prêmio Mário de Andrade, de Melhor Ensaio Literário de 1995, outorgado pela Biblioteca Nacional, o que muito me honrou, vale dizer.

Em 2005, a Editora Novo Imbondeiro, com sede em Portugal, reeditou a obra, dando-lhe um título mais breve: *Entre voz e letra: a ancestralidade na literatura angolana*. Ao ler a edição, ponderei com os editores que fazia falta a palavra ficção, pois este era o meu objeto mais direto de estudo e pesquisa.

Já agora, o livro ganha uma segunda edição brasileira, com a parceria EDUFF/PALLAS, mantendo-se nele as alterações feitas para a publicação portuguesa. Recebe, assim, uma outra roupagem gráfica, como se fosse uma espécie de terceira pele. Parece mesmo que, como nos ritos de iniciação, o ensaio foi ganhando outras formas, durante sua existência, sem perder, a meu ver, o sentido que lhe quis dar.

Relendo o texto, quase vinte anos depois, pude ver como o tema do encontro, simbólico e textual, da oralidade com a escrita continua a estar presente no meu trabalho de pesquisa, pelo fato mesmo de que os escritores angolanos não abdicaram desse procedimento seminal. Atestam isso, por exemplo, romances de Manuel Rui, Ruy Duarte de Carvalho, Boaventura Cardoso e o último de Luandino Vieira, dentre outros.

Ontem, como hoje, vejo, na oralidade, uma das formas de manifestação da ancestralidade cultural angolana e, na ficção em prosa que a recupera, um modo de resistência aos padrões estéticos e ideológicos do ocidente branco-europeu. Cartografam-se, desse modo, as identidades em diferença que a colonialidade do poder e do saber tentou, em vão, esfacelar.

É claro que, na série histórico-literária, esse desejo de reforço identitário ora se apresenta em maior intensidade, ora com menor força. No entanto, se rastrearmos as produções, desde o século XIX, veremos que os escritores tentam reforçar o sentido de pertença à "terra" angolana. De um modo ou de outro, o fato é que essa espécie de semântica da diferença se faz uma das marcas da literatura angolana, como um todo, quando esta se acumplicia com a sua alteridade simbólico-cultural.

Creio que fica assim explicada a gênese de *Entre voz e letra*, bem como o ficam suas várias "peles" e, mais que isso, o fato de achar que o ensaio ainda pode ser produtivo para os estudiosos das literaturas e culturas africanas, em geral, e da angolana, em particular. Devo dizer que não atualizei a bibliografia, pois isto constituiria uma inverdade epistemológica. Assim, ela segue como estava em 1988.

Vale, contudo, afirmar que, nos quase vinte anos vividos desde então, muita coisa nova surgiu e não apenas no que concerne ao suporte bibliográfico disponível. As trilhas por onde nós, docentes e pesquisadores brasileiros, caminhamos se tornaram menos densas do que, um dia, foram. Muitas dissertações, teses, livros, artigos etc. se escreveram. Conseguimos atravessar nossos caminhos mais serenos e confiantes, o que se faz motivo de júbilo e alegria.

No entanto, é lástima que eu ainda não possa celebrar a inclusão plena dos afro-descendentes de meu país. Pena que, excluídos, nós ainda precisemos de leis e decretos que nos tornem mais visíveis. Sei que já é um começo, mas sei também que será preciso vencer muitos obstáculos, sem choro ou temor, pois, como ensina o poeta angolano António Cardoso (com a voz de quem fecho esta nota), "É inútil chorar", porque

> *É inútil mesmo chorar*
> *Se choramos aceitamos, é preciso não aceitar*
> *por todos os que tombam pela verdade*
> *ou que julgam tombar.*
> *O importante neles é já sentir a vontade*
> *de lutar por ela.*
> *Por isso é inútil chorar.*
> *[...]*
> *Que cada um de nós*
> *lance a lenha que tiver,*
> *mas que não chore*
> *embora tenha frio.*
> *Se choramos aceitamos, é preciso não aceitar*

Acreditando no sentido dos versos do poeta, repito o que, em 1988, naquela defesa de tese, eu dizia: "É preciso não aceitar o não-lugar da África em um país como o nosso." O ensaio quer ser, ele mesmo, uma forma de romper um pouco este incômodo silêncio em que a história e a cultura africanas mergulharam no Brasil. É só.

Laura Cavalcante Padilha

PARA COMEÇAR
ANCORANDO O DISCURSO

AGOSTINHO NETO
SAGRADA
ESPERANÇA

Poemas

UNIÃO DOS ESCRITORES ANGOLANOS

> *Eu sou (interiormente) volúvel, porque não posso ancorar meu discurso: os signos giram em "roda livre". Se eu pudesse pressionar o signo, submetê-lo a uma sanção, poderia finalmente ter sossego. Que pena que não se pode engessar a cabeça como se faz com as pernas!*
>
> Roland Barthes

Pensar a escrita é assumir-se em desassossego. Os signos rodam soltos na cabeça, sempre volúveis, mutantes. Parece, no instante zero, ser vã toda e qualquer tentativa de apaziguamento para a possível capitulação do dito. Por isso busquei em Barthes e na eterna magia de seu texto um meio que me permitisse atracar os signos em minha escrita. Com a epígrafe, encontrada nos *Fragmentos de um discurso amoroso* (1981, p. 143), veio a paráfrase de que me valho para iniciar a tecelagem de meu próprio tecido: ancorando o discurso.

Começo, pois, buscando tornar clara a direção do meu olhar e os caminhos por ele percorridos na senda aberta pelos textos da ficção angolana do século XX, escolhidos tanto por se fazerem sujeitos, como objetos de [meu] desejo. Saio, assim, nesse momento, da pura fruição gozosa e tento chegar, rastreando-os, a outros terrenos menos movediços, mas infinitamente menos prazerosos...

A segunda metade do século XX vê acirrar-se em Angola um movimento de problematização e resistência cultural pelo qual se procura reafirmar a diferença da angolanidade por tanto tempo marginalizada pelos aparatos ideológicos do colonizador e, naquele momento histórico, pensada como um absoluto. Nesse movimento mais amplo, cabe às produções literárias o papel fundamental de difundir e sedimentar essa busca de alteridade na cena simbólica angolana. Articula-se, então, uma fala literária que tenta superar a fragmentação do dilacerado corpo nacional, restabelecendo-se, assim, não uma unidade perdida, já que esta nunca existiu, mas uma espécie de unificação em torno de ideais comuns que movessem a engrenagem da história em outro sentido.

É tão intensa a força dessa voz emergente, que a revista *Mensagem* (LUANDA, 1951), marco da modernidade literária angolana, subintitula-se "A voz dos naturais de Angola". Com isso, atende à palavra de ordem de seus mentores, os Novos Intelectuais, que em 1948 convocaram todos à redescoberta do corpo fragmentado, com o grito "Vamos descobrir Angola!".

A leitura, que ora começa a apresentar-se em forma de livro, procurou rastrear momentos da produção ficcional angolana em que mais fortemente se fez ouvir essa "voz dos naturais", no século XX. Para tanto, partiu de um ponto-origem que se construiu, na tradição angolana, de fala e gestualidade, já que a cena oral vai, na África, além da voz, fazendo-se corpo e gesto e interseccionando, assim, narrativa — que é o que ora nos interessa — e drama.

Desse ponto-origem — revitalizado quando os produtores de bens simbólicos sentiram a necessidade de encontrar "exemplos nacionais anteriores" (CANDIDO, 1987, p. 153), pelos quais pudessem articular a diferença da alteridade — o ato de leitura caminhou até chegar a um outro tempo em que a voz, outrando-se, fundiu-se com a letra. Criou-se, então, um lugar dos mais fecundos nas literaturas de língua portuguesa que aqui vou chamando de "entre voz e letra".

Em todas as suas paradas obrigatórias a idéia da leitura foi deixar que a fala — fragmentada, embora intersticial muitas vezes e, outras, profundamente agônica — fosse o sinal maior e se mostrasse em diferença. Para isso, não havia como tentar subjugá-la em amarras (teorias?) que não foram feitas para atracar seu navio aos batentes do cais. Também para que a precedência da outra fala fosse assegurada, procurou o trabalho investigativo — cujo sujeito passa a assumir-se como um eu — valer-se da interdisciplinaridade, buscando, nas várias ciências humanas, guias seguros que ajudassem aquele mesmo sujeito a realizar sua própria travessia.

Ensina Mikhail Bakhtin, retomado a partir de Tzvetan Todorov, que "o objeto das ciências humanas é o ser expressivo e falante"

(1981, p. 41) e que, para compreender a profundidade da expressão desse ser, é preciso entrar em relação dialógica com seus textos, o que se consegue, fazendo com que o discurso do eu entre em relação com o discurso do outro. Nessa interação das duas vozes é importante não esquecer que o eu e o outro são seres absolutamente distintos e que é nessa alteridade que reside toda a possibilidade de compreensão.

Meu discurso sobre a ficção angolana, portanto, nada quererá explicar; ele se propõe apenas a compreender. Busco, pela leitura, elaborar um contradiscurso, por meio do qual possa chegar a uma "compreensão criadora", entendendo a expressão, ainda com Bakhtin, como uma compreensão que não renuncia ao seu lugar no tempo, no espaço e na outra cultura (TODOROV, 1981, p. 169).

É deste lugar, Brasil, e deste tempo, fim do século XX e início, já agora, do XXI, que procuro ver a ficção angolana, o seu trajeto para a independência, a reafirmação de sua diferença, enfim, a sua luta contra as armadilhas do discurso do colonizador que se caracteriza por ser um discurso de achatamento e, quase sempre, de uma profunda intransigência cultural.

Retomando mais detidamente a relação da ficção angolana com a escrita, vê-se que tal relação se mascara, até quase a segunda metade do século XX, sobretudo, pela dependência em relação ao discurso estético do colonizador, contrariamente à ficção que circulava pela voz e se caracterizava pela reafirmação dos valores de origem, sempre colocados na periferia por aquele mesmo colonizador para quem as práticas autóctones significavam uma não-cultura. Isso se explica pelo fato de que, na visão reificada que da cultura tinha o colonizador, ter cultura era ter acesso a uma série de bens materiais e simbólicos[1] pelos quais essa cultura se manifestava. Tal postura equivocada fazia com que o dominador marcasse por um sinal de falta, de vazio, ou seja, por um sinal menos, as práticas culturais do outro, situação que ele procurava reverter com sua "missão civilizadora".

Todos esses pressupostos originam o fato de que a ficção angolana — e de resto toda a produção literária — como expressão escrita vai estabelecer, no momento de sua formação, um "vínculo placentário" com a literatura portuguesa, usando a feliz expressão de Antonio Candido (1987, p. 151). Tal vínculo fazia com que o

---

[1] Cf. BOSI, Alfredo. "Cultura como tradição". In: *Tradição/Contradição*. Rio de Janeiro: Zahar, 1987. p. 35-36.

produtor textual colonizado quisesse inserir-se, e à sua obra, no quadro geral da literatura do dominador, esforçando-se ao máximo para aproximar a sua dicção literária da dos autores metropolitanos. As referências pertenciam à cultura dominante que, com seu "canhão", disparava seus petardos contra as manifestações da dominada não enquadradas nas normas por ela, cultura, preestabelecidas e já devidamente consagradas pelo sistema de poder literário vigente. Manuel Rui, em "Eu e o outro — o invasor", assim resume o processo de desapropriação por que passa a forma angolana de pensar o texto:

> Quando chegaste mais velhos contavam estórias. Tudo estava no seu lugar. A água. O som. A luz. Na nossa harmonia. O texto oral. E só era texto não apenas pela fala mas porque havia árvores [...]. E era texto porque havia gesto. Texto porque havia dança. Texto porque havia ritual. Texto falado ouvido visto. É certo que podias ter pedido para ouvir e ver as estórias que os mais velhos contavam quando chegaste! Mas não! Preferiste disparar os canhões (RUI, 1985a).

O vínculo placentário só se vai romper na literatura angolana quando, na segunda metade do século XX, principalmente, mas não só, os produtores encontram uma expressão em diferença para suas manifestações artísticas. Evidencia-se, então, "a capacidade de produzir obras de primeira ordem, influenciadas, não por modelos estrangeiros imediatos, mas por exemplos nacionais anteriores", ainda seguindo Candido (1987, p. 153). É nesse momento que se firmam as bases do estrangeirismo dessa literatura, como bem assinala Pires Laranjeira, ao mostrar que, ao libertar-se "do seu significado de fetiche turístico e cartaz ilusoriamente localista", a literatura angolana resgata a especificidade de sua diferença: "pela mistura plurinlingüística, pelo preenchimento mnemônico dos espaços imaginários e oníricos dos leitores desapropriados de *ser* e de *pátria*." Faz-se ela, então, "indecifrável, labiríntica e inequivocamente estrangeira" (1985, p. 13) procurando a verdadeira face de sua identidade, ela própria constituída de muitos fios e sinais, daí a impossibilidade de ser vista como algo monolítico.

Na busca dessa face, as manifestações artísticas passarão por um processo inverso de reapropriação dos bens simbólicos que haviam sido deixados na periferia pela cultura literária hegemônica do colonizador, sempre empenhado em anular as diferenças, como bem observa Theo Santiago (1977). Dá-se, pois, um movimento de descolonização, e a tradição oral é repensada como forma de gritar a própria alteridade. Volto a Manuel Rui (1985a):

> E agora o meu texto se ele trouxe a escrita? O meu texto tem que se manter assim oraturizado e oraturizante. Se eu perco a cosmicidade do rito perco a luta [...] eu não posso retirar do meu texto a arma principal. A identidade.

Aqui devo abrir parênteses para explicar por que usarei, desse momento em diante, a nomenclatura tradição oral, embora sabendo de sua amplitude semântica. Metodologicamente, é a expressão que mais se adapta aos meus objetivos pelas razões que seguem.

A *tradição*, como bem sintetiza Gerd Bornheim (1985, p. 21-22), "pode [...] ser compreendida como o conjunto dos valores dentro dos quais estamos estabelecidos", valores estes que, pelo dito ou escrito, passam de geração em geração. Assim, ela adquire um "caráter de permanência", fazendo-se "princípio de determinação". Nesse sentido, o significante ajusta-se aos propósitos da leitura, que quer surpreender alguns desses "vínculos de permanência", bem como algumas de suas formas de transmissão nos textos ficcionais angolanos do século XX, ou, mais apropriadamente, nos textos narrativos que formam o *corpus* desta investigação.

Apesar do estabelecimento, em certos segmentos da crítica, da palavra *oratura*, esta não me parece recuperar o que desejo atingir; ao contrário de *tradição oral*, que assegura a idéia de permanência, subjacente a minha leitura.

Por outro lado, o ponto-origem buscado será um grupo de estórias populares designadas *missossos*[2], que circularam, durante séculos, pela voz dos contadores orais, ou seja, pela voz dos *griots* da tradição, aqui ampliando o uso do termo griot. Contar missosso, no universo social de Angola — quimbos, aldeias e/ou cidades — é uma prática ritualística e gozosa pela qual os imaginários do contador e de seu(s) ouvinte(s) entram em interação prazerosa. Então, é a soberania da voz que comanda a festa do prazer do texto.

---

[2] A partir desse momento, os termos, aportuguesados ou não, das línguas nacionais angolanas só serão grifados na primeira vez em que se resgatarem neste texto. Depois, serão incorporados ao meu próprio vocabulário, sem qualquer marca gráfica.

É pertinente, ainda, neste momento inicial, assinalar outro fato relevante: quando o pesquisador — e é o meu caso — não domina o código das línguas nacionais, ele trabalha com textos de segundo grau, com traduções propostas por um outro estudioso. Cria-se, assim, um viés que pode influir negativamente nos resultados a que se chega. Mesmo consciente do risco, penso que não poderia compreender criativamente a produção ficcional angolana do século XX sem a leitura das narrativas populares orais que lhe servem como uma espécie de novo modelo, em contraposição aos modelos do colonizador europeu, narrativas que pertencem, no caso, a uma determinada região de Angola, formada por Luanda e adjacências, segundo especialistas. Só depois de tentar mergulhar no *proprium* de algumas formas resgatadas da oralidade, portanto, é que percorrerei a estrada dos textos ficcionais que se produziram e circularam neste século pela escrita, ingressando no mundo da letra já munida de outras referências simbólico-discursivas. Isso me permitirá pensar o texto nos moldes que propõe Manuel Rui (1985a), a cuja comunicação, uma vez mais, recorro:

> *Como escrever a história, o poema, o provérbio sobre a folha branca? Saltando pura e simplesmente da fala para a escrita e submetendo-me ao rigor do código [...]? Isso não. No texto oral já disse não toco e não o deixo minar pela escrita arma que eu conquistei ao outro [...] Interfiro, desescrevo, para que eu conquiste a partir do instrumento da escrita um texto escrito meu, da minha identidade [...] Temos de ser nós. "Nós mesmos". Assim reforço a identidade com a literatura.*

Aí está, explicitado, o desejo que parece nascer no século XX com a ficção de António de Assis Júnior, ou seja, com o romance *O segredo da morta* (1929). O ficcionista não possuía ainda — é certo —, por condicionantes históricas já sabidas, as armas com que pudesse explodir o texto do outro, mas tenta um caminho próprio, ao procurar revitalizar, na escrita, formas populares de narrar o texto. Faz dele hibridamente um missosso e uma *maka,* além de situá-lo como forma romanesca branco-ocidental, já que subintitula a obra de "romance de costumes angolenses". Em tal texto se percebe, fecundo, o veio aberto pelo desejo de resgatar um ritmo ficcional próprio que correspondesse ao da África-origem que Francisco José Tenreiro caracterizava poeticamente como a "da vida livre / e dos gritos agudos de azagaia!" (1982, p. 71).

Assis Júnior se compromete com a Angola oralizada e oralizante, com a Angola já sem a "vida livre", mas cuja memória narrativa tenta preservar. Isso explica por que ele cria um espaço ficcional híbrido em que procura subjugar a voz com os grilhões da letra, sem que, no entanto, se possa desprender do fascínio que sobre seu imaginário exercia aquela mesma voz. Configura-se, em seu romance, a resistência angolana que aparece por certos sinais imagísticos, como as figuras de velhos, de criança ou o resgate de festas populares, tradições etc. Também ela se reitera na metáfora sussurrada da rainha Jinga, uma das marcas da arquitetura narrativa.

Conclui-se, desse modo, que o propósito maior de *O segredo da morta* é gritar sua alteridade, mesmo que o produtor do texto não tenha a consciência plena do objeto estético que manipula, nem a coragem de romper com a catalogação da obra como romanesca. Esse último fato demonstra que ele está preso ao sistema de referências valorativas branco-européias, sistema este que confere a chancela de literariedade aos textos, segundo os padrões vigentes na cultura letrada ocidental.

A terceira parada obrigatória da leitura será a obra de Fernando Monteiro de Castro Soromenho, em cujas páginas ficcionais começa a tomar corpo o projeto ideológico de denúncia do fato colonial, ao mesmo tempo em que o autor de formação cultural portuguesa sucumbe ao apelo da tradição oral lunda e/ou quioca, com a qual interage de forma amorosa nas suas primeiras produções narrativas. Recorro, uma vez mais, a Alfredo Bosi, para quem entre um consumidor alto da cultura e as manifestações populares, "só há uma relação válida e fecunda [...] a relação amorosa" (1983, p. 164). É essa a relação estabelecida entre Soromenho e a angolanidade, sobretudo no que concerne às manifestações culturais da região da Lunda. Tomo aqui a palavra *angolanidade* no sentido proposto por José Carlos Venâncio. Afirma o autor que ela

> *corresponderá, de certa forma, ao que os etnólogos designam por cultura ou, quando muito, tendo em conta a evolução da abordagem deste objecto dentro da dita disciplina, a um aspecto da cultura, nomeadamente ao que Malinowski designa de necessidades integrativas, referindo-se à magia, religião e conhecimento* (1987, p. 12).

Presencia-se, na obra de Soromenho, o pacto de sua ficção com o outro que é a angolanidade, com a qual entra em uma forte relação dialógica. Surge, em seus textos, o velho mundo angolano que as cisões internas entre grupos étnicos e o colonialismo haviam em parte esfacelado. Nesse quadro geral, marcado por uma profunda apatia, avultam, uma vez mais, as figuras de velhos negros — quase sempre os depositários das tradições grupais — aos quais se vêm juntar os velhos portugueses brancos, também outro núcleo figurativo muito importante nos romances da segunda fase.

O universo angolano, em sua configuração espaço-temporal, é resgatado da margem onde sempre estivera e o negro ganha voz nas narrativas do autor, embora não perca de todo sua feição um pouco exótica, como se verá. Um novo pacto narrativo, no entanto, se estabelece e a ficção de Angola começa a sedimentar seu edifício de letra, ao mesmo tempo em que a voz continua, em *off*, a arquitetá-lo sobretudo na primeira fase das obras de Soromenho. Por outro lado, o fato de o texto se fazer positivamente ideológico representa um passo fundamental para que o projeto da modernidade literária angolana, a sua resistência, se consolide.

Chega-se, depois de Soromenho, à quarta e última parada da leitura, à sua estação final. Nela vemos, pelos textos formadores do *corpus*, que já se está diante de uma consciência de nacionalidade, uma vez que os *doublés* de escritores e revolucionários se empenham, estética e político-ideologicamente, na reconstrução da angolanidade. Manifesta-se, então, aquela "energia nacional" de que fala Antonio Gramsci e que é, antes de mais nada, coletiva, representando "o conjunto das relações internas de uma nação" (1985, p. 71).

Pensando em recuperar essa face coletiva, esta pesquisa escolheu deliberadamente, como *corpus*, narrativas curtas que proliferam no primeiro momento da ficção angolana pós-1950. Com isso, engloba um número maior de autores, muito embora consciente de não poder abarcar todos, bem como as obras que fazem parte daquele macroconjunto. Tal escolha prende-se ao fato de que as narrativas curtas se alicerçam nos "exemplos nacionais anteriores" de que fala Candido, ou seja, nas narrativas da tradição oral, base do edifício estético-ficcional angolano.

Dessa forma, reencontra-se o clima de maka e missosso, principalmente o da primeira. Ele surge, sobretudo, na ficcionalização dos modos de vida autojustificativos do povo de Angola, já agora não apenas representados em sua vertente interiorana, mas na urbana também, uma vez que é Luanda o espaço principal das ações narrativas. Meu próprio texto retomará, com isso, o ponto de origem, fechando-se em um moto-contínuo, tão ao gosto da ficção popular, angolana ou não.

Por outro lado, as narrativas curtas, quando se apresentam em dada obra, reforçam o aspecto de coletivo plural tão importante naquele momento histórico. O romance é sempre um indiviso, um texto singular e solitário. *Só*, ele se faz um *só* objeto, sempre singular. Já as narrativas curtas, principalmente nas dimensões que ganham no universo ficcional angolano — apresentando-se na materialidade do livro como um conjunto — configuram-se como partes estelarmente fragmentadas de um corpo único que se tenta recompor a partir de seus pedaços. Talvez se possa também justificar esse gosto da ficção angolana pela narrativa curta — além da retomada explícita dos modelos-origem —, com o fato histórico da fragmentação da identidade, situação esta que se tenta reverter naquele momento pós-1950. É interessante, nesse sentido, notar como as diversas estórias que compõem uma dada obra apresentam, quase sempre, elos comuns que o leitor vai descobrindo e com os quais a unidade se tenta recuperar, em uma tentativa de superar, até nesse nível, a fragmentação.

A exemplo do que se dava nos missossos, também contracenam, nas modernas narrativas literárias, mais velhos e mais novos que, juntos, procuram reconstruir, dialogicamente — o velho, pela memória e pela palavra, e o novo, pela esperança e pelo jogo —, o mundo angolano fragmentado. A partir desse encontro fecundante, percebe-se ser possível "o salto qualitativo do novo sobre o velho", como ensina Henrique Abranches, ao observar:

> *a luta entre "o velho" e "o novo" [...] é uma luta que penetra todo o fenómeno económico-social da nossa sociedade a ponto de dever finalmente provocar uma explosão, uma libertação total dos elementos progressistas da cultura, refreados até agora pela herança deixada pelo opressor em vias de eliminação, e também pela herança de séculos de atraso histórico que, não sendo dominante, parasitam residualmente nas relações sociais do nosso povo* (1979, p. 25).

Vale notar que, na maior parte dos textos lidos, não se observa nos velhos esse "parasitismo residual"; antes, pelo contrário, eles são configurados como elementos ativos de cuja ação depende, algumas vezes, a solução para o conflito narrativo. É claro que também aparecem velhos resistentes à mudança, mas a grande maioria está empenhada nela, daí porque eles vão interagir com os mais novos, criando um espaço de fecundação que engravida o devir angolano. Assim se poderá vencer a morte das formas de vida autojustificativas, como o dominador parecia querer impor.

Uma outra preocupação da leitura é a de surpreender, na materialidade discursiva, uma interseccionalidade entre os procedimentos narrativos orais e escritos. O produtor textual tem plena consciência de que é preciso resgatar a tradição da oralidade, fonte emanadora da própria identidade literária, como mostra Manuel Rui. Há, assim, a consciência de que é preciso gestualizar o texto, griotizá-lo, para que ele possa gritar a alteridade de sua voz, duplamente. Por outro lado, há também a consciência da escrit(ur)a, como um corpo marcado pela sedução e pela magia, corpo que deve ser percorrido para tornar possível a plenitude do gozo, pensando com Barthes. O texto nasce, assim, como um espaço erótico de possibilidades sígnicas que o escritor, cioso e ciente de seu ofício, constrói também com artesania e labor.

O moderno texto ficcional angolano situa-se, desse modo, em uma outra margem — jamais passível de ser confundida com periferia; margem plena de significação, construída como um lugar outro, interseccional e liminar, situado entre voz e letra. Ao constatar a fecundidade desse lugar é que pude encontrar um título para minha própria leitura, por meio do qual tentei realizar meu contradiscurso e, assim, elaborar a desconstrução pretendida.

Acrescento, ainda, que o título — *Entre voz e letra* — procurou algo que o suplementasse, oferecendo-lhe um excesso que o pudesse preencher, segundo a via aberta por Jacques Derrida (1971). Cheguei, então, a: "O lugar da ancestralidade na ficção angolana do século XX", o que em parte já está devidamente explicitado. Penso, porém, que o termo *ancestralidade* requer ainda alguns esclarecimentos.

Assim como, esteticamente, a oralidade é um dos traços distintivos do discurso narrativo angolano, também a força vital constitui a essência de uma visão que os teóricos das culturas africanas chamam de visão negro-africana do mundo. Tal força faz com que os vivos, os mortos, o natural e o sobrenatural, os elementos cósmicos e os sociais interajam, formando os elos de uma mesma e indissolúvel cadeia significativa, segundo ensina, dentre outros, Alassane Ndaw

(1983). Intermediando o vivo e o morto, bem como as forças naturais e as do sagrado, estão os ancestrais, ou seja, os antepassados que são "o caminho para superar a contradição que a descontinuidade da existência humana comporta e que a morte revela brutalmente", nas palavras de José Carlos Rodrigues (1983, p. 82). Eles estão, assim, ao mesmo tempo próximos dos homens, dos deuses e do ser supremo, cujas linguagens dominam.

Mesmo em momentos como o atual, em que é outra a correlação de forças ideológicas, não desaparece totalmente a presença significante da ancestralidade, sobretudo entre as camadas não letradas. Por isso, pareceu-me que deveria resguardar esse importante traço aglutinador, usando, em vez da palavra tradição — o que seria previsível —, ancestralidade, que passa a significar a marca, por excelência, dos textos trabalhados. Haverá, assim, a ancestralidade discursiva do texto oral, a constelação de figuras de velhos como forma de plasmá-la imageticamente e, por fim, uma luta surda contra a morte que, sendo descontinuidade, se pode exorcizar pela certeza da ancestralidade, caminho para que se supere a contradição, no sentido da citação, já feita, de Rodrigues.

Outra questão ligada a práticas ancestrais narrativas de resistência é o uso literário das línguas nacionais também considerado pela leitura. No enfrentamento do velho (autoctonia angolana) e do novo (ordem de poder colonial), ganha relevo o lugar antagonicamente central e periférico que ocupam tais línguas, do ponto de vista, respectivamente, do colonizado e do colonizador.

As línguas nacionais — como por exemplo o cokwe, o kikoongo, o mbunda, o oxikwaniama e o umbundu[3] —, dentro da lógica da dominação, permanecem na periferia até o século XX, quando os etnólogos passam a fazer delas, principalmente do quimbundo, um objeto de estudo. O fato de serem tais línguas percebidas como bárbaras e/ou exóticas, na visão do colonizador, abre uma questão fundamental para este, ou seja, a imperiosa necessidade de dotar o colonizado de uma língua cristã, com a qual se dilatassem, ao mesmo tempo, a fé e o império. "Civilizar" o negro implicava, necessariamente, fazer dele um falante — o mais das vezes mau — da língua portuguesa. Os sistemas de ensino da colônia — ou

---

[3] No corpo do texto a denominação dessas línguas se dará dentro da padronização portuguesa.

melhor, aquele ensino que se destinava à população nativa — são o maior testemunho do processo de desfiguração cultural que transformava o angolano em um ser alienadamente assimilado aos bens culturais do dominador, ao mesmo tempo desprovido de língua e de pátria.

Para os falantes dos idiomas nacionais, inversamente, estes representavam o grande centro de referências, pois toda a sua mundivisão se ligava diretamente àqueles idiomas. Sabemos que a palavra funciona, como ensinam Volochinov e Bakhtin, como "instrumento de consciência" (1983, p. 37). Desse modo, quando o colonizador se dividia entre dois instrumentais era a sua própria consciência que se fragmentava violentamente. A primeira crise de identidade do dominado nasce quando ele começa a desconfiar de sua língua de origem que, juntamente com o sagrado, é posta na periferia das periferias pelo colonizador.

De modo oposto, vamos surpreender o processo de reapropriação cultural como um processo que necessariamente impõe uma recuperação da confiança nas línguas nacionais. Estas deixam de ser um objeto dicionarizável apenas, para renascerem como línguas vivas, reinserindo-se no universo do discurso literário com a mesma pujança original que tinham nos contextos sociolingüísticos autóctones.

É conveniente lembrar que, nas relações sociais ativas, as línguas nacionais nunca perderam sua função dialógica plena; no entanto, entre os grupos letrados e, via de regra, urbanos — Assis Júnior serve como bom exemplo disso — elas se fizeram monológicas, sendo imobilizadas na escrita — literária ou não — pelo grifo, negrito ou itálico. Muitos autores se utilizavam, ainda, das dicionarizações intratextuais, notas de pé de página, explicações, traduções etc., o que fazia delas quase línguas "mortas", além de se apresentarem decididamente como estrangeiras. Por outro lado, no panorama ficcional do século XX, elas passam a ocupar outra posição no jogo enunciativo — não obstante o fato de que a língua herdada do colonizador não perca a sua hegemonia de objeto cultural alto, pois os textos se dizem em português.

Uma palavra final deve ser dada sobre os pressupostos teóricometodológicos que estão na base deste processo de leitura. Ler não é, para mim, um gesto parasita — de novo retomo Barthes, já agora pensando em S/Z (1970) —, mas se propõe como gesto fecundante, como o outro lugar da escrit(ur)a: seu duplo. Tomando, assim, Penélope como sua metáfora, a leitura se entregará ao lúdico jogo do tecer-destecer. A partir de fios que dionisicamente destece, ela, apolineamente, busca retecê-los, propondo um excesso ao tecido, tomada a palavra excesso no sentido que lhe confere Derrida, já que se acrescenta alguma coisa àquele tecido primeiro (1971, p. 245).

Reitero que, em nenhum momento, a leitura se propõe fundar qualquer verdade. Seu sujeito é ele próprio um tecido formado por outros fios-texto, fortes presenças em seu imaginário, daí a intertextualidade absoluta de seu discurso.

As relações, já por si complexas, entre o sujeito plural de leitura e os objetos mais que plurais que seu desejo apontou, se fazem mais complexas ainda, quando os textos escolhidos pertencem a uma cultura por tanto tempo deixada à margem e cujos modelos são importados da metrópole. Penso mesmo que se deveria rever — e não é o meu caso nesse momento — o que a crítica entende por literatura colonial, já que a situação histórica de colônia se estendeu até 1975, ano da independência.

Por todas as questões valorativas abertas pelo fenômeno da dependência, o leitor não chega aos textos angolanos municiado pelos indicadores que confeririam uma pré-legitimidade à escolha, como acontece com as obras consagradas das literaturas branco-ocidentais. Desse modo, cabe a ele fazer-se cúmplice dos movimentos de resistência da cultura eleita, gritando com ela a diferença como um valor em si, embora correndo o risco de ser chamado de essencialista. Em outras palavras: deve tentar a descolonização de seu próprio repertório anterior, sem perder de vista — e para tal precisa ficar atentíssimo — que o "exercício do poder de um centro visando a dominação da diferença", nas palavras de Silviano Santiago (1977, p. 10), é um mal a ser evitado, em todos os níveis.

Atenta Basil Davidson para o fato, que me parece fundamental, de que só se podem

> compreender as artes de África, através de um esforço árduo para apreender a totalidade de sua civilização. Esse esforço é difícil porque as nossas culturas do industrialismo urbano nos levam para muito longe dela (1981, p. 170).

Tal esforço foi o norteador do processo de leitura marcado por sucessivas formas de aproximação dos objetos de estudo. Para tanto, alargou-se o leque bibliográfico, seja com outros textos literários da África de colonização portuguesa, seja com textos sobre as culturas africanas em geral e a angolana em particular, sendo que, neste campo, as reflexões críticas sobre o fenômeno literário foram basilares.

O século XX foi o da descoberta do véu sob o qual se encobriam as culturas africanas. Tal descoberta se vai afirmando depois da primeira guerra, quando os artistas ocidentais encontram o filão das artes negras, como observado por Lilyan Kesteloot (1983, p. 19), dentre outros.

Atualmente, já se pode considerar sedimentado o interesse pelas manifestações artísticas africanas, muito embora, como acontece às culturas ditas periféricas, ainda se esteja a meio do caminho para a plena ultrapassagem da dependência. Só um "ritual antropófago" poderia reverter esse estado de coisas, no sentido da instigante reflexão feita por Silviano Santiago:

> Entre o sacrifício e o jogo, entre a prisão e a transgressão, entre a submissão ao código e a agressão, entre a obediência e a rebelião, entre a assimilação e a expressão — ali, nesse lugar aparentemente vazio, seu templo e seu lugar de clandestinidade, ali, se realiza o ritual antropófago da literatura latino-americana (1977, p. 28).

A que eu acrescento: e o das literaturas africanas também...

Como leitora, procurei participar do rito escatológico e cosmogônico da ficção angolana do século XX, tentando surpreender seu entrelugar de voz e letra, de "submissão e agressão", "obediência e rebelião", a sua busca, enfim, de um caminho de expressão plena. Para tanto, foram fundamentais algumas reflexões críticas sobre o fenômeno da dependência cultural, dentro e fora da África, para que pudesse eu própria descolonizar um repertório teórico de que sempre me vali no trabalho crítico.

Finalmente, para estabelecer as necessárias relações semânticas, fui buscar na teoria da intertextualidade o suporte necessário para atingir os resultados pretendidos. As redes intertextuais se estabelecem entre duas obras e/ou enunciados inteiros, criando-se novas e inesperadas relações.

Na dinâmica desta leitura, tais redes serão estabelecidas pelo recorte de alguns fios significativos que se repetem obsessivamente nos textos, mostrando que cada novo "discurso encontra o discurso do outro em todos os caminhos que o guiam para seu objetivo" (TODOROV, 1981, p. 97). Dá-se, assim, a interação viva e intensa entre tais discursos, como a leitura tentará mostrar, pelo levantamento e pela interpretação de alguns significantes que ela privilegiou. São eles: velho (ou mais velho), criança (ou mais novo) e morte e derivados, como foi dito anteriormente.

Quanto à forma de expressão do texto, tentarei surpreender procedimentos estéticos pelos quais se evidencia uma preocupação coletiva de griotização da expressão narrativa, recuperando-se, na escrita, procedimentos característicos da oralidade, no sentido da comunicação — tantas vezes citada — de Manuel Rui.

O suporte teórico de que se valerá a leitura, em seus vários movimentos de desconstrução/reconstrução dos objetos ficcionais, se irá revelando à medida que ela se for fazendo. Tentando resgatar a fragmentação da fala literária angolana e a sua caminhada para a recuperação do corpo cultural esfacelado, também o meu discurso se apresentará segmentado, não se organizando por capítulos — partes de um todo orgânico —, mas por segmentos.

Mais uma vez reitero ter sido a interdisciplinaridade o meio encontrado para tentar surpreender os objetos literários em sua plenitude poliédrica e não apenas em uma ou duas de suas faces. Sei que o recuperá-las todas é empreendimento irrealizável, mas o caminho interdisciplinar possibilita a fala da fala, trazendo-a para mais próximo de nós, leitores de uma outra cultura.

Para terminar volto a Barthes — eterno gosto pelo moto-contínuo "serpente mordendo o rabo", na feliz expressão do poeta brasileiro Mário de Andrade (1966, p. 105). Reitero, nessa volta, a pulsão de "força apaixonada" dos textos angolanos lidos, força que "não se pode deslocar, se colocar nas mãos de um Interpretante: ela continua lá, direta na linguagem, encantada, intratável" (BARTHES, 1981, p. 17). Só resta, pois, a esta candidata a intérprete mostrar o seu enamoramento e deixar tais textos livres para que possam, por sua própria fala, reafirmar o seu entrelugar, que fica em um ponto de confluência sígnica em que se dá o encontro da magia da voz com a artesania da letra.

1º SEGMENTO
EXERCÍCIOS DE SABEDORIA

MISSOSSO

LITERATURA TRADICIONAL ANGOLANA – (3.º VOL.)

ÓSCAR RIBAS

Só aparecemos na imagem que criamos [...]. Nunca imprimiremos uma face no mundo que não seja a nossa própria.

Carl Jung

O espaço por excelência de fixação da produção literária é o da letra sacralizante e sacralizada que, copulando com o papel, reafirma o gozo do texto. Em Angola, porém como de resto na África em geral, dada sua condição cultural de território eminentemente não letrado, este *gozo* se deslocava, e em certa medida ainda se desloca, do espaço estático do papel (= livro) para o mundo em mutação da voz. É ela a condutora do *gozo* e é por ela que o contador de estórias libera a força do seu imaginário e a do seu grupo, fazendo do processo de recepção um ato coletivo, ao contrário do homem branco-ocidental que, a partir de um certo momento da história, fez de seu processo de recepção — pela leitura —, na essência, um ato solitário, um prazer de *voyeur*. A leitura refaz o trajeto da solidão, sendo, nesse sentido, um gozo perverso.

Na festa do prazer coletivo da narração oral, principalmente entre os grupos iletrados africanos, é pela voz do contador, do griot, que se põe a circular a carga simbólica da cultura autóctone, permitindo-se a sua manutenção e contribuindo-se para que esta mesma cultura possa resistir ao impacto daquela outra que lhe foi imposta pelo dominador branco-europeu e que tem na letra a sua mais forte aliada. A milenar arte da oralidade difunde as vozes ancestrais, procura manter a lei do grupo, fazendo-se, por isso, um *exercício de sabedoria*.

O contador e seus ouvintes são seres em interação para quem o dito cria a necessária cumplicidade e reitera que é preciso *ser*, na força da diferença, preservando-se com isso, o vasto manancial do saber autóctone. Do ponto de vista da produção cultural, a arte de contar é uma prática ritualística, um ato de iniciação ao universo da africanidade, e tal prática e ato são, sobretudo, um gesto de prazer pelo qual o mundo real dá lugar ao momento do meramente possível que, feito voz, desengrena a realidade e desata a fantasia.

Todo o modo de o africano conceber o mundo está profundamente ligado — como bem nota Honorat Aguessy, em "Visões e percepções tradicionais" — ao fato de ser a oralidade a dominante de sua cultura. Nela, segundo o autor, "a detenção da palavra [...] é sinal de autoridade" (1980, p. 114), o que leva o africano a atribuir um peso mais expressivo não só àquela mesma palavra, mas ao seu detentor no processo da ritualidade social; quem tem o poder da palavra se faz, por isso, um ser absolutamente aurático. Assim, por exemplo, nas antigas comunidades, um mesmo velho que se sentava ao sol, para tecer seu luando e/ou fumar seu secular cachimbo de água, no conselho de anciãos se transformava em um ser luminoso e iluminado de cuja palavra dependia o próprio destino dos homens e do grupo.

O ato de dizer se fez, portanto, um gesto não gratuito na vasta territorialidade africana e na angolana em particular, adquirindo um especial matiz entre os sujeitos comunitários, pois tudo, durante séculos, emanou da palavra dita, já que só muito tardiamente a grande maioria dos naturais teve acesso à escrita tal como o ocidente a concebe. Também a história do vasto continente tem na milenar arte de contar sua base de sustentação. Arthur Ramos afirma, referindo-se aos griots, que

> *A sua memória conserva os mais antigos acontecimentos da tribo, feitos das grandes personagens, crenças e tradições, genealogias e transmite-os de geração em geração. Até um certo ponto a história africana tem sido reconstituída através destes* conteurs *cuja função se tornaria tão importante na vida do grupo* (1954, p. 180).

O feito vivido — lutas internas, dissenções, genealogias, casamentos intertribais, criações de novos grupos clânicos etc. — nas sociedades africanas não letradas passava a ter estatuto de fato contado e, com isso, preenchia-se o vazio lacunar da não-escrita e a História se disseminava pela voz. Os ritos iniciáticos — eles próprios uma face do processo sócio-histórico mais abrangente — também têm na oralidade a base de sustentação, embora não se possa descartar o seu aspecto mágico, por sua vez uma forma simbólica de trabalhar, no plano da cultura, os segredos contidos nos mitos fundadores. Tudo dentro do espaço da vida comunitária africana se construiu/destruiu, por séculos, pela eficácia da voz que tanto re(in)staurava o passado quanto impulsionava o presente, como anunciava o futuro, antes e durante os séculos de dominação branco-européia, quando a escrita não era um patrimônio cultural do grupo.

Começando a pensar especificamente em Angola e sua cultura nacional, lembro Frantz Fanon, que afirma:

> *A cultura nacional é o conjunto dos esforços feitos por um povo no plano do pensamento para descrever, justificar e cantar a ação através da qual o povo se constituiu e se manteve* (1979, p. 194).

A oralidade é, desse ponto de vista, o alicerce sobre o qual se construiu o edifício da cultura nacional angolana nos moldes como hoje se identifica, embora tal cultura não seja um todo monolítico e uniforme. Praticá-la foi mais que uma arte: foi um grito de resistência e uma forma de autopreservação dos referenciais autóctones, ante a esmagadora força do colonialismo português.

De outra parte, também a cultura luso-européia traçou sulcos profundos no campo arado da cultura angolana. O enlace das matrizes é um fato incontestável, que se revela desde a utilização da língua européia — marca mais evidente, talvez, da materialidade discursiva, no presente caso — até a composição imagético-ficcional das manifestações da tradição oral em Angola. Percebe-se na práxis cultural que há, nas camadas populares, um empenho de preservação do saber autóctone que lhes dá sua própria identidade como povo, diferentemente das classes totalmente assimiladas que pactuam com a cultura do dominador, desenraizada das referidas matrizes populares. No entanto, mesmo nestas, é marcante a presença de traços da tradição luso-européia já incorporados à face nacional angolana. Um exemplo que se pode citar é o da narrativa que abre a coletânea *Contos populares de Angola* (1964), organizada por Héli Chatelain, "Ngana Fenda Maria", uma variante, segundo aquele etnólogo suíço, do popular conto português "As três cidras do amor". Este e outros contos ganham uma roupagem angolana, desde o fato de se dizerem em quimbundo e/ou em outras línguas nacionais.

As narrativas que serviram de *corpus* à leitura — *Contos populares de Angola,* recolha de Héli Chatelain, e *Missosso* (v.1), de Óscar Ribas (1961) — foram traduzidas do quimbundo pelos compiladores. Isso representa um primeiro complicador metodológico, visto que se trabalha com textos de segundo grau — Ribas — ou de terceiro — Chatelain —, já que, na citada edição de 1964, M. Garcia da Silva retraduziu os *Contos* do inglês, ou seja, da primeira transposição realizada por aquele etnólogo na publicação de 1894. Ambas as edições dos *Contos* são bilíngües; em *Missosso* só aparecem as versões portuguesas.

Lourenço do Rosário, em sua tese de doutoramento, acentua a dificuldade que a transposição das narrativas para o português acarreta. Diz ele que,

> Partindo da simples razão que a língua [autóctone, em seu caso, sena] se situa no universo etno-cultural das línguas africanas de origem bantu e de que o português é uma língua indo-européia, via latim, etno-culturalmente integrada no universo da civilização judaico-cristã, veremos que a transposição de um sistema para o outro não é uma operação de simples equivalências léxico-semânticas (1986, p. 252).[1]

Mais que uma "transmutação de elementos interlingüísticos", continua o autor, o que se tem é "uma operação intercultural" (ROSÁRIO, 1986, p. 252). Tal fato se complica ainda mais quando o pesquisador não é um falante da língua nacional, trabalhando apenas com traduções, como é o presente caso (em que não domino nenhuma das línguas nacionais angolanas). Por essa mesma razão, sempre que possível, a exemplificação se valerá mais das narrativas que compõem *Missosso,* de Óscar Ribas, já que, pelo fato de este pesquisador ser um conhecedor das línguas nacionais, suas versões me parecem mais fidedignas do que as que são apresentadas na edição de 1964 dos *Contos populares.*

Um outro complicador não menos importante é o que diz respeito à recepção das produções no registro escrito. Na passagem do mundo dinâmico da oralidade para o estático da escrita, as narrati-

---

[1] As citações continuarão a se fazer pela tese, embora o texto original tenha tomado forma de livro em 1999, conforme se registrará nas referências bibliográficas.

vas perdem uma de suas mais instigantes marcas que é sua própria qualidade cinética, base do processo de produção e recepção, que o registro escrito não consegue resgatar, como ensina, dentre outros, Edouard Glissant, quando se refere à imobilização do oral pelo escrito, na mudança de um para outro registro (1981, p. 238). Há toda uma gestualização própria acompanhando o ato oral de narrar, o que faz com que, no dizer de Ola Balogun, "a arte dos contadores de histórias tradicionais" se caracterize por representar "uma espécie de teatro com um só personagem" (1980, p. 83). Este teatro tem como um dos seus elementos cênicos o próprio público, participante ativo do processo de ritualização em que se transforma o ato de contar.

Volto a Rosário. Em seu trabalho de transposição das narrativas da oralidade para a escrita, o pesquisador percebeu, com fina acuidade, que mais do que uma "transmutação de elementos interlingüísticos", o que se tem é "uma operação intercultural" (ROSÁRIO, 1986, p. 252). Tal fato se complica ainda mais quando o pesquisador não é um falante da língua nacional, trabalhando com a versão escrita de um outro, que, ao fazê-lo, decretou a "morte do narrador", pois "a fixação grafémica"

> cristaliza não só apenas as potencialidades do narrador como sujeito produtor de texto, como cristaliza igualmente todos os elementos extralinguísticos que são eliminados no ato de fixação (1986, p. 258).

Desse modo, é preciso não perder de vista o fato de que o presente ato de leitura: primeiro, toma como *corpus* traduções portuguesas de narrativas que se expressam, via de regra, nas línguas nacionais angolanas, no caso em quimbundo, mesmo que tais traduções, como se passa com as propostas por Ribas, tenham a preocupação com a fidelidade ao texto-origem.[2] Segundo, o texto cristalizado na escrita já não pode ser considerado *oral stricto sensu*. A fixação gráfica lhe dá uma nova dimensão, a partir mesmo do fato de que o narrador deixa o seu estatuto original de contador e se fixa no novo veículo por marcas discursivas da expressão escrita, em tudo diferentes da ex-

---

[2] Cf. suas palavras, ditas na introdução da obra: "Quanto nos foi possível, mormente nos contos, vertemos o quimbundo no seu típico modo de ser. Quer dizer: a versão circunscreveu-se [...] à fidelidade da reprodução. E aos vocábulos que nos mereceram uma certa reserva, mencionamos, em nota no original" (p. 33).

pressão oral. Por outro lado, e finalmente, não devemos esquecer que, por trás de tudo, há uma outra voz, ou seja, a de quem fez a recolha e, com isso, propõe uma leitura do material coligido, já que o processo de transposição implica um ato de interpretação a ele subjacente.

Isso posto, já é hora de começar a pensar no missosso angolano que, dentro do quadro da tradição oral autóctone, é aquela forma narrativa percebida pela cultura local como sendo totalmente ficcional, no sentido em que se vê nela um produto apenas do imaginário, algo não acontecido no real empírico, pois pertencente apenas à ordem da fantasia. Opõe-se, por isso, à maka, na origem, outra forma que relatava um acontecimento representado como vivido, ou pelo contador, ou por alguém de sua intimidade, ou por pessoas de quem ouviu falar. Assim, a maka, de acordo com Chatelain, que propõe a classificação, seria a ficcionalização de uma estória tomada como verdadeira, razão pela qual tinha um fim utilitário evidente, sendo que "sua tendência didática não [era] técnica, mas essencialmente social" (1964, p. 101).

No quadro geral da evolução da ficção angolana, produzida basicamente em Luanda e arredores, ver-se-á que, na modernidade da segunda metade do século XX, o escritor vai, em certa medida, revitalizar a maka, embora a palavra ganhe denotações outras no universo lingüístico angolano. É o que se vê nas narrativas — principalmente curtas e objeto de meu interesse — de autores como Arnaldo Santos, Boaventura Cardoso, Jofre Rocha, Luandino Vieira, Pepetela, Uanhenga Xitu, para citar apenas uns tantos exemplos. Por isso, a presente leitura mantém a designação maka para indicar um tipo de narrativa da tradição oral como se dará na leitura do romance *O segredo da morta* de Assis Júnior.

Além do missosso e da maka, portanto, que têm a separá-los uma fronteira muito tênue, e seguindo de perto a classificação proposta por Chatelain, aparecem, ainda, no quadro da tradição oral: os provérbios que são muito populares em Angola, como em toda a África, sendo a peça de resistência pela qual se sedimenta o edifício da sabedoria angolana. Chamam-se *jissabu*.[3] As adivinhas, também muito

---

[3] Convém notar que o termo, como aparece em Rosário Marcelino, tem outro significado. Diz ele: "Segundo minha vivência no grupo étnico Kimbundu, do qual sou originário, sempre tivemos e temos a verdadeira acepção da palavra JISABHU como o conjunto de contos (ficção), fábulas, provérbios, adágios" (1984, p. 18).

populares e que se propõem como um passatempo, representando uma forma peculiar de interação comunitária; são conhecidas por *jinongonongo* ou, simplesmente, *nongonongo*. As narrativas históricas que resgatam a vida de um determinado grupo e que, no dizer de Chatelain: "São as crónicas da tribo ou nação, cuidadosamente guardadas e transmitidas pelos chefes ou anciões" (Contos populares de Angola..., 1964, p. 102); são as *malunda* ou *missendu*. Uma última classe proposta pelo etnólogo é a da música e da poesia que, por não interessarem diretamente aos caminhos da leitura, deixo de lado.

Pelo fato mesmo de ser o missosso percebido pelos angolanos como uma narrativa puramente imaginária e nessa minha busca do que representa a voz no quadro da ficção angolana, fixo-me em tal forma narrativa, por perceber que ingressar no mundo do missosso é participar de um ritual comunitário de preservação dos mitos fundadores e dos segredos grupais apenas soprados. É, enfim, participar de um rito iniciático ancestral pelo qual se mergulha nas mais profundas camadas do inconsciente coletivo, isto é, nesse "poderoso depósito das experiências ancestrais acumuladas ao longo de milhões de anos", citando Jung (1985, p. 322).

Retomo as palavras de Alpha Sow que, ao se referir às manifestações da tradição oral, reitera o caráter iniciático do saber por elas veiculado, sempre revestido

> de aparências irrisórias e marginais, a fim de afastar os profanos [...],
> os curiosos, os invejosos e os frívolos que, de qualquer modo, não merecem adquirir os segredos da natureza e ser iniciados nos mistérios (1980, p. 27).

Penetrar no reino encantado do missosso, mesmo que pela via da escrita, é tentar surpreender um pouco de tais segredos e mistérios, já que ele, como um parente em primeiro grau do conto-de-fadas branco-europeu, representa "um saber [...] não desencarnado mas em contato direto com o mundo, manifestação do homem", no dizer de Jacqueline Held, que cita J. e R. Dubois (1980, p. 21). Toda a carga de representação simbólica nele atualizada visa à manutenção da ordem estabelecida, ao mesmo tempo em que, do ponto de vista individual, exprime "as necessidades primordiais da humanidade: a aprendizagem da vida, a busca incessante, a grande aventura humana" (HELD, 1980, p. 21).

Dramatizam-se, na cena discursiva do missosso, de um lado, as aspirações individuais e, de outro, as necessidades primordiais do grupo, preparando-se cada indivíduo para a realidade clânica e fundamentando-o nos segredos e mistérios que traçam o perfil comunitário. Isso explica por que há também um parentesco entre missosso e rito de iniciação, pelo fato de ambos reelaborarem simbolicamente os mitos fundadores que, em última análise, arquitetam aquele mesmo perfil. O papel dos velhos é fundamental nesse processo de reelaboração simbólica, pois tanto são eles, via de regra, os guardiães contadores das estórias, como são ainda os condutores das cerimônias pelas quais os neófitos ingressam nos mistérios do novo mundo, cujas portas lhes são abertas pela iniciação. O ancião liga o novo ao velho, estabelecendo as pontes necessárias para que a ordem se mantenha e os destinos se cumpram; nesse quadro, o missosso alia-se ao velho, tentando preservar os pilares de sustentação da identidade angolana antes, durante e depois do advento do fato colonial.

Focalizando mais detidamente o resgate pela escrita das narrativas orais, sabe-se ser de Chatelain, que viveu em Angola por um período no século XIX, a primeira grande coletânea de missossos, publicada em 1894 em Nova Iorque, com o título de *Folktales of Angola*, em edição bilíngüe. Também Cordeiro da Matta, de quem Chatelain foi amigo e colaborador, teria elaborado um manuscrito — *114 contos angolanos* — hoje desaparecido. Em 1890, apareceram as obras de Henrique de Carvalho, todas com o título de *Expedição portuguesa ao Muatiânvua, 1884-1888*, focalizando as tradições da região da Lunda.

Entre 1956 e 1961, Carlos Estermann publica, pela Junta de Investigações do Ultramar (Lisboa), *Etnografia do Sudeste de Angola*, em três volumes, nos quais se encontram também narrativas orais. Em 1961, é a vez de Óscar Ribas editar o primeiro volume de *Missosso* (3 volumes), em que se encontram 26 contos. Em 1971, novamente Carlos Estermann publica a recolha *Cinqüenta contos bantos do Sudeste de Angola* — complementando a sua *Etnografia* — pelo Instituto de Investigação Científica de Luanda.

Nas décadas de 1970 e 1980, a União dos Escritores Angolanos (UEA), por meio dos Cadernos Lavra & Oficina, publica e/ou republica uma série de "contos tradicionais". Aparecem, assim, os

Contos tradicionais de nossa terra — I e II — recolhidos da tradição umbundo por Raul David, que nos dá apenas as versões portuguesas — volumes 22 e 41 dos Cadernos, 1979 e 1982, respectivamente. Em forma de republicação, encontram-se 5 *estórias do cágado* e 5 *estórias da lebre*, ambas trazendo versões em umbundo e em português coligidas por José Francisco Valente — números 23 e 31, de 1979 e 1980. Em 1984, ainda pela UEA, sai *Jisabhu: contos tradicionais*, de Rogério Marcelino, trazendo versões em quimbundo e português de várias narrativas.

Remeto, para complementação da breve resenha aqui feita, à *Bibliografia das literaturas africanas de expressão portuguesa* (1983), organizada por Gerald Moser e Manuel Ferreira. A obra contém uma relação exaustiva do que se publicou na área da recolha da produção oral angolana até os anos 1980.[4] Não atualizei dados dos anos 1990, por ser, então, outro meu interesse de pesquisa. Convém, finalmente, registrar o fato de que a chamada literatura infantil vale-se, com freqüência, do conto popular oral, dando-lhe um tratamento estético específico. Lembro, a propósito: *Estórias do leão velho* (dramatizações infantis) e *Quem vai buscar o futuro?*, de Dario de Melo; *A abelha e o pássaro, A águia, a rola, as galinhas e os 50 lwei* e *Hibala, o rei leão*, de Gabriela Antunes, e ainda *Gali, o pássaro de fogo*, e a coletânea *O esquilo de cauda fofinha e o dendém apetitoso*, de Octaviano Correia.

Percebe-se uma constante preocupação desses autores com a revitalização estético-ideológica das narrativas tradicionais, no novo contexto angolano pós-independência, e com a difusão daquelas narrativas junto ao público específico. Diz, a este propósito, Octaviano Correia, na abertura de sua obra:

> *O dono de todas as coisas é o povo.*
> *A histórias que vão ler são escritas a partir da sabedoria do povo. A única verdadeira e pura.*
> *[...]*
> *Muito embora os contos e lendas da tradição oral africana, e neste caso particular angolana, não sejam exactamente contos para as crianças, eles, pelas lições que encerram, pela beleza simples das situações que retratam, são um verdadeiro manancial para a recreação, e ao*

---

[4] Vejam-se, a propósito, na referida edição, as páginas 33 a 39.

> *mesmo tempo para a formação da personalidade das nossas crianças* ([19--]b, *O esquilo*, p. 7-8).

Também Dario de Melo, em sua sabedoria de "mais velho" e dentro da melhor tradição angolana, apresenta assim suas *Estórias*:

> *Velhas estórias*
> *(quase)*
> *em busca*
> *de uma "moral" nova*
> *ou*
> *ao encontro*
> *de uma moral nossa* (1985, p. 5).

Voltando ao missosso: destrinçar a teia densa e extensa dessa forma discursiva angolana por si só daria mais do que um simples segmento. Por isso, a leitura se aterá ao recorte de uma série de significantes e/ou procedimentos narrativos presentes no trançado do texto escrito, tentando surpreender a forma pela qual tais fios se emaranharam e propondo, ao final do processo, um novo desenho do texto, na lógica do suplemento de que fala Derrida.

A teia simbólica acima referida se arma a partir de um jogo articulador que se dá entre o indivíduo, de um lado, e o grupo, de outro, ou, em outras palavras, entre o desejo do indivíduo de atingir o seu "si-mesmo" — e, assim, realizar-se plenamente — e a ordem estabelecida que se tenta impor. Esta ordem deve ser vista, sobretudo, como a busca de uma resposta organizada para o grande desequilíbrio, marca de todo o humano, que é a morte. A regra maior do jogo é dada pelo sistema de pensamento angolano representado nos missossos. Este sistema tem dois pilares de sustentação: o animismo e a certeza de que tudo se liga à *força vital*. Para dramatizar essa rede simbólica, o homem angolano busca o evento interpessoal e anônimo do missosso, tentando transformar a seriedade de Prometeu na alegria de Orfeu. Assim, faz do momento da contação das estórias, metáforas do duro princípio da realidade, um instante de festa, um ato gozoso em que, pelo imaginário, todos comungam do mesmo prazer de dizer e ouvir velhas estórias que resgatam os ancestrais e mantêm acesa a unidade do grupo.

1.1 UM ATO GOZOSO

> *Contar histórias sempre foi a arte de contá-las de novo, e ela se perde quando as histórias não são mais conservadas.*
>
> Walter Benjamin

A arte de contar missosso é ritualística e dramática. Há toda uma *mise-en-scène* do contador e as fórmulas cristalizadas que normalmente abrem e fecham as narrativas, nas versões em língua nacional, têm a mesma função das usadas nos ritos e nas práticas religiosas ou mágicas. Tais formas indicam que se inicia e/ou se encerra a festa comungante do encontro gozoso com uma supra-realidade, sempre colocada fora do alcance do sujeito, na cotidianidade de sua existência humana. Vive-se naquela hora de festa um procedimento desviante que abre as portas de um outro mundo, não regido pelas leis da realidade empírica.

Quando o receptor ouve fórmulas como *ngateletele* ou *tuateletele*, sabe que o gozo começará, ao mesmo tempo em que *mahezu*, ou similar, vai-lhe indicar o fim da festa desviante e a interrupção do gozo. É como se dá, por exemplo, no mundo cristão ocidental, em que a interjeição "amém" anuncia o término da fusão gozosa, aberta por outras expressões igualmente rituais, como "ave" ou "salve". Também se podem ligar as fórmulas ao nosso "Era uma vez" que prepara o imaginário para a "festa" que está chegando e o levará para o mundo do faz-de-conta infinito apenas regido pelo princípio de prazer.

Como o missosso é uma "forma simples", conforme o sentido trabalhado por André Jolles (1976), sua estrutura narrativa se marca pela linearidade, tendo um tempo-espaço discursivo breve, o que faz com que se chegue em um ritmo acelerado ao desfecho. Algumas vezes, como no caso de "Quimalauezo" — primeira narrativa do volume 1, da coletânea *Missosso* de Ribas —, encaixam-se várias estórias. Com isso, o ritmo discursivo se desacelera e o espaço se alarga. Esta narrativa "Quimalauezo", aliás, interessará de perto à leitura por seu caráter emblemático, pois ela contém elementos estruturais bastante significativos que possibilitam o recorte do desenho do missosso, tal como se apresenta nas versões escritas em português.

Com relação às personagens, tanto podem ser, como nos contos infantis, seres humanos, quanto animais humanizados ou entes sobrenaturais, dentro do arcabouço do pensamento animista. Bruno Bettelheim aponta que, pelo pensamento animista,

> *Acredita-se que [...] o que quer que tem vida tem vida muito parecida com a nossa [...]. Já que tudo está habitado por um espírito semelhante a todos os outros espíritos [...] é natural que o homem possa se transformar num animal ou o contrário* (1980, p. 60-61).

O mesmo se passa no missosso, já que tudo na natureza é visto como tendo uma "alma" essencialmente humana, dando-se até mesmo a vivificação daquilo que está morto. Completo com Bettelheim: "Como não há uma linha rígida entre as coisas vivas e mortas, as últimas também podem-se tornar vivas" (1980, p. 61). O pensamento animista está, pois, na base das várias categorias de personagens existentes nos missossos, sendo o elemento sobrenatural — personagem ou acontecimento — o que vai dar a especificidade discursiva daquela forma narrativa, segundo Chatelain.

Pode-se, a propósito dessas formas populares, parodiar Todorov, dizendo que tais produções orais "nos dão a forma primeira e também a mais estável da narrativa", no sentido em que comportam "dois tipos de episódio: os que descrevem um estado de equilíbrio ou de desequílibrio e os que descrevem a passagem de um a outro" (1970, p. 162). O sobrenatural se liga, todorovianamente, à série de episódios que descrevem tal passagem, pois ele é, quase sempre, na armadura do missosso, o elemento modificador do equilíbrio ou desequilíbrio com que se abre o narrado.

Vale notar que, no quadro geral do *ethos* do pensamento angolano, marcado pelo princípio da *força vital*, não representam as ordens natural e sobrenatural forças excludentes, mas, ao contrário, as duas faces do mesmo fenômeno. Nesse jogo de faces não excludentes, a realidade empírica ganha um suplemento, um excesso que a ultrapassa, sem dela se excluir, como comprova o leitor ao entrar em contato com o círculo mágico dessa forma narrativa angolana, comandada pelas malhas da fantasia.

Volto a "Quimalauezo"[5] e a seu caráter emblemático no todo do *corpus* de que a pesquisa se valeu, ou seja, as coletâneas de Chatelain

---

[5] Sobre o termo, lemos, no dicionário quimbundo-português, compilado por Cordeiro da Matta: "Dignatario, imperador, rei ou potentado (?). Não se sabe, verdadeiramente, a significação desse vocabulo. É um personagem que nos figura nos misôso ou jinóngonóngo. Perde-se na noite dos tempos a definição d'este vocabulo" (1889, p. 23).

e Ribas. Tanto do ponto de vista da temática desenvolvida quanto do arcabouço discursivo, aquela narrativa pode bem sintetizar a especificidade do missosso como forma artística verbal definida. Ela contém, em seu bojo, o jogo metalingüístico de desvelamento do processo de contar, o que se revela pelo procedimento narrativo do encaixe e pela representação da própria ritualidade que instaura a cena da contação da estória. Por fim, observa-se que ela apresenta, do ponto de vista da estrutura, a tessitura discursiva que caracteriza o missosso como forma narrativa. Convém talvez propor uma síntese do texto, antes de proceder-se à destecelagem dos fios narrativos que o ato de leitura pretende realizar.

Lau de Quimalauezo, o protagonista, teve seu nascimento possibilitado por artes mágicas, já que em seu sobado de origem — "sobado dos Estéreis" — cujo chefe era seu pai, não nascia qualquer criança desde muito tempo. As ações narrativas se iniciam sob a égide do desequilíbrio que a esterilidade causa ao sobado e o fato mágico e sobrenatural do nascimento de Lau e de quatro irmãos espirituais reintroduz o equilíbrio no palco daquelas ações. Lembro, a propósito, serem os cinco meninos frutos de uma mesma poção mágica que deveria ser tomada apenas pela mãe da personagem principal, mas que o é também pelas mulheres dos conselheiros do soba, em evidente transgressão. Aliás, é esta transgressão, em última análise, o que vai levar a narrativa adiante, como mostram as ações subseqüentes.

Lau de Quimalauezo, crescido, é convocado por sua beleza a viver com o governador — logo, um homem branco — de Luanda e, para consolo de seu pai (o soba Quimalauezo, já viúvo), deixa uma imagem sua, portanto um duplo, que lhe é a cópia fiel. A segunda mulher do soba — "Agitação de folha de palmeira" —, vendo a imagem do rapaz, apaixona-se por ela e inicia um processo de sedução, por cartas, do jovem. Não obtendo resposta, faz com que o marido traga o filho, já casado também, de volta para a aldeia, para tornar a sedução mais eficaz. Repudiada, fere-se à faca e põe a culpa no enteado, que é submetido a um julgamento pelos conselheiros e pequenos sobas. Seus irmãos espirituais, todos também chamados Lau, vêm em seu auxílio. Para salvá-lo, propõem adivinhas que são resolvidas quando, a cada dia, um deles conta o seu missosso. Assim, ao cabo de quatro dias, propostos quatro jinongonongos e contados quatro missossos, Lau de Quimalauezo é salvo, quando também ele conta sua estória. O desejo em certa medida incestuoso da madrasta é punido com a morte.

Nesse texto dramatiza-se ficcionalmente o ritual da instauração da narrativa e sua função no mundo clânico, além de se mostrar que o ato de contar é interativo, participando dele tanto o emissor quanto os receptores que têm voz naquele mesmo ato, como mostra, por exemplo, a seguinte passagem:

> — *Vós, sobas e macotas, sabeis quem trouxe a morte que comeu Sassambe?*
> — *Tu é que sabes* — *respondem os grandes senhores.*
> *Ele propõe:*
> — *Dêem-na!*
> — *Venha ela!* — *Condescende o auditório.*
> *E narrou uma parábola:*
> *Eram dois irmãos, muito parecidos* (p. 50-51).

Aí está, integrada ao espaço narrativo, a cena ritualística e prazerosa pela qual o dito se instala e se estabelece a comunhão entre o detentor do poder da palavra e os que desejam ouvi-la. É uma cerimônia consensual e, como todo rito, abre-se por um discurso cristalizado que se repete em quatro diferentes momentos do narrado: estórias contadas pelos três outros irmãos e a narrada pelo próprio protagonista. O caráter de religiosidade do ato é explicitamente declarado pelo narrador da estória encaixante, o primeiro em precedência, quando diz, ao introduzir a narrativa do segundo irmão: "E atirou a *frase sacramenta"* (p. 52, grifo meu).

Cada nova narrativa encaixada reduplica no missosso "Quimalauezo" a encaixante, pois todas desenvolvem o mesmo tema da mulher como um agente de desequilíbrio que, por suas ações transgressoras, acaba por atrair a morte, fonte maior de todos os desequilíbrios. A segunda das narrativas encaixadas — variante do missosso "Nhanga Dia Ngenga e os seus cães" (Contos populares de Angola..., 1964, p. XXXIX) — é a de um caçador, João, o qual recebe de seus cães o dom de entender a fala dos animais, fato este que deve manter em segredo, sob pena de morrer, se o revelasse. A esposa, não entendendo as novas atitudes do marido, abandona-o. Isto o leva a querer revelar o segredo; para tanto, convoca os habitantes da aldeia, a fim de que todos, reunidos, ouçam seu relato, o que termina por levá-lo à morte, bem como a seus cães e parentes.

A narrativa de João reduplica, dessa forma, a estória que o tem como personagem e que é narrada pelo segundo irmão de Lau, esta também uma narrativa de segundo grau, em face da estória sobre Lau de Quimalauezo. No jogo especular narrativo vê-se que cada novo elemento encaixado é a reduplicação de outro, encaixante, numa série de sucessivos reflexos. Fica-se, desse modo, frente a frente com um processo que parece querer levar a narratividade ao infinito, no instante mesmo em que cada narrativa "remete à outra, numa série de reflexos que não pode chegar ao fim, salvo se se torna eterna", como ensina Todorov (1970, p. 132).

Em "Quimalauezo" se representa o desmascaramento máximo da narratividade que é a revelação — e no conto isto se dá em todos os sentidos — do processo pelo qual se deixa a morte do não dito e se penetra no reino encantado da vida narrativa. Continuo com Todorov:

> *Toda narrativa deve tornar explícito seu processo de enunciação; mas para tanto é necessário que uma nova narrativa apareça, na qual esse processo de enunciação é apenas uma parte do enunciado. Assim a história contante torna-se sempre também uma história contada na qual a nova história se reflete e encontra sua própria imagem* (1970, p. 132).

Reflexo de espelhos, reduplicação infinita, abismo...

Por esse processo reduplicador e abissal, denuncia-se nesse e em vários missossos que o prazer está, algumas vezes, menos no *que* se conta do que no *como* se conta, ou seja, nesse desdobrar-se da narrativa sobre si mesma, narcisicamente se vendo ao espelho da cena discursiva e negando-se a deixar-se morrer. Nesse processo de reduplicação, personagem e narrador trocam seus papéis, mudam seu estatuto e, em certa medida, se fazem mais transparentes naquilo que normalmente é opacidade na cena narrativa. Seguem alguns dos muitos missossos nos quais a especularidade é um traço forte do narrado, dando-se a troca de máscaras entre narrador e personagem. Na coletânea de Chatelain aparecem, dentre outros: "Ngana Fenda Maria", "Nhanga Dia Ngenga e os seu cães", "O rei Kitamba Kia Xiba" e "Dois homens e uma mulher". Em *Missosso,* ressalto: "A pessoa não tem coração", "Catarina Atrevida", "A serpente" e "A adivinha".

Nas narrativas citadas, em dado momento, reduplica-se uma estória que vem sendo contada, quando então a personagem reúne um grupo de ouvintes e a relata, pelo que passa de contada a contadora, revelando-se o caráter cíclico e infinito que é o segredo maior do gozo narrativo.

Quanto ao procedimento de elaboração da materialidade discursiva, o missosso "Quimalauezo" também pode ser tomado como emblemático. O modo de produção das formas narrativas orais deve considerar, fundamentalmente, o fato de que tais formas "representam muitas vezes técnicas de memorização e de difusão de um saber ou de uma mensagem", voltando a Sow (1980, p. 27). O livro, como objeto concreto do real empírico, eterniza o saber e resguarda-o da corrosão do tempo; basta, pois, ser aberto, para que o saber circule e a mensagem seja decodificada. No universo da oralidade, porém, a mensagem tende a perder-se e é por isso que se fazem necessárias técnicas especiais de memorização, sobretudo porque o discurso não se pode cristalizar em uma forma única. Isso explica o nascimento das variantes que acompanham a trajetória das formas populares orais e escrevem a história de uma dada produção.

A narrativa oral é, pois, fortemente tutelada do ponto de vista discursivo, o que se torna patente também na leitura da versão escrita do missosso. O procedimento-chave é a *repetição*, processo largamente usado pelo produtor popular. Tudo se repete: formas/fórmulas lingüísticas, ações, a própria estória com outra roupagem e até o nome das personagens, o que era visto como um procedimento mágico nas antigas sociedades tribais africanas, pois o nome e a alma do indivíduo eram a mesma coisa.[6] À repetição de palavras ou de ações alia-se o ritmo ternário, também ele um processo de repetição e de facilitação mnemônica. A forma específica da repetição materializada no ritmo ternário é uma das marcas mais evidentes na tessitura discursiva da coletânea organizada por Ribas:

— *Havemos de atrair, atrair, vamos mesmo atrair Lau* (p. 52)

O pássaro voava, voava, voava (p. 103)

Caminham, caminham, caminham (p. 146)

Corri, corri, corri [...] (p. 170)

---

[6] Cf. o que diz Jung, a propósito, ao afirmar que o por ele chamado "primitivo" "[...] identifica a alma com o nome. O nome dos indivíduos seria a sua alma, daí o costume de reencarnar nos recém-nascidos a alma dos ancestrais, dando-lhes os nomes destes últimos" (1984, p. 290).

A aliança dos procedimentos discursivos acima mencionados reitera a necessidade de segurar a audição do receptor, a fim de que, pela memorização, ele próprio possa vir a ser um retransmissor e difusor da mensagem narrativa. Por essa mesma razão, as orações são curtas, muitas vezes absolutas e, na periodização composta é a coordenação o procedimento sintático geralmente utilizado, como mostra esse pequeno trecho, também extraído de um dos missossos coligidos por Ribas,

> Continuam andando. Agora é uma tartaruga. O pai dispara. E a tartaruga comeu-o mais a espingarda.
> Choroso, o filho volta para casa. Relata o episódio. Ninguém o acredita. Mas pretendem ir ao local. Como o rapaz não sabe ao certo, desistem da pesquisa (1961, p. 163).

O mesmo se observa neste outro trecho de um dos *Contos*:

> Muitas vezes falamos de Na Nzuá Kimanaueze kia Tumb'a Ndala, um homem popular. Na Kimanaueze construiu a sua casa e casou-se. A sua esposa ficou grávida e deixou de comer carne e qualquer outro alimento e só desejava peixe. Para lhe fazer a vontade Na Kimanaueze mandou Katumua pescar no Lukala. O Katumua pegou a rede e foi para o sítio indicado (p. 186).

A extrema simplicidade temática, como já foi observado, com o desenvolvimento linear das ações desenroladas sobre uma linha de força que busca o desfecho, é outra das marcas das narrativas lidas. Tal linha de força segue os vetores do espaço e do tempo, ambos discursivamente breves. Desse modo, pode-se observar que a linearidade e a pouca extensão também contribuem para a facilitação do processo mnemônico do receptor.

Outra observação a fazer é a que diz respeito à quase ausência de suporte descritivo das ações e/ou personagens narrativas. A narração predomina e algumas vezes a estrutura fortemente dialogal confere uma forma dramática ao texto:

> O senhor João e a senhora Maria tinham três filhas. Mas a cassule — a mais nova — era a mais bonita.
> Uma vez, tendo ido ao rio tomar banho, outras da sua idade gabaram os seus corpos, principalmente o da cassule.
> — Porque não põem umas jimbumbas? Vocês, assim tão bonitas, me-

> reciam mesmo umas jimbumbas nos vossos corpos — elogiavam elas.
> — E quem há-de pô-las?
> — Há uma velha que as põe muito bem. Mora longe. Mas muita gente tem lá ido (p. 73).

A quase ausência de descrição se explica pelo fato de o contador precisar prender a atenção do ouvinte, não o deixando afastar-se do núcleo das peripécias narradas. Por isso, como bem observa Mohamadou Kane (1982), ele evita as descrições detalhadas, pois estas, além de tornar fastidioso o relato, contribuiriam para a dispersão do receptor. Em vez de descrever, pois, o contador oral e seu duplo na escrita, o narrador, por um procedimento econômico, recuperam traços gerais do objeto e se ocupam mais com o aspecto humano das personagens e com as ações pelas quais aquele aspecto se evidencia, mesmo nas estórias protagonizadas por animais. Assim é a esperteza do coelho ou do filho mais novo, o amadurecimento da sexa ou de um irmão que fica sozinho, as dificuldades que se enfrentam etc. que os textos procuram resgatar, mais do que a aparência de cada um desses seres ou sua especificidade corpórea.

Pensando as funções da obra literária, tal como nô-las propõe Candido, vê-se que predomina no missosso a função social, dado o fato de ser criado via de regra por um grupo iletrado, cujas formas de produção artístico-verbais, como diz o autor, se ligam "diretamente à vida coletiva sendo as suas manifestações *mais comuns que pessoais*". Ao contrário da produção dos grupos letrados em que sobressaem "os aspectos propriamente estéticos", a dos grupos não letrados se vincula fortemente ao contexto em que é veiculada sendo a "função social [...] o elemento que unifica os demais e esclarece o seu sentido" (1976, p. 48-49, 51).

O missosso é, assim, por sua estrutura, uma forma simples que, por força de sua veiculação oral, é fortemente tutelada pelo produtor anônimo, sendo esta mesma forma discursiva significativamente contextualizada. Isso se dá — e volto a recorrer a Candido — em função "da pessoa que [...] interpreta, do ato de interpretar" (1978, p. 48). Não é bastante criar o missosso; importante é a arte de contá-lo, a sua interpretação no contexto no qual é elaborado e com cuja manutenção ele se acumplicia. Desse modo, a estrutura simples vem a ser uma exigência da forma narrativa, muito mais viva como forma cinética do mundo da oralidade do que como produção estática do mundo da letra. Esse acumpliciamento com o contexto no qual se veicula se explica por que, em vez de trabalhar "a partir de um certo nível de estilização da realidade, atuando de preferência sobre os motivos já afastados das necessidades imediatas" (CANDIDO,1978 p. 62), o missosso tem como base de sua produção essas mesmas necessidades imediatas, pactuando com a sua difusão pelo grupo, daí por que se impõe como uma técnica especial de memorização.

Nesse teatro de uma só voz, a figura do narrador é elemento fundamental. Na sua profunda ligação telúrica com o que conta, ele como o narrador-lavrador de que fala Benjamin, profundamente ligado à sua *tellus*, procura fazer de seu ato discursivo uma prática utilitária, tirando de sua estória "seja [uma] lição de moral, seja [uma] sugestão prática, seja [um] provérbio ou norma de vida [...], é um homem que sabe dar conselhos" (1985, p. 200). Sua fonte de conhecimentos é a experiência por ele vivida em sua terra, sendo um profundo conhecedor das tradições e dos costumes de seu grupo e de si mesmo, fontes das quais faz nascer a narrativa. É um cioso das verdades comunitárias e sua palavra se destina a fazer com que o ouvinte possa perceber a importância das coisas de sua terra, escamoteada sob uma aparência meramente banal.

É preciso observar ainda que, no jogo gozoso armado entre o narrador e seu ouvinte, vive-se a vida que não teme a morte, pois (e a volta a Benjamin é mais que um simples impulso citacional):

> *somente uma memória abrangente permite à poesia épica apropriar-se do curso das coisas, por um lado, e resignar-se, por outro lado, com o desaparecimento dessas coisas, com o poder da morte* (1985, p. 210).

A memória é, pois, para onde quer que se volte a atenção do leitor, o motor do jogo discursivo gozoso do missosso, visto como uma forma especial e absolutamente angolana de contar estórias da terra, povoadas por homens e animais da terra, cortadas por cantos da terra e penetradas por entes misteriosos como o *cazumbi*, a sereia, o *camucala* de uma só metade do corpo, o *diquíxi* de várias cabeças, também, ou sobretudo, seres da terra angolana. Nesse jogo ponteia a figura do narrador, um homem angolano, que busca resgatar o seu universo específico — mormente em sua vivência não urbana — da margem em que a cultura branca, por séculos, o deixou, tentando revitalizar, por sua palavra, os mitos autóctones. Com esse procedimento conspiratório, ele tenta exorcizar a ameaça de dissolução e morte de seus mitos fundadores, morte esta que, metaforizada em silêncio narrativo, fica à espreita, para fazer calar a força iniciática de sua voz...

1.2 CRIANDO UM CORPO MÁGICO

> *A mania da morte é um talismã e quem o carrega adquire um corpo mágico.*
>
> Elza Morante

O missosso, do ponto de vista da produção cultural, é uma das formas pelas quais o homem angolano busca representar imageticamente a grande ameaça que a consciência da perecibilidade de seu corpo biológico e social acarreta. Para tanto ele procura responder à ameaça de dissolução, criando, por palavras, um outro corpo, mágico, pelo qual se possam eternizar aqueles que a morte esfacela. Configura-se, assim, um espaço de representação que usa da morte como um talismã, no sentido da epígrafe de Elza Morante (1983). O corpo que então emerge nas malhas do tecido discursivo é um corpo mágico, poderoso exorcismo contra a morte e o temor da descontinuidade absoluta, pois a representação de um perigo o minimiza, como ensina Gilbert Durand (1969, p. 135).

A fim de realizar esse rito exorcizante, o missosso atualiza "formas típicas de comportamento que, ao se tornarem conscientes, assumem o aspecto de representações, como tudo que se torna conteúdo da consciência", usando palavras de Jung (1984, p. 163). Em outros termos, atualiza arquétipos pelos quais a ameaça de dissolução fica temporariamente afastada. Representa ele, desse ponto de vista, uma forma narrativa pela qual a sociedade e a cultura angolanas tentam capturar a desordem da morte, transformando-a em uma ordem simbólica, portanto de segundo grau, ordem esta que se revela como discurso por imagens arquetípicas, como nos mostram as várias narrativas trabalhadas.

Afirma Rodrigues que "a morte é um produto social". E ele continua:

Seja do ponto de vista de seus estilos particulares de acontecer, seja do ponto de vista de sua rejeição pelas práticas e crenças, seja sob o ângulo de sua apropriação pelos sistemas de poder, a morte é um produto da história (1983, p. 98).

Dessa forma, ela é relevante para que se possa tentar interpretar o próprio fato histórico, pois se sabe — e volto a Rodrigues — que "as sociedades se reproduzem porque seus membros morrem" (1983, p. 98). O missosso angolano, sendo ele mesmo uma forma ancestral de resgate simbólico da história, não poderia deixar de aliar-se à temática da morte nesse esforço comunitário de transformar a desordem em ordem, o que ele faz imagisticamente, por meio dos arquétipos atualizados na cena discursiva.

Tais representações imagéticas se revelam por meio de temas recorrentes que levam a um mesmo enclave: a morte, para o angolano — como de resto para o africano de modo geral —, é percebida como um fato não natural, ou seja, como uma agressão ao princípio organizador da *força vital*. Isso justifica por que, no *corpus* trabalhado — 76 narrativas, sendo 50 da coletânea de Chatelain e 26 da de Ribas — a morte, como um fato natural, raras vezes apareça, como se dá, por exemplo, em "O kianda e a rapariga" (CONTOS populares de Angola...,1964, p. IX): "A criança porém morreu logo depois de nascer"; "O rei Kitamba kia Xiba", anteriormente citado: "O rei Kitamba kia Xiba [...] viveu feliz até a morte de sua mulher, a rainha Muhongo" e "Quimalauezo", também tantas vezes referido: "Morre a senhora Gombe."

Na maioria das narrativas nas quais aparece um ato de morrer é ele representado como violento, antinatural, enfim, como um crime praticado por seres humanos, animais com características humanas ou entes sobrenaturais, mesmo que seja por *Kalunga-ngombe* (senhor Morte). No quadro geral dos homicídios arquetípicos que aparecem nos missossos, destaco os praticados contra membros do próprio clã familiar, o que intensifica o seu caráter de agressão e transgressão aos princípios estabelecidos. Aparecem, assim:

- o *parricídio*: diretamente representado em narrativas como "O cofre" (M, p. 89): "[Caculo e Cabassa] combinaram com os namorados para o seguirem [ao pai] e, pelo estorvo, lá o matariam" e em "A pessoa não tem coração", estória em que um filho, revelando o homicídio cometido pelo pai, leva-o à morte: "E o pai como castigo foi queimado em uma barrica de alcatrão" (M, p. 88).

Outras vezes o parricídio é indiretamente representado quando, nas estórias protagonizadas por animais, o mais novo (menos etária que social ou fisicamente) mata o mais velho, para ser livre de um processo de opressão, quase sempre. É o que se dá, por exemplo, com o macaco que mata o leopardo e a onça, respectivamente, em "O Leopardo, o Antílope e o Macaco" (M, p. 65) com a sexa que mata o leão em "A Sexa e o Leão" (M, p. 169) etc.;

- o *fratricídio*: geralmente movido pela inveja de um ou mais irmãos que, não possuindo a qualidade de outro(s), assassina(m)-(n)o(s) e tenta(m) esconder o crime do grupo, familiar ou não, a que pertence(m). É o que se encontra nos *Contos* e em *Missosso* em "Sudika-Mbambi", "Mutelembe e Ngunga" e "A sereia", por exemplo;
- o *uxoricídio*: cometido, em geral, por maridos cujas esposas transgridem uma norma, seja em relação a eles, seja quanto ao grupo. Também como o parricídio, pode ser representado diretamente, como em "O kianda e a rapariga", já citado, e em "Samba" (M, p. 159); ou indiretamente, como se dá em uma série de estórias em que a mulher grávida deseja comer peixe — e repare-se a natureza fálica do símbolo usado como objeto do desejo — e acaba morta, quando o peixe — simbolicamente "pescado" pelo marido — sai do seu corpo para puni-la; "A mulher que desejava peixe" em Chatelain, ou "O peixe que falava" em Ribas são dois exemplos que as coletâneas trazem. Em "Ná Nzuá dia Kimanaueze" ressurge o fato narrativo do desejo de comer peixe, mas não há a morte da mulher.

É interessante notar que não aparece um assassinato direto do marido pela esposa nas narrativas lidas, mas algumas representam o fato de ser o comportamento desviante da mulher que leva o marido à morte. No *corpus*, "Quimalauezo" talvez seja o melhor exemplo de tal procedimento diegético.

Há um conto recolhido por Ribas, "A adivinha", já referido, em que aparece o desejo incestuoso de uma mãe pelo filho: "Uma mãe criou o seu filho [...] E a mãe apaixonou-se por ele" (p. 119). Frente à impossibilidade de transgressão do tabu do incesto e movida pelo ciúme, surge o impulso do crime pelo qual ela, matando o filho, se livraria do desejo e impediria que o seu objeto fosse possuído por outra:

> *Não podendo satisfazer o seu desejo, também não queria que mulher nenhuma lhe pertencesse. Assim, um dia, preparou-lhe um pão envenenado* (p. 119).

O filho salva-se, ao não comer o pão, o que não impediu que o texto trouxesse à luz o incesto, crime dos crimes, e a ameaça do filicídio.

Em "Os dois irmãos e o monstro" (p. 165) aparece a mãe como a que instiga o marido a matar os filhos: "Um dia, a mulher, pela escassez de alimentos, obrigou o consorte a lançar ao rio os três filhos mais crescidos" (p. 165). Dos três, dois sobrevivem; no final a mãe é punida com o repúdio dos filhos e, por último, com a morte: "E a mãe, repudiada pela sua malvadez, sem ninguém que olhasse por ela, tempos depois, morre à míngua" (p. 167).

Segundo a deontologia africana, nos moldes como a descreve Vincent Thomas, citado por Rodrigues, a morte pode ser "boa" ou "má" e a série de homicídios representados nos missossos se faz, quase sempre, um exemplo de configuração imagética desta última. No momento em que contraria o princípio da *força vital*, a morte é má e representa um crime no sistema de pensamento angolano resgatado em tais narrativas. Esse ato de morrer transgressor se dá sempre pela ação da violência sobre o outro, fruto, acima de tudo, de sentimentos negativos que, em certo momento, passam a representar a dominante no jogo interativo das relações sociais. Esta morte do outro, em tais condições,

> *mutila uma comunidade, quebra o curso normal das coisas e a solidariedade de um grupo ferido em sua integridade. A reação da comunidade é um impulso contrário a essas forças desagregadoras* (Rodrigues, 1983, p. 93).

O corpo biossocial, ameaçado pela descontinuidade, corre o risco de desaparecer totalmente; então, para que ele se faça *mágico* e enfrente a ameaça de esfacelamento, é preciso exorcizar a morte pelas representações simbólicas do grupo. Sendo o missosso, na comunidade angolana, uma de tais formas de representação, ele se vai aliar a esse modo de exorcismo simbólico, denunciando por imagens verbais essa má forma de morrer, razão por que lhe dá um espaço narrativo mais significativo no corpo do discurso, mostrando os mortos como vítimas indefesas desses crimes.

Algumas estórias são, fundamentalmente, narrativas de morte, muito embora haja aquelas nas quais ela é apenas mais um dos elementos da trama e não o seu próprio motivo. Por outro lado, a morte, natural ou não, algumas vezes revela-se "boa" narrativamente, uma vez que pode instaurar o desequilíbrio gerador da própria narrativa, como se dá em "O rei Kitamba kia Xiba", citado anteriormente, com a morte da rainha Muhongo e em "Ngunza Kilundu Kia Ngunza" (Contos populares de Angola...,1964, p. L), com a morte de um dos irmãos — Maka — por exemplo. Por outro lado, a morte pode ser o elemento que leva a narrativa para adiante, na busca do equilíbrio perdido. É o que acontece, na coletânea de Ribas em "A pasta" (p. 139), com a morte do empregado, e em "A pessoa não tem coração", com o homicídio cometido pelo pai do menino protagonista. De qualquer modo, essas mortes, que narrativamente se tornam "boas", fazem com que se busque uma outra forma de equilíbrio, a ser encontrado no lugar narrativo onde se dá a punição dos culpados, geralmente por um outro ato de morrer, degradante em todos os sentidos.

Quando a punição para a ação transgressora é a morte, percebe o leitor que ela se configura como algo para o qual não há retorno possível, representando a dissolução absoluta tão temida pelo corpo social e pela cultura. É então que junto com a morte chega o fecho narrativo, ele mesmo, em última instância, a certeza da dissolução da própria roda, o que, como foi visto anteriormente, é percebido pelo produtor textual como uma grande ameaça.

O texto, em seu silêncio, afirma não haver, para tais mortes absolutas, possibilidade de que se eternizem narrativamente e, por isso, ele se cala. É este o sentido do fecho das várias estórias que compõem, pelo encaixe, o corpo textual de "Quimalauezo", tapete tecido a partir das várias transgressões de mulheres, ao fim punidas discursiva e ideologicamente com a morte. O mesmo se dá com outras personagens que aparecem nos *Contos* e em *Missosso*, como mostram alguns desses fechos narrativos mortais que encontramos:

- na obra de Chatelain (Contos populares de Angola...,1964):
  Cercaram a casa e pegaram-lhe o fogo. A falsa mulher morreu queimada. Acabou a história (p. 229).
  Com Dinianga morreram também os dois cães, e assim terminou o conto (p. 423).

- na coletânea de Ribas:
  E o senhor João morreu. No dia seguinte morria a mulher. E no outro, a mãe, o pai. E no outro, o tio do senhor João. Morreram todos quantos se meteram na conversa (p. 59-60).
  E a avó Quitassele morreu queimada (p. 125).
  E a mãe, repudiada pela sua malvadez, sem ninguém que olhasse por ela, tempos depois, morre à míngua (p. 167).

A morte má, coincidindo, desse modo, com a morte, pelo silêncio, da narrativa, mostra que até o texto sucumbe diante da certeza de ter sido a personagem tragada pela mais absoluta descontinuidade que representa o ato de morrer fora dos códigos de estruturação elaborados pela sociedade e pela cultura. Tal descontinuidade absoluta faz com que, na percepção do homem angolano representado nos missossos, não se possa ascender, no encadeamento da *força vital*, à categoria superior de ancestral. Tal categoria, ligando o vivo ao morto, legitima tudo que tem existência, tanto extraterrena quanto terrena. No momento em que transgridem o estabelecido, os seres deixam de ligar-se "aos seus antepassados nos modos de vida autojustificativos, que reconduzem à Força da Vida, às idéias de origem, à sua proteção espiritual", usando palavras de Davidson (1981, p. 37). Assim morrem definitivamente, não conseguindo fazer dos seus um corpo mágico. Para mais bem aprofundar a idéia de abismo que a total descontinuidade gera, o texto cala-se e cai também ele no vazio narrativo de sua não-voz. Com esses procedimentos, o controle ideológico tenta assegurar sua própria eficácia, pelo reforço dos mecanismos com que opera.

Em oposição à má, existe a boa forma de morrer, também resgatada pelo missosso. É quando representa a boa morte que esta forma narrativa mostra o aspecto ritualístico do ato de morrer. Dicotomiza-se, no tecido ficcional, a oposição morte *x* renascimento, mostrando o contador que a entrada no reino de Kalunga se dá por um rito mais significativo do que aqueles que marcam as diversas mudanças de estado na vida terrena (dentição, puberdade, menopausa, investidura em novas posições hierárquicas etc.), sempre contendo em seu bojo a idéia de morte para um estado e de renascimento para outro.

Na passagem da vida à morte, dá-se um rito mais completo, que poderíamos chamar de rito de ultrapassagem. Primeiro, segundo Chatelain, na crença angolana, o morto chega ao reino de Kalunga, sendo que neste ainda morre uma vez, depois do que vai para um lugar onde não morre mais, ou seja, o reino de *Mbulu a Maminiu* (p. 553). Os missossos lidos não mostram este segundo reino.

Muitas vezes, a construção da morte como o rito dos ritos se abre por um outro tema que lhe é complementar, ou seja, o da *viagem*, também importante núcleo temático dos missossos, em particular, e da tradição oral em geral, conforme postula Kane (1982, p. 188). A viagem é sempre realizada por uma personagem em busca de uma situação de melhoramento para si própria ou para o grupo e que se depara, no curso dela, com uma situação oposta que põe em risco a sua ou outras vidas. É o que se dá, por exemplo: em "Sudika-Mbambi", quando a personagem-título da estória morre na viagem feita para combater os *maquíxi* (monstros antropófagos de várias cabeças) e é ressuscitada pelo irmão gêmeo Kabundungulu; em "Ngunza Kilundu kia Ngunza", quando a viagem se realiza para que um irmão possa salvar o outro do próprio Kalunga ngombe; em "A sereia", narrativa de uma irmã caçula, assassinada pelas outras duas, quando vão todas tatuar-se em lugar distante com uma velha; em "O monstro", em que também um grupo de irmãs e amigas desejosas de tatuar-se quase encontra a morte na viagem realizada para este fim. Lembro, a propósito, a importância da tatuagem no campo da sexualidade feminina, pois, segundo as tradições, as tatuagens em certas partes do corpo são estímulos eróticos por excelência.

As vítimas de não merecidas mortes violentas ou aqueles que morrem de morte natural são, via de regra, mostrados como chegando a um novo reino — regido por Kalunga ou, no mundo aquático, pela Sereia ou Quianda — lá encontrando a fartura e abundância que não possuíam. Tal reino tem a mesma ordem de organização da vida na terra, o que se mostra, por exemplo, em "O rei Kitamba kia Xiba", quando o feiticeiro entra no reino de Kalunga — na "aldeia de Kalunga ngombe" —, encontrando a "rainha Muhongo a fazer um cesto" (Contos populares de Angola..., 1964, p. 429), sentada no "centro" da aldeia, logo, em uma posição de relevo no novo grupo. Lembro, a propósito, que, segundo Claude Lévi-Strauss, no "conjunto central" fica o poder mágico, pois ele representa o palco da vida cerimonial" (1967, p. 165), o que se mostra nesse missosso, quando ele aponta o lugar ocupado pela rainha.

Em "A sereia" se representa o reino que existe no fundo do rio, reino este também apresentado como edênico, conforme se vê na fala da personagem protagonista, quando esta diz a seus mais velhos que carregara com ela para o novo mundo: "— Aqui estão melhor, não precisam de trabalhar, há quem faça o serviço. Depois, estão ao pé dos seus netinhos" (M, p. 81).

Quando o missosso figura esses reinos pós-morte, ele está exorcizando a idéia de fim que a morte carrega e anunciando o renascimento para uma outra ordem não terrena e mais aliciadora. Além de constelar, sob a forma de imagens, esses atos concretos de morrer, o missosso aponta para a plenitude da outra vida e com isso aprofunda ainda mais o exorcismo já referido. A morte se apresenta, assim, fortemente configurada naquela forma de manifestação discursivo-cultural e isso se explica, pois, como afirma Durand: "Figurar um mal, representar um perigo, simbolizar uma angústia, é já, pelo domínio do *cogito*, dominá-los" (1980, p. 135, tradução minha).

De outra parte, sendo uma narrativa exemplar, o missosso procura, metafórica e metonimicamente, referenciar a idéia de que em Angola, uma terra africana, a morte não corta a comunicação com os vivos, já que, pelo primado da *força vital*, todos os seres interagem, portanto, se comunicam. Tudo faz parte de uma mesma cadeia sintagmática, nada excluindo nada; a ordem dos vivos e a dos mortos se interpenetram, constituindo um universo significativo.

Não me parece ser outro o sentido das narrativas que fecham os *Contos* e *Missosso,* ou seja, respectivamente, "Ngunza Kilundu kia Ngunza" e "A Sexa e o Leão". Ambas encerram as coletâneas reafirmando simbolicamente que a morte, compreendida como ameaça de descontinuidade, se pode exorcizar, a partir de certas cumplicidades que se estabelecem no ritual comunitário. As narrativas finais das coletâneas significam, pois, ritos de superação da morte, em última instância.

Esse fato não é gratuito, sobretudo quando se sabe que, seguramente, um pouco mais de 60% das estórias faz referência à morte, de uma forma ou de outra. Percebo que tais ritos de superação possibilitam que se construa, pelo dito e pela figuração imagética, o corpo mágico de que falo, corpo este que, sendo imortal, supera o corpo biossocial, passível de dissolução.

Por isso as estórias dizem e redizem a morte, para reafirmarem seu pacto com a vida, pois só assim se pode despir aquela mesma morte de sua capa de noite e perigo. Quando o contador de missossos ergue o talismã de suas estórias, ele está construindo, para si mesmo e para o grupo, um fechado corpo mágico, barreira segura contra qualquer ameaça de perecibilidade. Criando-se este corpo, reafirmam-se a excelência e a soberania de uma vida que, fora dos liames do real, só precisa, para renascer sempre, que haja dois homens angolanos, talvez até quem sabe uma fogueira, e eles se contem estórias de sexas, leões, espíritos Kituta, velhos, caçulas, quimbandas e tudo o mais que povoa o mágico espaço narrativo do missosso, prazerosa festa criada pelo imaginário popular e também aquele espaço simbólico onde se inscrevem as leis que regem os destinos dos homens e do grupo.

1.3 EM DEFESA DAS TÁBUAS DA LEI

> *O pequeno caroço não o desprezes, um dia tornar-se-á grande palmeira.*
>
> (Provérbio angolano)

Como qualquer forma de manifestação da tradição oral, o missosso tem uma dupla orientação, como ensina Kane, ou seja, é didático e lúdico (1982, p. 203). A intenção edificante é uma de suas marcas mais evidentes, pois na tentativa de difundir o patrimônio do grupo, o produtor textual procura salvaguardar os valores, normas e ideais comunitários, disseminando-os por meio de suas narrativas que se tornam exemplares, em seu mais amplo sentido, pois significam claros reforços da ideologia.

Por outro lado, contrariamente à narrativa mítica, via de regra terrificante, o missosso faz da contação um ato gozoso, que tem na persuasão o mais forte aliado, para que possa cumprir a tarefa simbólica de *defesa das tábuas da lei grupais*. Ele se integra, assim, ao conjunto das atividades sociais, procurando conservar o patrimônio cultural já sedimentado. Por isso, no universo representado, não se encontram seres assinalados — heróis, deuses, ou super-homens. Há artesãos, caçadores, lavradores, sobas, macotas, mulheres, jovens, velhos e crianças das aldeias. Eles exercem seus papéis cotidianos, sempre profundamente arraigados à sua terra, no que são de perto seguidos pelo narrador. Os entes sobrenaturais e/ou divindades não fogem também a esse enquadramento.

Para que se alie ao estabelecido, difundindo o que os mentores comunitários apontam como desejável para a continuidade do grupo como tal, o missosso vai buscar, no dia-a-dia das relações sociais, os elementos simbólicos com que vai operar. Nesse conjunto mais abrangente, e considerando o fato de ser arcaico-tribal o tipo de organização social emergente nos textos, percebe o leitor serem as relações de parentesco as que sobressaem no universo narrado, razão por que grande número das ações narrativas tem como espaço principal o clã familiar.

Tal universo é mostrado em uma série representativa de estórias como um espaço tensionado pelas relações que estabelecem, de um lado, os detentores da autoridade — os mais velhos — e, de outro, aqueles que sofrem o peso desta mesma autoridade — os mais novos. Desse modo, o foco gerador da tensão se localiza nas relações *pai/filho*, *neto/avô*, *tio/sobrinho*, *irmão mais velho/irmão mais novo*. Também o par *esposo/esposa* aparece marcado pela tensão, sendo a mulher, em grande número de narrativas, caracterizada como transgressora das leis estabelecidas.

O conflito no espaço familiar é determinado quase sempre pela interdição do desejo de um dos elementos da relação, geralmente o mais novo ou a mulher. Nesse sentido, é paradigmática a narrativa "Hebo"[7] que aparece na coletânea de Ribas. Nessa estória a personagem-título, filha do "senhor Serpente", vive guardada em um tanque cheio de água, só se relacionando com os pais e com as criadas. Insatisfeita, ela foge com um rapaz, o que pode ser lido como uma tentativa de atingir outras formas de socialização fora da primária.

---

[7] Lê-se no dicionário já tantas vezes referido, organizado por Cordeiro da Matta: "Hebu. s. Filho de parto tardio."

Para o pai, porém, tal procedimento representa uma transgressão do estabelecido e ele resolve puni-la, usando, para isso, seus poderes mágicos — a magia é aqui uma forma simbólica de reforço do poder paterno.

O pai faz com que Hebo se perca do rapaz e venha se casar com um diquixi de cem cabeças, o que representa uma punição. A moça tem quatro filhos nessa nova relação — dois normais e dois monstros — e aqui a vemos ser punida uma segunda vez. Ao final de um tempo, insatisfeita com a vida entre os monstros, foge, levando os dois filhos normais e procurando voltar à casa paterna. O pai, ainda magicamente, a ajuda e, quando ela é recapturada pelo estabelecido, ficando de novo sujeita às tábuas da ordeira lei, ele readquire a precedência discursiva, pois é a sua fala que fecha o narrado. Diz o narrador, preparando o final da estória,

> *Narra [Hebo] a sua odisséia à família. No final, o senhor Serpente quia Tumba a Dala declara-lhe saber tudo.*
>
> *Fui eu quem te fez passar esses maus bocados, quis-te mostrar que posso mais que tu. — Remata, sorrindo* (p. 157-158).

Note-se que o narrador, e por trás dele o anônimo produtor do missosso, procura restabelecer a ordem do pai, punindo a transgressora. Nesse "posso mais que tu", resgatado na fala final, está uma das poderosas leis do grupo: o mais velho pode mais que o mais novo, porque ele é o dono da palavra que não se pode contestar e da sabedoria por ela veiculada.

A lei grupal acima enunciada se mantém em todas as relações sociais, mesmo fora do grupo consangüíneo. Assim, sempre que dois seres interagem, o mais velho tem precedência absoluta sobre o mais novo, que o chama de avô ou tio. Tal se dá não só nas estórias cujas personagens são seres humanos, mas também nas protagonizadas por animais. Neste último caso, sempre que um animal tem mais porte ou força que outro, ele se transforma em seu parente mais velho. Confronte-se, a propósito, a pergunta-censura feita pela onça ao coelho, em um dos missossos coligidos por Ribas: "Então sou eu, o teu mais velho, quem vai buscar as colheres e não tu, que és criança?" (p. 142).

É importante notar que nos missossos os velhos são privilegiados discursivamente, seja pela reiteração dos significantes pelos quais são referidos — velho(a), avô(ó), maior etc. — seja pela importância que o grupo lhes confere, sobretudo no que diz respeito ao peso de sua palavra nos embates comunitários. São eles o "depositário dos tesouros comuns" de que fala Halbwachs, citado por Ecléa Bosi, ao mesmo tempo em que são "os guardiães das tradições, [...] porque só eles dispõem do lazer necessário para fixar seus pormenores ao longo de conversações com os outros velhos, e para ensiná-los aos jovens a partir da iniciação", como bem sintetiza a mesma autora (1979, p. 23-24), ao se referir ao papel dos anciões nas tribos primitivas. O missosso angolano, pactuando com tal função social do velho, privilegia-o, fazendo dele um dos significantes-chave da sua densa rede discursiva. É na figura aurática e na palavra decisória de um mais velho que um mais novo vai encontrar a indicação mais segura sobre o caminho a percorrer, o que significa a anulação das tensões.

A essa sabedoria do velho se vem juntar a esperteza do novo, com o olho-câmera do narrador, algumas vezes, focando com maior intensidade este mais novo que, nas estórias em que as personagens são seres humanos, se representa normalmente pela figura do caçula que agora retomo. Diz Bettelheim ser o papel da criança mais nova muito importante no contexto temático dos contos-de-fadas, pois ela é a personagem com que o leitor e/ou ouvinte mais se identifica. Tal se dá porque, seja qual for a posição do indivíduo com relação aos irmãos, ele ocupará sempre, na tríade familiar, o lugar de mais novo. Por isso, segundo o autor, os contos abrem um espaço significativo para a atuação do caçula, o que também se dá no missosso. Neste, o tratamento especial conferido ao mais novo é uma evidência, pois é por sua perspicácia que ele e/ou o grupo consegue(m), superar os obstáculos individuais ou sociais com que se defronta(m), quando não o é a coragem para enfrentar as novas e desafiantes situações. É extensa a relação de estórias, dentro do *corpus,* em que tal constante narrativa aparece. Cito, a título de ilustração, algumas delas. Nos *Contos*: "Fenda Maria e seu irmão mais velho Nga Nzuá", "Sudika-Mbambi", "As raparigas e os makishi", "As quatro Uouas", "Mutelembe e Ngunga" e "Os leões e Kimonangombe". Em *Missosso* aparecem: "A sereia", "O monstro", "Catarina Atrevida", "O rei dos bichos" e "Os dois irmãos e o monstro".

Percebe-se, nessa polarização mais velho *x* mais novo, que o primeiro é caracterizado pela sabedoria, enquanto o segundo o é pela esperteza. Mostra então o missosso seu pacto com o velho, embora não esconda sua admiração pelo novo. Lembro, a propósito, e uma vez mais, Bettelheim:

> A esperteza pode ser um dom da natureza; é intelecto independente de caráter. A sabedoria é conseqüência de uma profundidade interior de experiências significativas que enriquecem a vida da gente (1980, p. 139).

Por isso, no universo temático dessas narrativas angolanas, o novo, por não ter vivido ainda tais "experiências significativas", configura-se imagisticamente como esperto, enquanto o velho o é como sábio. Mostra-se, assim, o peso da ordem estabelecida, bem como a preocupação com o controle ideológico.

Há um missosso da coletânea de Chatelain em que o novo, no caso representado simbolicamente pela personagem chamada "Para onde vou" (Futuro), é apontado como mais desejável que o velho, no caso, "De onde venho" (Passado). Eis o texto em sua íntegra, na versão portuguesa:

> Dois homens caminhavam numa estrada quando encontraram um vendedor de vinho de palma. Os viajantes pediram-lhe vinho e o homem prometeu satisfazê-los mas com uma condição: de lhe dizerem os seus nomes. Um deles falou: Chamo-me De onde venho. O outro:
> — Para onde vou. O homem aplaudiu o primeiro nome e reprovou o segundo, negando a Para onde vou o vinho de palma. Começou uma discussão e dali saíram à procura do juiz, que ditou logo a sentença. O vendedor de vinho de palma perdeu. "Para onde vou" é quem tinha razão, porque de onde viemos já nada se pode obter e, pelo contrário, o que se puder encontrar está para onde vou (Contos populares de Angola..., 1964, p. 465).

Explicita-se nesta estória a idéia da renovação como algo necessário e desejável, a fim de que o indivíduo possa atingir a plenitude da realização pessoal. No entanto, não se deve esquecer que, inicialmente, de forma integrada, "De onde venho" e "Para onde vou" formavam, pela dualidade, um conjunto significativamente distensionado, pela forma que toma o sujeito do enunciado, ou seja: "dois homens" e "os viajantes". A ruptura se dá no discurso do outro — "vendedor" e "juiz" — que busca hierarquizá-los e não por eles que, sendo apresentados em forma de sujeito plural do enunciado, se marcam por uma solidariedade discursiva.

Assim, mesmo que a moral explícita aponte para o futuro, já que o missosso, reconhecendo o valor simbólico do novo para a revitalização do indivíduo e conseqüentemente do grupo, aponta-o como desejável, não se pode esquecer que o novo caminha com o velho mostrando-se que só pelo ou com o passado o futuro se pode construir. Isso me leva a pensar que se está diante daquela síntese de que fala Lucien Goldman, entendida como o ato pelo qual se ligam passado e futuro, dando-se, então,

> A retomada dos valores humanos e reais do passado na perspectiva das novas forças que criam o futuro, retomada que só ela permite o reencontro da totalidade que é o valor essencial de toda autêntica vida do espírito (1979, p. 87).

É esta mesma síntese que o autor Dario de Melo, citado anteriormente, parece reafirmar quando, em *Quem vai buscar o futuro?*, revitaliza o missosso anterior, muito embora lhe dando uma interpretação outra, que se afasta do suporte ético do texto-origem.

Neste novo texto contracenam um velho — "Antigamente" — e seu neto — "Futuro". Este resolve fugir da aldeia para encontrar as "Terras-do-amanhã", encantadas terras de que o avô falava em suas estórias. Toda a trama do conto se alicerça sobre a discussão de quem deveria procurar o menino Futuro: se "Antigamente" que, por ser velho, conhecia bem o caminho, embora já estivesse fraco em virtude da idade; se o seu filho, pai de Futuro, mais novo e mais forte, mas sem a experiência dos caminhos a seguir.

No final decide-se, apesar do voto contrário do "Vendedor de maruvo" — recriação do de óleo de palma — que o *povo* (novo sujeito emergente no texto) é que deveria fazê-lo, pois, como diz o contador de missossos da letra, já configurado ideologicamente como um agente do mundo angolano pós-1975,

> *E quem encontra o FUTURO?*
> *O velho cego e doente (ANTIGAMENTE)?*
> *O filho forte e sadio (que era novo)?*
> *Nem um, nem outro. Certamente que só se chega ao FUTURO com o POVO* (1986, p. 19).

É preciso, agora, abrir espaço para a discussão de um aspecto dos mais importantes no universo temático dos missossos, também ligado à representação das figuras de velhos em sua inter-relação com as de mais novos. Trata-se dos ritos iniciáticos que tomam diversas formas em uma série expressiva de narrativas.

Os teóricos da cultura africana *lato sensu* acentuam desde muito a importância da iniciação nas comunidades de origem. Lapassade, que cito a partir de Ndaw, sintetiza o que se pode entender pelo papel da iniciação em tais grupos, quando diz que ela: "institui uma ordem cultural em que a desordem inicial do desejo encontra a regra dos homens" (1983, p. 182). O próprio Ndaw mostra como os ritos de passagem, realizados por cerimônias iniciáticas que fazem parte da vida humana do nascimento à morte, são fundamentais nas sociedades de origem. Dentre tais ritos — sempre tutelados pelos mais velhos do grupo — ganham um relevo especial os de puberdade, quando o neófito ascende a uma completude que lhe permite procriar; nesse momento, para Ndaw: "A pessoa é então o 'centro do universo', em plena posse da vida que ela deve transmitir" (1983, p. 171). Aguessy mostra também a importância da iniciação que leva o ser da condição de figurante para a de ator principal no grupo a que pertence. Remeto às suas palavras: "Aquele que teve acesso às revelações ou manifestações que a iniciação concede já não é um simples figurante" (1980, p. 124-125).

A leitura de vários missossos nos permite surpreender a representação metaforizada de alguns desses ritos de puberdade que ganham uma forma narrativa aparentemente desprovida de significado outro que não seja o de divertir os ouvintes, no momento gozoso da contação. Estão nesse caso, dentre outras estórias, "A sereia", "O monstro" e "O rei dos bichos", todas da coletânea de Ribas. Além dessas, que me pareceram as mais significativas, outras há que contêm ritos iniciáticos; é o caso, por exemplo, de "Sudika-Mbambi", "O Kianda e a rapariga", "As quatro Uouas", "O filho de Kimanaueze e a filha do Sol e da Lua", "Os leões e Kimona-ngombe", da coletânea de Chatelain. Na de Ribas, ainda aparecem: "Quimalauezo", "A pessoa não tem coração", "O cofre", "Catarina Atrevida", "A serpente" e muitas mais que mostram a passagem de personagens para um outro estado e/ou condição, sempre devendo, para isso, vencer uma ou mais provas. Nesse sentido é que considerei a morte o rito dos ritos, como já expus.

Voltando às três narrativas relacionadas — "A sereia", "O monstro" e "O rei dos bichos" —, vê-se que as duas primeiras focalizam ritos de puberdade de meninas e a terceira, de menino. Assim, "A sereia" e "O monstro" contam a estória de um grupo de jovens que querem tatuar-se e, com isso, tornar seus corpos mais belos e, em um segundo nível de leitura, transformá-los em corpos de mulher prontos para os prazeres eróticos. Para tanto, recorrem a velhos e velhas que fazem e/ou mostram quem pode fazer a tatuagem. Em ambas as narrativas, tais mais velhos são configurados como "monstros". No primeiro dos contos, é um velho que vai ensinar às jovens onde vivem as tatuadeiras. Diz o texto:

> A uma porta, um velho caximbava filosoficamente. — Vavô — dirige-se a cassule — viemos para nos pôr jimbumbas. [...]
> — O velho, monstro de uma só metade do corpo designado por camucala, responde: [...]
> — Agora está bem, minha netinha, vamo-nos embora (M, p. 74).

Já em "O monstro", as velhas só se relacionam afetivamente com as jovens no nível do parecer; na verdade, são monstros antropófagos que desejam devorá-las. É interessante ver-se que os monstros, no jogo discursivo do missosso, aparecem, nestas e em outras narrativas, como o elemento pelo qual se podem punir uma ou mais pessoas. Representam o absolutamente desconhecido e estão sempre em uma relação de exclusão com o grupo, pois suas características físicas, marcadas pelo excesso (várias cabeças) ou pela falta (só uma metade do corpo), os fazem pertencer a uma ordem distinta, não capturada pelas "tábuas da lei". Assim, sempre que é desejável mostrar a necessidade de se punir um transgressor, a representação simbólica se vale de tais seres marginais, verdadeiros bichos-papões no imaginário angolano.

Segundo Van Gennep, citado por Victor Turner (1974), os ritos iniciáticos apresentam três fases: separação, limiar e reagregação. A fase da separação, nas narrativas, corresponde à saída das jovens de suas casas e aldeias, quando vão em busca das tatuadeiras que farão, dos seus, corpos de mulher, o que simbolicamente representará uma nova posição hierárquica no grupo de origem. A fase seguinte — limiar — se dá no segundo momento dos textos, que corresponde ao da viagem, quando nem mais estão no conhecido do mundo anterior, nem atingiram o novo estado (não se iniciaram). Finalmente, o terceiro momento é aquele em que, iniciadas, passam a ser algo diferente, mostrando a estória como atingem um outro estado, ostentando seus corpos as marcas que neles se inscrevem após os ritos. É o momento da reagregação, com a narrativa mostrando a viagem de volta para as casas e aldeias de origem.

O caráter cruel, marca dos ritos iniciáticos — é Jung quem aponta (1984, p. 321) —, se mostra, em ambas as estórias, no fato de serem os mais velhos configurados como monstros assustadores que amedrontam as neófitas, sendo depois por elas vencidos. O aspecto cruel ainda se configura nas tatuagens que representam, em um segundo nível, as cicatrizes que, no final do processo, assinalam os corpos das iniciadas, embora, como vimos, as tatuagens signifiquem a possibilidade de maior gozo erótico. O travestimento das velhas das aldeias em monstros, durante as cerimônias de iniciação de meninas, é comum nas sociedades tribais africanas, o que se consegue com máscaras e outros aparatos, como nos ensina, entre outros, Ndaw (1983, p. 96).

Finalmente, deve-se observar que o canto da caçula da segunda das narrativas é bastante significativo. É ele uma resposta ao pedido da velha que quer fogo — e eu aqui leio sexualidade — ao que a menina — possivelmente não iniciada, dada a sua condição de neófita — responde negativamente. Não dar e/ou ter o fogo significa, pois, não ter a sexualidade "pronta", o que se reitera por um dos versos encaixados na narrativa — "*sou criança!*" —, indício, por sua vez, de que a caçula seria uma não-iniciada.

O terceiro missosso é "O rei dos bichos", que é triplamente simbólico. Primeiro o é porque metaforicamente representa, em seus diversos movimentos, os passos daquele processo que Jung chama de "individuação". Por outro lado, ele representa, ainda, um rito de puberdade e um rito de sagração.

Vale a pena sintetizar a estória. Ela conta a procura de um menino que, nascido depois do casamento das irmãs — Luanda, Lua e Vênus — com os reis dos pássaros, das cabras e dos peixes, respectivamente, quer conhecer as irmãs e, para tanto, deixa a casa paterna, encetando uma longa viagem. No fim de três anos e três meses, ele já se encontrou com as irmãs, viveu com cada uma um mês e ganhou de cada cunhado um talismã — uma pena, uma pele e uma escama — que deveria guardar onde tivesse "a vida". Tenta, então, retornar à casa paterna, mas vive novas peripécias, enfrenta novos perigos, usa seus talismãs e, finalmente, vence a serpente que raptara a filha do rei: "Como prêmio, casou com a princesa e ocupou o lugar do senhor rei de Ngola" (*M*, p. 152).

A trajetória realizada pelo menino é a atualização de uma das metáforas mais correntes do processo de individuação, ou seja, a da viagem. Em sua caminhada ele vai ganhando referenciais, despojando-se daqueles que tinha, integrando-se plenamente ao conhecimento da natureza, à sua "alma do mato" e entrando naquela conexão simbólica de que fala também Jung e que lhe dá uma "profunda energia emocional":

> *De noite, dormia numa árvore, preso por uma corda. [...] E então comia o que os macacos comiam [...]. A água, tirava-a dos pântanos [...] E quando podia se abastecia de frutos, que amarrava à cintura* (p. 144).

Quanto aos ritos iniciáticos de puberdade e sagração, eles se enovelam no processo maior da individuação, submetendo-se o menino a todas as provas e nomeando-se ao final, já que deixa de ser o caçula sem nome e se faz "o senhor rei de Ngola", após ter suportado toda a série de sofrimentos que lhe foram impostos. O nomear-se denuncia sua plena integração ao mundo, pois, como ensina Ndaw, dizer o nome é "ato pelo qual um homem conclui um verdadeiro pacto de paz e de fraternidade" (1983, p. 162).

Reitera-se mais uma vez que, sob a capa do meramente gratuito das estórias, se esconde um pouco dos segredos e mistérios que se deixam revelar aos não-profanos que sobre eles já se debruçaram e, por isso, têm a sabedoria de reconhecê-los (pensando, uma vez mais, com Sow, já anteriormente citado).

Saindo do plano do indivíduo para o da vida comunitária e ampliando o significado da relação velho/novo que a leitura persegue, percebe-se que o missosso recupera o fato de que, a partir do processo colonial, no espaço cultural de Angola, o velho passou a representar metaforicamente a tradição angolana, enquanto o novo representava a transformação trazida pelo poder branco-europeu. É interessante observar, por outro lado, que a sociedade angolana projetada ficcionalmente naquela forma de narrativa oral representa-se quase sempre em um momento anterior ao do domínio colonial. É uma Angola tribalizada, cujos habitantes vivem em aldeias e ainda cuja organização social arcaica obedece a estruturas autóctones — sobas, quimbandas, macotas, caçadores, relações poligâmicas etc. — que o leitor reconhece na cena discursiva. Há, desse modo, um pacto explícito do missosso com o resgate das fontes da tradição, fazendo-se um surdo grito de resistência ao novo que a ordem branca representa.

Uma vez mais pugnam o velho e o novo, enfrentam-se, nessa tentativa de preservação da cultura autóctone, sendo o velho — leia-se ancestralidade angolana — novamente a metáfora explícita do guardião das tábuas da lei. Já o novo se faz muitas vezes sinônimo da ordem de poder representada pelo colonialismo português, reatualizando-se no tecido discursivo de formas distintas e fazendo-se, algumas vezes, brancas tatuagens no negro corpo simbólico dos textos.

No caso específico da coletânea de Ribas, o novo se manifesta na própria forma de expressão lingüística, já que os contos se dizem na língua do colonizador. Além disso, percebe-se que o compilador se preocupa com o explicitar, na materialidade da escrita, alguns termos e/ou expressões em quimbundo, o que revela seu desejo de assegurar também uma recepção não angolana para o *corpus* por ele recolhido. Fica claro, nessa opção pela língua do colonizador, que *Missosso* tem como leitores virtuais os falantes — não necessariamente angolanos — daquela língua. É o que comprovam, por exemplo, os trechos abaixo transcritos:

> *O velho, monstro de só metade do corpo, designado por camucala [...]* (p. 74).
>
> *À hora da deita, [...] Muhongo [...] atira ao chão o seu calubungo, ou seja, a sua varinha de condão* (p. 99).

Com referência ao universo propriamente ficcional, a marca mais evidente da nova ordem aparece na representação de certas personagens que não apenas são brancas na cor da pele, mas o são por costumes e tradições.

Convém notar que, quanto aos nomes das personagens, há dois quadros bem nítidos em ambas as coletâneas: de um lado, o quadro onomástico quase sempre quimbundo, em que se encontram nomes como Sudika-Mbambi, Kitamba kia Xiba, Nzuá, Samba Quimalauezo, Muhongo etc; de outro, nomes portugueses já incorporados à vida angolana, como Maria (às vezes, transformado em Madía), João, Isabel, Catarina etc. Estes últimos, na maioria das vezes, representam seres angolanos ou, em poucos casos, brancos assimilados aos costumes da terra, como se dá em "Ngana Fenda Maria" e "Catarina Atrevida", entre outros. Às vezes, o nome tem uma parte em quimbundo e outra em português, como Ngana Fenda Maria, em que as expressões iniciais significam senhora, embora sem serem sinônimas, segundo Chatelain (Contos populares de Angola..., 1964, p. 474).

O que se dá com o nome das personagens se dá com o espaço das ações narrativas. O lugar por excelência delas é a aldeia ou o sobado, portanto, a realidade agrária, que representa, imageticamente, a autoctonia angolana. Luanda é já um espaço intermediário que, assimiladamente, é negro e branco, já que nele está a autoridade européia, buscada sempre que uma dada questão não se pode resolver na comunidade de origem, como mostra esta passagem de "A pessoa não tem coração" da coletânea de Ribas: "O assunto foi remetido para Luanda. Mas a autoridade superior não avançou no interrogatório" (p. 87).

Na literatura angolana da segunda metade do século XX, o mito de Luanda, que então surge nas malhas dos textos em verso ou prosa, é, para mim, um mito reintegrador, no sentido em que a cidade se reinstaura na cena simbólica como a metáfora da própria angolanidade perdida, quase sempre representada pelo mito da infância, dizendo-se em forma de ruas, bairros etc.

Nos missossos lidos, porém, Luanda se referencia como um lugar quase sempre distante daquele onde se passam as ações narrativas, espaço dominado pela hegemônica ordem branca e sempre referido de forma abstrata como a passagem anteriormente citada de "A pessoa não tem coração" mostrou; nele pontificam as leis distintas das do mundo clânico de origem. Também Portugal é assim visto, representando, porém, uma ordem maior do que a exercida pelas "autoridades superiores". Volto à narrativa supracitada de Ribas: "Só em Portugal se podia esclarecer o caso — alvitrava toda a gente. E pai e filho para lá seguiram" (p. 87).

Vale ressaltar que, quando se enfrentam os valores angolanos e os europeus, os primeiros vencem os segundos, como se dá em "Quimalauezo". Há nesta narrativa uma cena rápida que mostra como, para o angolano, os referenciais autóctones têm precedência absoluta. Tal fato faz daquela cena uma das mais significativas da estória. Retomo-a, brevemente.

Na tentativa de seduzir o enteado, a madrasta de Lau de Quimalauezo passa a desejar a morte do marido; por isso, na ausência deste, que está em uma guerra, a mulher mata animais, para servi-los como refeição, o que, segundo a tradição, representaria a morte para o pai de Lau. Este, então, como diz a estória:

> Às ocultas, [...] pede ao serviçal o coração e o fígado, que assa e guarda. Apesar da educação européia, ainda respeitava certas normas de sua terra (p. 47-48).

Assim, muito embora, como sistema de poder, a ordem européia seja a dominante, na cotidianidade do viver angolano — e é o que diz o missosso —, o que predomina são as normas da terra, ou seja, as tábuas da lei. O novo sucumbe, vencido, diante da força do saber mais velho.

Há um outro missosso que sintetiza o enfrentamento da velha e da nova ordem, mostrando a reapropriação simbólica do seu lugar pelo negro, que passa, pelo menos no plano discursivo, de dominado a dominador. Por sua brevidade, transcrevo a narrativa na íntegra, da coletânea de Chatelain (Contos populares de Angola..., 1964):

> Dois homens discutiam. O branco afirmou: Em minha casa não falta nada. Possuo todas as coisas. O negro teimou: Não é verdade. Posso procurar uma coisa em tua casa e não encontrar. Aos negros é que falta tudo, a mim não. O negro foi para casa e passou um mês a tecer uma esteira. Antes de terminar faltaram-lhe cordas. Como as não pudesse obter, lembrou-se de as ir pedir ao homem branco. Bateu à sua porta: Senhor, estou com dificuldades e resolvi recorrer a ti. De que precisas? É que estava a fazer uma esteira, mas faltou-me material para terminar. Pensei então na casa do homem branco, em que há de tudo e que decerto me arranjará as cordas de que preciso. O dono da casa olhou para ele e riu-se. Entrou no armazém, mas não encontrou as cordas. Chamou o negro e deu-lhe cem macutas, dizendo: Tens sorte. Assim o negro ganhou (p. 458).

O missosso tudo diz em sua teia de imagens; por isso, ficou com a frase final, curta e objetiva: "Assim o negro ganhou." Ganhando, passa de dominado a dominador, não só no nível do que se conta, mas no próprio jogo articulatório discursivo. O branco, hegemonicamente, tem a precedência, desde o título: "O homem branco e o negro"; amplia-se sua dominação no primeiro movimento do narrado, quando sua fala precede a do negro e por ela se evidencia que o branco se sente superior ao outro, sobretudo porque detém a posse de objetos que, para ele, valem pelo seu valor de troca, diferentemente do negro que só pensa no valor de uso: "O branco afirmou: 'Em minha casa não falta nada. Possuo todas as coisas'."

O objeto não possuído, a "corda", uma matéria-prima angolana, mostra que o branco não tem, em última análise, o que é representativo da própria terra e, por uma elasticidade metonímica, a própria terra. Não a possuindo, o negro ganha, tomando o lugar do branco na estória e na materialidade discursiva, quando a última frase não contém mais o significante "branco". Realiza-se, pelo imaginário do homem angolano, a vitória que, no nível da História se concretizará plenamente em novembro de 1975: "Assim o negro ganhou." Ou seja: "O pequeno caroço virou palmeira."

Com essa afirmativa simbólica da vitória do homem angolano, fecho o meu próprio texto sobre o missosso, visto como um instigante e milenar *exercício de sabedoria* que grita a força da vitória do *velho* (ordem angolana) sobre o *novo* (ordem européia). Tal qual o negro da estória, o missosso, voz "negra" da tradição oral de Angola, ganha da "brancura" da letra, quando consegue resistir por séculos, apesar de não dispor, por muito tempo, dos meios de resgate do dito — letra e papel — do mundo branco-ocidental.

Com essa vitória imaginária, embora ainda incipiente, parto para uma trajetória pelo mundo da letra ficcional do século XX angolano, tentando surpreender até que ponto essa letra se entregou ao forte apelo da voz, fundindo-se a ela. Voz e letra, estruturas em eco, a reafirmarem um pacto maior com o sentimento/sentido da angolanidade que, durante séculos, se escondeu e resistiu pela força dessa mesma e persuasiva VOZ.

2º SEGMENTO
À SOMBRA DA RAINHA JINGA

ANTÓNIO DE ASSIS JÚNIOR
O SEGREDO DA MORTA
(ROMANCE DE COSTUMES ANGOLENSES)

edições 70

E ficavam também
as orgias religiosas dos óbitos
as adivinhações maravilhosas dos malefícios
a histeria das crepusculares cerimónias para a vida
e para o amor.

Agostinho Neto

Na trajetória da ficção literária angolana do século XX, a primeira parada obrigatória é o romance *O segredo da morta* (*OSM*), de Assis Júnior, cujo subtítulo nos poderia levar a querer incluí-lo nos limites da chamada "literatura colonial": "Romance de costumes angolenses." No entanto, a obra ultrapassa esta catalogação redutora, já que não apresenta Angola como um lugar exótico e misterioso, conforme geralmente se dava naquela literatura, mas antes procura representar, quase testemunhalmente, a sociedade angolana, tal como se apresenta, no final do século XIX e inícios do XX, na região do Dondo.

O romance em questão vai ainda mais além em seus propósitos, quando o leitor se apercebe de que ele se insere em um quadro de pensamento mais abrangente, pelo qual se procura problematizar a angolanidade, fazendo-se o seu autor a ponte, no dizer de Maria Aparecida Santilli,

> *entre duas gerações de escritores preocupados com a revitalização da angolanidade, a primeira representada por Cordeiro da Matta e a segunda por Castro Soromenho* (1985, p. 95).

Significa a obra, desse modo, tanto um início — ficção literária do século XX — como uma continuidade — geração de 1880 — ao mesmo tempo em que se liga diretamente a todo um movimento de repensar os destinos da angolanidade que, no primeiro ano do novo século, explodiu sob a forma de livro, na publicação *Voz de Angola clamando no deserto*. Esta obra foi "oferecida aos amigos da verdade pelos Naturais", como nos diz sua folha de rosto. No ano seguinte, 1902, ele se aprofundou com a fundação de *Luz e Crença*, publicação literária de que só saem dois números e, finalmente, em 1919, sedimentou-se, quando da criação do primeiro liceu de Angola — Liceu Nacional de Salvador Correia —, velha aspiração daqueles mesmos "Naturais", pelo menos desde 1900.

António de Assis Júnior (Luanda, 1878 e Lisboa, 1960) foi um intelectual ligado a todo esse movimento, razão por que foi preso duas vezes pelas autoridades coloniais. Da primeira prisão, acusado de participar de uma rebelião em Golungo Alto, resultou a obra *Relato dos acontecimentos de Dala Tando e Lucala* (1917). A segunda se deu por causa de uma possível participação na revolta de Catete, motivo pelo qual Norton de Matos ordena sua deportação em 1922. Em 1929 publica, no jornal *A Vanguarda*, o romance *O segredo da morta*, que em 1935[1] se edita em forma de livro. Em 1941, finalmente, aparece o *Dicionário Kimbundo-Português* de sua autoria, saído em Luanda.

A ação de *OSM* se passa prioritariamente no Dondo, no período exato de um ano — 16/03/1899 a 16/03/1900 — e conta, principalmente, por meio de diversos *flashbacks* dos quais o mais antigo é de meados de 1800, a estória de um grupo de mulheres pertencentes à sociedade local. Dentre elas se destaca como principal Ximinha Belchior, a morta cujo segredo, sob a forma de uma adivinha (SANTILLI, 1985, p. 96), se vai revelando pouco a pouco no narrado. Além da morte desta personagem — em 16/03/1899 —, a narrativa se vai construindo por uma cadeia de mortes e conseqüentes óbitos, o que nos permite ligá-la a uma série de outras, escritas em Angola desde o século XIX. Lembro, a propósito, o que Mário António, no prefácio de *Nga Mutúri*, de Alfredo Troni, afirma sobre o tema dos óbitos: "Na literatura do século XIX sobre Angola, quer da autoria de europeus, quer da de 'africanos', são esses dos temas mais tratados"(1973, p. 2).

---

[1] Segundo Mário António, a obra foi publicada em 1934, em edição de *A Lusitana*, de Luanda (1969, p. 124).

Assim, *OSM* se ligaria àquela novela de Alfredo Troni e, posteriormente, ao romance *Uanga*, de Óscar Ribas (1951), e ainda ao conto "A praga", deste mesmo autor (1952), formando uma rede intertextual das mais interessantes no corpo da ficção angolana.

As mortes representadas no texto de Assis Júnior formam uma cadeia, uma das metáforas, aliás, mais significativas do texto, que se explicita, por exemplo, na seguinte passagem:

> Pôde ainda assistir ao passamento da Rosária [...]. *É hoje quase uma sombra do que foi*... Formam a mesma cadeia, o mesmo nó, *Uanhanga, Donana — a companheira de Rosária — Catambi, enterrada no mês passado, e Paciência, cujo óbito ainda está em aberto* (p. 51-52, grifo meu).

É ainda uma cadeia o que a morta carrega, quando aparece em sonhos para a amiga Elmira (também conhecida por Capaxi ou Pachinha):

> Ainda a amiga, cumprindo a promessa [...] lhe aparecera, envolta em manto escuro e arrastando *uma* cadeia — *a mesma* cadeia *das outras vezes* (p. 268, grifos meus).

A última das mortes do narrado, aquela que o fecha no "Epílogo" (p. 283-284), é de outra Ximinha — Cangalanga — discípula da primeira e sobre quem recaíra o olho-câmera do narrador, no capítulo II, ao abrir propriamente o contado. Esta segunda Ximinha, punida pela morta com a loucura e depois com a morte, abre a estória em fevereiro de 1900 e a fecha em março do mesmo ano.

Todas as mortes em cadeia se dão porque os mortos, a exemplo do que se viu a propósito dos missossos, transgrediram uma das leis grupais — no caso, roubar e/ou trair a confiança de uma amiga — revelando-se hipócritas na relação com Ximinha Belchior, no momento de sua doença e agonia final. Isso faz com que ela realize a promessa-ameaça feita à sua melhor amiga, Elmira (Capaxi), e a duas outras companheiras, velha Chica e Muhongo, quase no momento de sua morte: "— Eu, Ximinha Belchior, morro; poucas horas me restam já, mas do outro mundo falarei [...]" (p. 227).

É este "falar" da morta que se constrói a partir de um dado momento na obra que privilegia, sobretudo, a relação de amizade de Ximinha Belchior, mulata, e de Capaxi, branca, relação que se mostra como mais sólida, a cada movimento do narrado. Em torno das duas amigas se forma um grupo composto, acima de tudo, por diversas mulheres, todas habitantes do Dondo e que, seja por suas estórias pessoais — confronte-se a viagem de Capaxi pelo interior de Angola, mais exatamente pelas terras da Jinga —, seja por seus hábitos, usos e costumes — veja-se a série de óbitos representados no romance e, sempre organizados pelas mulheres —, são mostradas como sujeitos absolutamente angolanos, não importa a cor de suas peles ou mesmo sua origem ou classe social.

De uma forma ou de outra, a resistência é a marca das principais personagens femininas, também sempre empenhadas na tarefa de preservação dos referenciais e valores da terra ou do local de sua cultura. Por essa razão, ver-se-á que uma expressiva metáfora de tal resistência feminina se reatualiza no romance que a vai buscar na figura histórica e lendária da rainha Jinga, batizada pelos portugueses como Ana de Sousa. Principalmente Ximinha Belchior e Capaxi se fazem duplos explícitos da rainha que é um dos símbolos da angolanidade, como nos mostram alguns dos momentos de atualização manifesta daquela metáfora:

- com relação a Ximinha:
presidente duma associação ou rainha de uma nação, tudo vem dar na mesma (p. 148).
- com relação a Elmira:
Elmira internara-se para as terras da Ginga (Cambo-Camana) (p. 172-173).
eu era filha da herdeira do trono da Ginga há muito desaparecida (p. 176).
Então estou na presença de sua Majestade, a Rainha [...] (p. 176).

Há um momento do texto em que a rainha Jinga é mesmo diretamente nomeada:

levando-o depois [...] a passeios pelos arredores a admirar a maravilhosa pedra 'Pungo' [...], as pegadas da rainha D. Ana de Sousa impressas sobre a rocha secular (p. 108).

Tal referência direta comprova a importância da metáfora no jogo de significações do romance que, se não pode ser considerado, como realização ficcional, um texto plenamente acabado, tem o mérito de introduzir no espaço cultural de Angola uma dicção literária que se permite considerar angolana, embora ainda fragmentadamente. E o é, tanto do ponto de vista propriamente estético, em termos da busca e do encontro de uma linguagem ficcional própria, quanto pelo caráter de resistência que ele assume e reitera.

Vale a pena recordar, nesse ponto, voltando à metáfora da rainha Jinga, que esta rainha viveu, segundo as fontes pesquisadas, aproximadamente entre 1580 e 1663, sendo um motivo recorrente na literatura daquela nação africana. No terreno ficcional do século XIX, há notícias de que Cordeiro da Matta teria escrito um manuscrito que se chamaria *A verdadeira história da rainha Ginga*, do qual, porém, não se conhecem sequer fragmentos. Em 1975 publica-se *Nzinga Mbandi*, de Manuel Pedro Pacavira, romance considerado o primeiro do gênero em Angola, já que hibridamente mistura o registro histórico ao ficcional, como mostra a sua abertura:

> *Tinham-lhe dado o nome de Ana de Souza, havia os que lhe chamavam Jinga (ao lhe referir nas suas cartas, usava El-Rei D. João IV escrever: Rainha Dona Anna, Rayña Singa, Ginga os seus mais), mas o nome dela verdadeiro é esse mesmo que vem na capa: Nzinga Mbandi* (1979, p. 17).

A escolha da rainha como uma das metáforas articuladoras do romance de Assis Júnior se faz prova do pacto deste autor com um ideal de preservação dos valores de sua terra e de sua gente, valores estes com que se depara o leitor em muitos momentos da cena narrativa. É bom lembrar que Golungo Alto, região de origem daquele escritor, é, segundo Pacavira (também nela nascido), "uma área que se insere no quadro das regiões que conservaram por muito tempo o culto da rainha Jinga", conforme nos informa Russell Hamilton (1981, p. 218). Isso me leva a poder reafirmar que não se trata de mera impressão de leitura o fato de reservar Assis Júnior, em seu texto ficcional, um lugar significativo para essa figura-símbolo de Angola. Por tal razão ainda é que se privilegiam, entre as personagens, as figuras femininas, sendo elas o ponto por excelência no qual se ancora o olho-câmera do narrador.

Também o fato de que tenha sido o Dondo[2] o lugar escolhido como palco das ações narrativas não parece casualidade, dada a importância da região na história angolana. Sua decadência e o processo

---

[2] Diz Alfredo Margarido sobre a escolha do Dondo como cenário das ações de *OSM*: "Se Assis Júnior escolhe a vila do Dondo como lugar de análise, é na medida em que o siste-

de perda de sua importância como centro comercial florescente da então colônia se mostram, ao lado das reminiscências de uma época anterior de apogeu. Percebe-se que Assis Júnior vê a região do Dondo como um bolsão de resistência da tradição. Pela memória traz-se para a cena narrativa o momento de seu apogeu: "Tempos áureos, tempos bons esses, no dizer dos que deles viveram" (p. 36). Por outro lado, o presente narrativo constrói-se em contraponto a esse momento de grandeza, mostrando-se a decadência da vila. É o narrador que diz:

> no alvorecer do ano de 1886 [...]. A vila, que devido ao seu porto e navegabilidade do Cuanza, se tornara o centro dos produtos de Malanje, Cazengo e Libolo, não pôde agüentar o embate que estiolou a sua vida de então (p. 165).

De um lado, pois, a tradição e a resistência, metaforizadas pelas/nas mulheres, duplos da Jinga; de outro, a decadência do Dondo e, por extensão, a da própria Angola urbana, por sua vez simbolicamente representada na doença e na morte de Ximinha Belchior e na cadeia de outras mortes ficcionalizadas pelo texto.

Frente aos olhos do leitor da narrativa mestiça que é *O segredo da morta*, de Assis Júnior, perpassa a série de figuras e acontecimentos pelos quais resistência e decadência se mostram. Unindo os pontos, formando a cadeia significativa, a presença da rainha, metáfora maior da obra, sob cuja sombra tutelar se reelaboram imagisticamente aqueles mesmos personagens e acontecimentos. Em *O segredo da morta* tudo fecunda, pois, *à sombra da rainha Jinga*.

2.1 ANGOLA, 1900: RESISTIR É PRECISO

> *O renascimento africano moderno nasceu do conflito com uma hegemonia colonial de tonalidade racista. Ele constitui, desde a origem, uma reação anti-racista, a aceitação [...] da raça como fardo histórico no conflito com o outro.*
>
> Pathé Diagne

---

ma de relações comerciais, o sistema de troca, põe em contacto os diferentes grupos da estrutura social angolana" (1989, p. 396).

O jornalismo foi, no século XIX angolano, um instrumento pelo qual se desenvolveu e sedimentou uma intelectualidade negra e mestiça, a partir mesmo da publicação do *Boletim oficial de Angola*, em 1845, fundado pelo governador Pedro Alexandrino da Cunha, em Luanda. Diz, a este propósito, Fernando Mourão:

> *O papel pioneiro do* Boletim Oficial *em termos de dinamização da cultura angolana, mais especificamente luandense, manteve-se por muitos anos até que, em meados do primeiro quarto do nosso século, se reduz a um simples repositório de normas administrativas, tendo perdido seu interesse cultural* (1978, p. 15).

É, no entanto, com *O echo de Angola* (Luanda, 1881) que, segundo Castro Lopo, se inicia a "intervenção africana na imprensa até então exclusivamente européia", como informa Hamilton (1981, p. 52). Há, também, o *Jornal de Loanda*, fundado por Alfredo Troni e que, no dizer de Salvato Trigo, "marca [...] a transição de um jornalismo preferencialmente colonial para um jornalismo cada vez mais apegado às coisas de Angola e do seu povo" (1977, p. 39). Mário António, analisando a imprensa que se desenvolve em Luanda entre 1860 e 1900, afirma: "Foi esse jornalismo a primeira porta aberta às vocações literárias que surgiram na sociedade de Angola e é ele hoje um elemento muito revelador da sua tipicidade" (1968, p. 67).

A geração de 1880 é aquela que faz nascer um movimento de problematização cultural, movimento este que trazia em seu bojo a aspiração a que se criasse, na então colônia, uma literatura própria. Tal desejo motivou a seguinte exortação de Cordeiro da Matta, um dos expoentes do grupo, também colaborador do *Jornal de Loanda*, e autor de *Delírios*:

> *Por isso, patrícios meus, embora vos custe, embora seja com sacrifício, dedicai algumas horas de lazer para a fundação da literatura pátria.*
> *Nada de desanimar. Avante!* (apud TRIGO, 1977, p. 58-59).

É ainda Cordeiro da Matta um dos que instauram, na materialidade discursiva do poema, a fratura do quimbundo, disseminando, com isso, a diferença sempre rasurada pelo olhar cultural do colonizador. Na sua opção pela língua própria que rompe a hegemonia poética da do dominador, começa a ganhar corpo uma fala cultural em diferença. Veja-se, a propósito, o seguinte trecho de "Kicôla!", publicado em 1888:

> *Nesta pequena cidade,*
> *vi uma certa donzela*
> *que muito tinha de bela*
> *de fada, huri e deidade —*
> *[...]*
> *— Nquâmi — âmi, ngana — iame*
> *"não quero, caro senhor"*
> *disse sem mudar de cor;*
> *— Macuto, quangandall'mi.*
> *"não creio no seu amor."*
> *Eu querendo-a convencer,*
> *— muámôno!? — "querem ver!?"*
> *exclamou a minha flor.*
> *— "O que t'assombra donzela*
> *nesta minha confissão?"*
> *tornei com muita paixão.*
> (apud ERVEDOSA, 1979, p. 35)

Deve-se observar que o *quimbundo* se assinala no poema pelo grifo, ao mesmo tempo em que o enunciador, em um jogo textual descodificatório, revela o significado das expressões naquela língua para seus virtuais leitores. A inovação, porém, se estabelece, daí a importância de Cordeiro da Matta no quadro da literatura de Angola, assim como a de outros poetas do oitocentos, como, por exemplo, João da Cruz Toulson, que o antecede, fato que o próprio Cordeiro da Matta reconhece ao admitir ser "Kicôla!": "Imitação de uns versos de João E. da C. Toulson."

Segue-se ao grupo de 1880 o de 1896, formado, dentre outros, por Augusto Silvério Ferreira, Domingos Ván-Dúnem, Ernesto dos Santos, Francisco Castelbranco, Lourenço do Carmo Ferreira e Pedro da Paixão Franco. A aspiração desses intelectuais é que se sedimentasse em Angola um projeto educacional para que, por meio de uma escolarização regular, o homem angolano pudesse atingir um grau de conhecimento maior e, com isso, também a nação se pudesse desenvolver. A publicação *Voz de Angola clamando no deserto* é um pacto explícito com esse desejo que pressupõe uma análise, mesmo que pouco aprofundada, do sistema colonial como um processo de desfiguração sociocultural e histórica de Angola.

Voz de Angola nasce como uma necessidade de resposta ao artigo não assinado "Contra a lei, pela grei", que aparecera publicado em 26 de março de 1901, no jornal *A Gazeta de Loanda*. O articulista, em uma posição abertamente reacionária e racista, via o homem negro como um ser inferior, exortando a que não se punissem brancos por crimes cometidos contra negros. Tal postura motiva a série de artigos de vários intelectuais que não os assinam, intitulando-se genericamente "Naturais".

Além da defesa da cidadania para o negro, praticamente todos os que participam da publicação apontam a necessidade de se criarem escolas para a população negra, além de denunciar o abandono em que negros e mestiços vivem após séculos de dominação, como mostram as citações abaixo, tiradas da edição de 1984 da obra:

> *Agora, sr. articulista, há mais de quatrocentos anos de ocupação, em que parte da província se acham montadas escolas para o ensino literário e moral?* (p. 33)
>
> *Se os filhos de África, o preto e o mulato, não estão na maior parte civilizados, não é culpa deles; mas sim da política dos seus governos, que dominando isto há quatrocentos anos, não têm uma escola secundária!* (p. 53)
>
> *Os filhos das colônias de Portugal, principalmente os de Angola, onde se escrevem e lêem de algum modo é devido à sua inclinação natural pelo saber e não à instrução, pois que esta lhes não é dada pela metrópole nem consentem que ela tenha lugar na província, para não habilitar o cidadão a conhecer os seus direitos e compreender os seus deveres.* (p. 79)

Dezoito anos serão decorridos até que esta aspiração se concretize e se crie o primeiro liceu em Angola, o Liceu Nacional de Salvador Correia.

O ideal de autonomia política, uma das marcas dessa geração de intelectuais angolanos, aparece claramente explicitado no segundo e último número de *Luz e Crença* (1903), publicação literária dirigida por Pedro da Paixão Franco:

> *Autonomia é a aspiração de todos; é boa e todos a desejam, até mesmo aqueles que lucram com a actual situação; contudo, os que podem trabalhar dentro dos limites da lei, para que ela se realize, nem se mexem. Nada fazem, o que é mau, e nada deixam fazer, o que é péssimo* (apud TRIGO, 1977, p. 74).

Além da revista *Luz e Crença* merecem destaque, nesse início de século, os jornais *O Angolense*, dirigido, como visto, por Assis Júnior (Luanda, 1907) e *O Negro* (Lisboa, 1911), ambos empenhados na defesa dos direitos de cidadania do homem negro, por tanto tempo aviltados. O começo do século XX é marcado, portanto, no espaço cultural angolano — dentro e fora de sua territorialidade física — por um movimento intelectual que se pode considerar precursor do "Vamos descobrir Angola!" que explode em Luanda em 1948. Este último movimento deveria retomar aqueles outros do século XIX e princípios do XX, de acordo com um de seus principais organizadores, Viriato da Cruz. Diz ele, segundo se lê em Trigo, que o grupo de 1948 "deveria retomar, mas sobretudo com outros métodos, o espírito combativo dos escritores africanos do século XIX e dos princípios do atual" (1977, p. 83).

Voltando a Assis Júnior, intelectual ligado a esse movimento do início do século, vê-se que seu romance *O segredo da morta*, embora só dado a público em 1929, articula-se sobre esses referenciais que se trabalham na cena cultural angolana, seja pela geração de 1880, seja pela de 1896. Seu texto segue os caminhos abertos por Cordeiro da Matta, trazendo para a materialidade discursiva a fratura do bilingüismo, marca do poema "Kicôla!", anteriormente citado. Por outro lado, todo o desejo de reangolanização e reafirmação dos valores tradicionais se encontra presente quando ele importa, da oralidade para a escrita, a tradição ficcional de Angola e opta por um "falar angolano", seja pela própria natureza temática do romance, que fica em uma intersecção entre o missoso e a maka, seja pelo caráter de adivinha que confere ao texto, como bem foi analisado por Santilli; seja, finalmente, pelos provérbios que ilustram o contado a cada passo. Lembro, a propósito, que José Carlos Venâncio apontou o caráter de maka e missosso que tem o relato, em *Uma perspectiva etmológica da literatura angolana* (1987, p. 47).

É preciso notar, no entanto, que a organização discursiva do romance, como um gênero definido — um romance à moda ocidental —, tem seu fundamento em um modo de produção nitidamente europeu. Tal forma revela o compromisso do autor com um mais-saber branco que a obra difunde e sedimenta na cena cultural angolana. Como se verá, sob tal forma, e em certa medida elidindo-a, se encontram soterradas outras nitidamente nacionais angolanas, conforme dito anteriormente. Nesse entrelugar os dois modos de representação atravessam suas fronteiras rígidas e se retroalimentam imaginariamente.

2.1.1 A fratura do bilingüismo

> — *Não sabe?! Todo esse povo*
> *Pegô um costume novo*
> *Qui diz qué civrização:*
> *Come só pão com chouriço*
> *Ou toma café com pão...*
> *E ainda diz pru cima*
> *(Hum... mbundo kène muxima...)*
> *Qui o nosso bom makèzú*
> *É pra veios como tu.*
>
> Viriato da Cruz

Em *Retrato do colonizado precedido pelo retrato do colonizador*, Albert Memmi mostra que a "dilaceração essencial do colonizado encontra-se particularmente expressa e simbolizada no bilingüismo colonial" (1977, p. 96). Por outro lado, continua o autor: "A posse de duas línguas não é apenas a de dois instrumentos, é a participação em dois reinos psíquicos e culturais" (p. 97). Em *O segredo da morta*, tais pressupostos se evidenciam. De um lado, prioriza-se a língua do colonizador, aquela justamente em que se diz o romance, a partir mesmo das "Preliminares" assim abertas:

> No criterioso dizer de Anatole France, a insensibilidade que experimentamos na mudança da nossa vida provém do fato de nos compararmos aos corpos lançados à corrente dos rios, que os levam aos abismos dos oceanos por lhe não oporem nenhuma resistência (p. 35).

Aí está o ato de incorporação do dito, a gênese se fazendo em língua portuguesa, com a escolha explícita de um modelizador branco-europeu. É a língua do colonizador que então se articula, sendo a língua "natural" em que se expressa a narrativa, daí porque, sempre que se inserem expressões, frases, provérbios etc., em quimbundo, são eles marcados pelo grifo, como se começa a mostrar com a palavra *mihamba*, quase ao fim do terceiro parágrafo. Este significante duplamente se assinala: pelo grifo e pela chamada de nota ao pé da página, na qual se informa o significado da palavra grifada: "comitiva de mutemos, mahungos ou quilengues, de mihamba" (p. 36). Repare-se que os termos já incorporados ao português de Angola não se marcam por qualquer sinal gráfico enfático, pluralizando-se pela norma portuguesa, ao contrário do assinalado. É o quimbundo, pois, na territorialidade da escrita, *o outro* que é visto como "não natural" e cujo uso precisa ser explicitado, prova de sua não valorização no reino da expressão literária sedimentada em letra, que é o livro. Também a cicatriz gráfica indica que, na percepção do produtor textual, a obra tem como destinatário um público que domina a língua portuguesa, com os africanismos a ela incorporados, daí o fato de se dever tomar cuidado com a descodificação da *outra* língua. Dicionariza-se, assim, a língua do colonizado no mundo que afinal é o seu, como mostram as notas de pé de página. Não é a esse colonizado, em geral iletrado, e despojado de qualquer poder e/ou autoridade, que o romance se destina, tal como não o era o poema de Cordeiro da Matta. Neste, a descodificação se fazia um jogo do próprio texto, e não se lhe acrescentava em forma de suplemento, como no romance. Mais uma vez recorro a Memmi:

> *a língua do colonizado, aquela que é nutrida por suas sensações, suas paixões e seus sonhos, aquela pela qual se exprimem sua ternura e seus espantos, aquela enfim que contém a maior carga afetiva, essa é precisamente a menos valorizada* (1977, p. 97).

Por ser assim desvalorizada é que tal língua se deve submeter a um procedimento metalingüístico extratextual, como indica a seguinte passagem, entre outras: "Quitanda do Bungo e Rua dos Mercadores, onde a moleca de ombros nus, ao entardecer, apregoava o *mbiji ia ukange ni farinha* [...] (3)". E a nota 3 nos diz: "Peixe frito e farinha de mandioca" (p. 36).

Por outro lado, percebe-se que *OSM* ilustra o fato concreto de que as emoções se veiculam da parte das personagens em quimbundo que é, uma vez incorporado à materialidade discursiva, um sinal de resistência. Assim, não só ele fura a língua branca do narrador do romance, mas, sobretudo, é a marca lingüística de personagens como Ximinha Belchior, Elmira e da própria narradora oral dos acontecimentos, Maria de Castro, cuja narrativa o narrador extra-diegético resgata, ao fazer o convite gozoso para seus leitores: "Ouçamo-la também [...]" (p. 53).

Vejamos alguns desses momentos textuais em que o quimbundo se veicula na língua das personagens, o que mostra o prisma angolano pelo qual se estabelece a concepção de mundo das mesmas, ao mesmo tempo em que o "senhor da letra" procura traduzir as vozes das mulheres da terra sobre as quais seu olho-câmera se debruça:

- na fala de Elmira:
  "— *Pangu a ibula mukulu, matote á kalunga a ma ibula mufundi*"; ou seja, como diz a nota: "Pergunta-se a virtude ao espírito, e os restos mortais ao enterrador" (p. 71);
- na fala de Ximinha Belchior, quase à hora de sua morte:
  "[...] *mukulu uámi ua ka iba, ima iámi ia ka uába? oh! kaná k'i banê... J'a hombo k'a langale, bu kala o Ximba ni mon'ê...*" que quer dizer, segundo o autor, "será mau o meu corpo e bons os meus haveres!? Oh! Não dá certo... Estes são os da cabra, que não dorme, e onde a raposa estiver com seu filho..." (p. 226).

Por todas essas razões, o fato de Assis Júnior optar por uma expressão bilíngüe mostra, como se dará com relação a outros procedimentos textuais, que sua "ambigüidade lingüística é o símbolo, e uma das maiores causas, de sua ambigüidade cultural" valendo-me, uma vez mais, das palavras de Memmi (1977, p. 98). De outra parte, deve-se ver, no ato declarado da opção pela expressão bilíngüe, um gesto de resistência, uma "tomada de consciência de si mesmo e de todo um grupo humano" (MEMMI, 1977, p. 98-99).

Não se dá ainda, é óbvio, a radicalização observada na segunda metade do século XX e que cada vez mais se aprofundará quando as línguas nacionais se usarem para destruir a hegemonia cultural do colonizador. De qualquer modo, a utilização do quimbundo por Assis Júnior é um ato de resistência, uma tentativa de fazer com que a angolanidade não se expresse apenas pela descrição de usos, hábitos e costumes, mas se sedimente pela fratura daquela língua no corpo absolutamente hegemônico da expressão literária em língua portuguesa. Lembro que, na novela *Nga Mutúri*, de Alfredo Troni, não se dera a fratura propriamente dita do quimbundo, mas os traços lingüísticos autóctones serviam para assinalar seu saber sobre a outra cultura, diferentemente do que se dá com o poeta Cordeiro da Matta e posteriormente com Assis Júnior.

2.1.2 Convite para uma viagem

Mãe-Terra que aos filhos dá
mais do que a vida uma razão.

Costa Andrade

O romance de Assis Júnior compromete-se profundamente com a sua terra — "Mãe-Terra" para Costa Andrade — e com um tempo — fins do século XIX e inícios do XX — em que se sedimenta um pensamento liberalizante em Angola. Por isso a espaciotemporalização das ações narrativas representa, como o bilingüismo, uma forma de resistência e uma tentativa de difusão dos valores autóctones, o que se faz como forma de preservação de uma cultura marcada por forte "processo aculturativo", como bem observa Margarido (1980, p. 399).

As ações se passam no Dondo e se espraiam espacialmente para o interior — Pungo Andongo, Sengue, Malanje, Cambo-Camana — e temporalmente para outros anos do oitocentos, chegando até meados do século XIX. Esses alargamentos do espaço e do tempo melhor enfatizam o compromisso com a angolanidade e o sentido de resistência do romance.

Começo pelo espaço mesológico. A opção pelo Dondo como palco das ações e não por Luanda, como seria previsível, já que ela se transformara no centro do pensamento liberalizante por excelência, explica-se pelo fato de ser nesta cidade que mais se fazia sentir a assimilação aos valores culturais brancos. Nela se misturavam, no início do século XX — segundo Ervedosa —, as famílias negro-angolanas e branco-européias, o que levava a um certo embranquecimento de costumes e referenciais culturais (1979, p. 59-60). Por isso Mário António chama de "crioula" a sociedade luandense, querendo com a palavra mostrar o cruzamento "de duas culturas que não se opõem uma à outra, antes se interpenetram, daí resultando [...] formas síntese" pelas quais o amálgama se define (1968, p. 52); postura de que discordo, particularmente.

O segredo da morta deixa, portanto, deliberadamente Luanda, fixando suas ações no Dondo e, daí, indo mais para o interior, no que faz um convite implícito ao leitor para com ele viajar por espaços angolanos pouco ou nada assimilados, como se dá com o sobado visitado por Elmira. Já nas "Preliminares", vê-se este movimento de interiorização, quando o narrador diz:

> Quem, em 1900, se transportasse para qualquer dos pontos do interior
> [...].
> [...] O passageiro dirigia-se à estação da Cidade Alta e, munido do seu
> bilhete de 3ª classe — [...]
> Embarcava... e seguia.
> Dondo, situado na zona baixa e banhado pela margem direita do
> Quanza, tem por apeadeiro Cassoalala (p. 37-38).

Na viagem de Elmira ao sobado, mostra-se o modo de vida tribal que a cena narrativa recupera. Tal modo de vida se pode ler como a forma por excelência da não-assimilação, daí o fato de ser a viagem da personagem a Cambo-Camana, região da Jinga, um dos momentos fundamentais do narrado, em que pese a sua aparente acidentalidade. Diz Elmira, em sua narrativa ao marido:

> O soba apareceu por fim, assentado em uma grande mbenza, cercado de seus macotas [...] Fizeram-me repetir ali a minha mulonga [...] respondendo [...] o macota mais velho, "que tudo estava bem [...] apesar disso, porém, não podiam acreditar nas minhas afirmações [...] — sem que o mukita'xi adivinhasse e visse se eu falara verdade [...] (p. 175-176).

Há, desse modo, um adentramento nos modos de vida angolanos não urbanos e se reitera o caráter de resistência, marca do contado. Nesse contexto também se mostra como o Dondo, metáfora da própria angolanidade, assim como o Cuanza que o banha, vai perdendo sua força contextual e mergulhando em um processo de anomia desfigurante. Insisto em uma citação já parcialmente feita:

> O comércio do Dondo, no alvorecer do ano de 1896, começou a declinar. A vila, que devido ao seu porto e navegabilidade do Cuanza, se tornara o centro dos produtos de Malanje, Cazengo e Libolo, não pôde agüentar o embate que estiolou a sua vida de então (p. 165).

As águas do Cuanza são, por sua vez, espelhos onde se reflete a própria vida social da região focalizada narrativamente. No dizer de Henrique Guerra, que prefacia a segunda edição do romance,

> o terceiro grande personagem do livro é o rio Quanza que, com seu regime de cheias, condiciona a cotação dos produtos agrícolas no mercado [...], possibilita ou não a navegação e a penetração no interior, o rio que dá vida à povoação do Dondo, às plantações de cana no Calumbo e Bom Jesus (p. 25).

É o Cuanza, pois, o principal ponto de referência do Dondo e regiões vizinhas pelas quais o leitor viaja, ciceroneado pelo narrador do romance. Há, por tudo isso, um adensamento dos significantes rio e *Cuanza* no tecido textual, fato que forma uma das imagens mais fortes do narrado (cf. p. 47, 49, 75, 85, p. ex.).

Voltando à crise que esfacela o Dondo e que se constitui no presente narrativo, vê-se que ela origina um segundo movimento de interiorização, quando Lauer, marido de Elmira, decide partir para Malanje, mostrando o narrado — a exemplo do que já fizera com a vida de Clara e de seu marido em Pungo Andongo — a necessidade de se pensar o interior, se se deseja o desenvolvimento de Angola.

É Malanje, parece-me, um divisor entre as duas Angolas, a urbana e a agrária, pois, como diz Vasco Serra, personagem branca de *A chaga*, de Castro Soromenho, romance cujas ações se passam na década de 1920,

> — *Quando se sai da cidade, sobretudo de Malanje para cima, sentimo-nos num outro mundo, [...]. Nunca pensei que isto estivesse tão atrasado. Só se vê gente de tanga nas aldeias de palha* (1970, p. 150).

Quanto à época das ações de *O segredo da morta*, basicamente últimos anos do século XIX, levada em conta a série de *flashbacks*, ela corresponde ao momento sócio-histórico em que se começa a problematizar a situação de Angola no contexto colonial. Há uma outra cena, muito significativa e que o narrador que se diz autor situa como tendo acontecido em 1884. Sua importância serve para que se possa dimensionar o momento político vivido pelos Naturais de Angola, sobretudo quando se sabe que o episódio histórico da Restauração está ligado à Jinga. Os festejos referidos no romance e que comemoram essa mesma Restauração não chegam a se realizar porque "dois dos sócios não nativos" da associação denunciam

> ao administrador do concelho, capitão Bandeira, que "os nativos parecendo reunidos em festas e danças, comemorativas da Restauração de Angola, pelos portugueses, angariavam, pelo contrário, fundos por meio da associação, de que também faziam parte, para prepararem uma rebelião" (p. 148-149).

Coloca-se no corpo do texto, assim, a oposição *nativos x não nativos* que, naquele momento histórico, está sendo questionada pelo sistema de pensamento que se sedimenta no final do oitocentos em

Angola. Por isso é que o autor privilegia o significante nativo, mesmo que no plano da negação, e não português, colonizador etc. O significante se deve impor, afirmativa ou negativamente, no discurso ficcional que resgata o desejo histórico de reafirmação da angolanidade, como valor em si. Só o nativo merece, pois, destaque em *O segredo da morta* e esse é o pacto explícito de seu produtor, Assis Júnior, ao convidar os leitores a viajarem com ele por terras de Angola que, mesmo dominada, resiste.

2.1.3 Mulheres ao espelho do Cuanza

> *Tua presença, minha mãe — drama vivo duma Raça drama de carne e sangue*
> *que a Vida escreveu com a pena dos séculos*
>
> Viriato da Cruz

Assim como o Cuanza é uma expressiva metonímia da angolanidade que o romance de Assis Júnior procura difundir e sedimentar, as mulheres, que de uma forma ou de outra se ligam ao rio, também o são. A maior evidência da ligação das mulheres ao rio é o nascimento de Elmira que, com Ximinha Belchior, compõe a dupla de personagens principais, para além do próprio rio. O nascimento de Elmira se dá quase no ponto de confluência das águas de mar e rio, no ponto "mágico" onde nasce a "barra do Cuanza", lugar de tantos "mistérios". Isso motiva uma série de narrações no barco em que viajam a recém-nascida e os pais, dizendo o narrador sobre a velha criada: "Velha Maceca ouvia atenta a narração, que juntava ao milagroso sucesso de que há pouco fora testemunha" (p. 85).

Para além do nascimento de Elmira, ligado ao rio, a mudança das duas Ximinhas — Belchior e Cangalanga — para o Dondo tem o rio como estrada principal. A própria narradora oral, Maria de Castro, não é natural do Dondo, mas de Pungo Andongo, de onde viera com o pai. Diz o texto sobre ela —

> *Natural de Pungo Andongo, acompanhara seu pai [...] Dezesseis anos depois, já livre de compromissos maritais e do trajo europeu [...] voltara para o Dondo* (p. 51).

As personagens femininas que dominam absolutamente o narrado são, portanto, mulheres originárias de outras regiões que, sozinhas — abandonadas por maridos ou pais, viúvas etc. — procuram reconstruir, no Dondo, suas vidas, apesar da adversidade. Ligam-se, metafórica e metonimicamente, ao Dondo e ao Cuanza e, por extensão, ainda mais o fazem porque, sendo como eles símbolos telúricos de Angola, refletem-se neles, como também nelas eles se refletem. Mais um dos jogos especulares do romance.

Como Maria de Castro, as outras mulheres se despem de seus "trajes" europeus, cabendo-lhes manter os referenciais autóctones. É o que mostram os óbitos por elas organizados, como a cena a seguir revela:

> Maria de Castro e velha Chica a tudo providenciavam, lavando louças, compondo e limpando mesas; e Muhongo e Capaxi entre si concertavam a forma como o acto devia correr (p. 73).

Há outros momentos narrativos em que o pacto com a angolanidade justifica certas cenas que ajudam a compor o narrado. Uma delas é o almoço dado por Ximinha Belchior — Capítulo XIV — que serve aos amigos "macaco guisado com quiabos e jibóia assada com batatas fritas" (p.160). Quando ficam sabendo o que comeram, os convidados reagem, ao que a personagem, angolanamente em quimbundo, responde: "— *Turie-nu tunue-nu...ah! ia banga Nzambi ia uaba*", ou seja: "Comamos, bebamos... ah! o que Deus fez é bom [...]" (p. 161).

Também a gravidez da mãe de Elmira — uma longa gravidez de hebu, que ultrapassa em muito os nove meses — e o nascimento desta se configuram como um episódio angolano em sua essência. Ao mesmo tempo se observa que se angolaniza até o símbolo cristão de Maria, transformando-a em Virgem da Muxima: "Na Sra. da Muxima, [...] Mãe das aflitas, *mâma Maria*" (p. 82).

As personagens femininas estabelecem sólidas alianças entre si, como se dá com Elmira e Ximinha Belchior, que, por meio de um pacto, decidem ser "amigas até a morte" (p. 164), o que é fielmente cumprido e se constitui a base do relato.

No grupo de personagens femininas destacam-se, por outro lado, as velhas cujas vozes narrativas se poderiam comparar às do coro da tragédia grega. É delas — velhas criadas, quimbandas de fama ou companheiras das protagonistas — que emana a sabedoria africana, em seu mais amplo sentido. Estas velhas devem ser tomadas também como uma outra vertente da metáfora da angolanidade que o romance busca disseminar.

O significante *velho(a)* se faz forte presença na tessitura narrativa, sendo um dos que mais se repetem no corpo discursivo. Veja-se, a propósito, os exemplos que seguem, buscados em dois capítulos consecutivos — VII e VIII:

> Velha Maceca *ouvia atenta a narração* (p. 85);
>
> *certificava a* velha Maceca (p. 90);
>
> *Iria mostrá-la, e contar à* velha *Umba* (p. 93);
>
> *o mal que minava a existência da pobre* velha (p. 95);
>
> uma velha, *que parecia ser a minha falecida* Maceca *[...]* (p. 97, grifos meus, exceto nos nomes próprios).

Às velhas, como Chica, Maceca e Muhongo, cabe o comentário dos fatos relatados, comentários estes que são uma leitura angolana dos acontecimentos. Juntamente com Maria de Castro, Ximinha Belchior e Elmira, elas vão recuperando a visão angolana dos fatos contados, representando a sabedoria popular ancestral. Elas e as formas narrativas tradicionais que o texto atualiza compõem o mesmo campo semântico da *sabedoria*.

Retomando a relação narrativa estabelecida pelas mulheres que formam a galeria de personagens, ressalto o fato de que se privilegia, como característica marcante de tais figuras, seu lado materno, a partir mesmo do símbolo religioso que o romance toma como outra imagem fundadora: a virgem da Muxima. Tem-se, assim, ao lado da metáfora da Jinga, outra metaforização da mulher angolana, por sua vez, duplo da própria terra, embora tal metáfora tenha sido transplantada na origem. Pensa, em dado momento, Clara sobre a virgem:

> E, dizendo isto, mentalmente agradecia, em breve e contrita oração, à Na. Sra da Muxima, à Mãe das aflitas, mâma Maria, refúgio das almas abandonadas, que mais uma vez se revelara protetora das mães sofredoras (p. 82).

Aí está explicitamente nomeada a metáfora da "mãe sofredora" que o romance em vários momentos atualiza, desde a difícil gravidez de Clara, mãe de Elmira, passando pela viuvez desta que, morto o marido, assume totalmente a educação do filho, e chegando, na plenitude da representação imagística, a Ximinha Belchior que morre pelo desgosto de haver perdido o único filho para o ex-companheiro, Miguel Neves, que o levara para um lugar desconhecido:

> O seu pensamento não parava ali — voava para muito longe, para aquela linda criança de quem jamais tivera notícias (p. 195).
>
> não podia sufocar o grito, sempre crescente, que brota das fibras sentimentais do coração de uma mãe (p. 197).

Penso que se configura, em *O segredo da morta* de Assis Júnior, a metáfora que será uma das mais fecundantes no espaço literário, não só angolano, mas da África de língua portuguesa de modo geral, na segunda metade do século XX: a da mulher, como um duplo da terra, cujo filho lhe é arrancado pelo branco colonizador. Diz a propósito dos significantes mãe e terra, o crítico Mário de Andrade, no prefácio da *Antologia* que com freqüência utilizo na leitura, sobretudo para recuperar epigraficamente vários textos poéticos,

> Dois pontos permanentes de apoio confundidos no mesmo significante simbólico: a mãe e a terra. O canto da mãe desemboca em sonhos, esperança e certeza, a canção da terra, revelando as figuras vivas da alienação quotidiana, as feridas da agressão exterior, enraíza um comportamento (1977, p. 11).

Tanto a leitura da poesia como a da prosa de ficção das literaturas africanas das nações dominadas pelo colonialismo português, a partir da necessidade de reafricanização de sua expressão estética, indicam que os produtores textuais se valerão da simbologia da mãe-terra, mostrando-a como alguém de quem foi arrancado o filho, em séculos de escravidão dentro e fora do continente. Lembro, a propósito, trechos de poemas que encontro na *Antologia* (1977) acima referida:

> Minha mãe
> (as negras
> cujos filhos partiram)
> tu me ensinaste a esperar
> como esperaste nas horas difíceis
> (Agostinho Neto, p. 99).

> Ai
> mãe negra chorando

> *Ai*
> *doce terra gemendo*
> *nas capulanas de areia fina*
> *embrulhando teus filhos*
> (Kalungano, p. 103)

> *Mãe:*
> *Nós somos os teus filhos*
> *Que sem vergonha*
> *Quebraram as fronteiras do silêncio.*
> *Os filhos sem manhãs*
> *Que rasgaram as noites que cobriam*
> *As carnes das tuas carnes*
> (Tomás Medeiros, p. 111).

Com relação às mulheres, ponto por excelência no qual se fixa o olho-câmera do narrador de *OSM*, pode-se afirmar que se presentificam duas metáforas igualmente fecundantes no panorama da literatura angolana do século XX: de um lado, a da resistência e luta que se vale da rainha Jinga como forma de expressão simbólica. Sedimenta-se tal metáfora no narrado por meio da busca e reafirmação, pelas personagens femininas, do que é angolano; busca e reafirmação estas que crescem e se reiteram a cada movimento do texto. De outra parte, irrompe a metáfora da mãe-terra cujo filho lhe é arrancado pelo pai — colonizador europeu —, o que causa a doença e morte simbólicas daquela. Assim, Ximinha Belchior se faz um símbolo polissêmico e antecipador. Sua morte, ao mesmo tempo, metaforiza a de uma região — o Dondo —, de uma nação — Angola — e, sobretudo, da própria África que não resiste à dor de lhe terem roubado seu(s) filho(s).

A morte de Ximinha e, conseqüentemente, seu grande segredo são então revelados: a morte da África, espezinhada pelo colonialismo branco, afastada de seus filhos e, nesse momento histórico do início do século XX, ainda sem qualquer esperança. Daí a opção do produtor textual por terminar seu texto em morte e enigma: *R.I.P. ou requiescat in pace*, que, mais que para as duas Ximinhas — figuras em espelho — se pode estender para a própria Angola (= África) que só muito mais tarde poderá acreditar na vida, como promete, em "Adeus à hora da largada", Agostinho Neto (1979, p. 35):

> *Amanhã*
> *entoaremos hinos à liberdade*
> *quando comemorarmos*
> *a data da abolição desta escravatura*
> *Nós vamos em busca de luz*
> *os teus filhos Mãe*
> *(todas as mães negras*
> *cujos filhos partiram)*
> *Vão em busca de vida*

2.2 SEGREDOS DE UMA FICÇÃO MESTIÇA

> *Mestiço*
> *Nasci do negro e do branco*
> *e quem olhar para mim*
> *é como se olhasse*
> *para um tabuleiro de xadrez.*
>
> Francisco José Tenreiro

A dilaceração do mundo colonizado — "um mundo cindido em dois", na expressão de Fanon (1979, p. 128) — é uma evidência. De um lado, estruturam-se os fortes referenciais da cultura hegemônica do colonizador branco, por milênios sedimentada em letra. De outro, encontram-se os esmagados valores dos colonizados, sempre postos em questão pelo dominador e por estes vistos, dentro de sua perspectiva redutora, como primitivos e/ou exóticos. Por esse motivo, ao pensar/escrever (sobre) tal "mundo primitivo", o colonizador europeu só conseguia recuperá-lo por imagens que enfatizavam os traços externos e "perigosamente" excludentes. Percebendo esta "diferença", tentava esmagá-la com a "segurança e supremacia" de seu mais saber racional sedimentado em séculos e que rasurara tudo que pudesse contradizê-lo. O resultado é uma visão estereotipada do outro, sempre "bárbaro", "selvagem", "exótico".

Pensando a questão do exotismo, convém notar, com Bernard Mouralis, que o discurso exótico tem um outro aspecto, mais positivo. Como ele é introduzido no universo literário de uma dada cultura, passa a representar "para o artista ou escritor possibilidades de expressão" outras e, com isso, cria-se uma tensão que "desmantela a coesão" daquele mesmo universo (1982, p. 75). Outras paisagens e outros homens surgem, dando lugar a que o *outro* possa questionar o *mesmo* que a cena literária consagrada referendava, o que leva, segundo o autor, "a mais ou menos longo prazo, a uma renovação dos temas e das problemáticas até então desenvolvidas" (1982, p. 80).

A presença do branco fez com que a África se cindisse e não só se fizesse branca e negra — mestiço "tabuleiro de xadrez", redizendo o poeta santomense Francisco José Tenreiro —, mas começasse ela própria a incorporar, assimilando-os, os valores do colonizador, questionando seu saber autóctone que passava a perceber como um menos-saber. Quanto mais imergia, pelo acesso à escolarização e pelo domínio da letra, no universo do saber branco, mais o colonizado passava a "assimilar" — como diz Fanon — "a cultura do opressor", tentando "fazer suas as formas de pensamento da burguesia colonial" (1979, p. 28). Se o seu desejo se fazia, sobretudo, o desejo do livro, como é o caso concreto de Assis Júnior, mais ele mergulhava nesse mundo e mais procurava tornar seu o acervo literário do colonizador, passando a incorporar o resíduo imagístico pelo qual seu mundo de colonizado era percebido e expresso pelo outro.

No entanto, esse resíduo entrava em conflito com as imagens ancestrais que se presentificavam em seu inconsciente coletivo de homem angolano, imagens estas formadas a partir de mitos e ritos comunitários de origem e que tomam várias formas de representação, como mostrou a leitura de alguns missossos. Por isso, quando o angolano colonizado decidia produzir seu próprio texto, esse universo simbólico retornava na plenitude de sua força de representação, como se dá igualmente na ficção de Assis Júnior. Ao mundo racional do colonizador, que dominava apolineamente, respondia o acervo cultural de colonizado, ou seja, seu próprio mundo dionisíaco.

E o texto surgido dessa confluência de "águas" brancas e negras? Ele também, como hoje se pode avaliar, cinde-se em dois, fratura-se, tentando encontrar um ponto de equilíbrio, mestiço, para que possa superar a dilaceração. É nesse ponto que situo *O segredo da morta*, vendo o romance como uma narrativa mesclada que tenta unir o *branco desejo da letra à negra expressão da voz*.

Na busca desse ponto de equilíbrio, o texto se vale de vários procedimentos narrativos que vão desde a criação de dois narradores — um da letra e outro da voz — passa necessariamente pelo bilingüismo, opõe racionalismo e pensamento mágico e atinge, ao fim e ao cabo, um hibridismo ficcional dos mais instigantes na série ficcional angolana do século XX.

Não me parece, por isso, que o interesse de *OSM* seja, como afirma Trigo, "muito mais histórico-etnográfico que literário", nem que sua importância resida sobretudo na expressão lingüística (1981, p. 73). Trata-se, pelo contrário, de uma obra fundamental na construção de um espaço de angolanização literária que ganhará mais força na segunda metade do século, até atingir sua forma plenamente acabada com escritores como José Luandino Vieira, por exemplo.

A leitura do romance, por tudo que se afirmou, comprova a luta de seu autor pela sedimentação da cultura angolana; por isso, no território branco de seu livro, constrói Assis Júnior um espaço arquitetonicamente negro e nele se finca, como homem angolano que é. Dessa forma, rompe-se a hegemonia de uma produção literária branco-européia que, apesar de feita em Angola, não se poderia considerar como sendo de *Angola*.

Retornando às fontes da tradição ficcional autóctone, perfurando o corpo branco da narrativa romanesca com as negras azagaias da produção oral, Assis Júnior reafirma seu pacto com a angolanidade e dá início à trajetória da ficção angolana do século XX.

2.2.1 Um romance oralizado

> *[...] o meu poema sou eu-branco*
> *montado em mim-preto*
> *a cavalgar pela vida*
>
> António Jacinto

A metáfora do "Poema da alienação", de António Jacinto, serve de mote perfeito para uma reflexão sobre *O segredo da morta*, narrativa mestiça que procura fundir, centauricamente, o lado branco da cultura literária européia ao corpo negro da expressão literária angolana. A hegemonia do branco, no poema, se mostra na imagem de que é ele quem "monta" o preto, representando-se discursivamente como sujeito — "eu-branco" — do ato de dominação. "Montado", o negro se torna objectualizado — "mim-preto". Apesar de conduzir o outro, é por ele dirigido, portanto, dominado. Como forma, o poema é branco, assim como o é a forma do romance ora analisado, pelo menos em um primeiro nível de leitura, se se pensa a catalogação genérica proposta pelo autor: "Romance de costumes angolenses."

Na construção de seu branco território de letra, Assis Júnior — como produtor textual, portanto, como alguém que, no mundo competitivo e automatizado da linha de montagem capitalista do século XX, tem de conhecer bem a especificidade de seu ofício — começa por escolher seu modelo. Tal modelo é explicitamente nomeado, quando se inicia a configuração do objeto, ou seja, no capítulo I, chamado racionalmente de "Preliminares":

> No criterioso dizer de Anatole France, a insensibilidade que experimentamos na mudança de nossa vida provém do facto de nos compararmos aos corpos lançados à corrente dos rios (p. 35).

Aí está a opção pelo modelo europeu — Anatole France — que, mais do que se auto-representar, representa um símbolo de que o narrador da macroestória se vai apropriar, quando enceta a caminhada de sua efabulação. Com o modelo-autor, vem o modelo-narrativa: se se nomeia Anatole, pensa-se em uma narrativa realista, cuja base são os rasgos de ironia, uma das marcas da expressão literária do modelizador. Por outro lado, referenda a opção por um pensamento liberalizante, já que também se sabe ter sido Anatole alguém que, preferindo "a República, por seu respeito à *liberdade* dos cidadãos", vai mais longe em suas "aspirações humanitárias", desejando "*um regime socialista*" que deixaria "os indivíduos livres, assegurando-lhes seu bem-estar" como analisam Lagarde e Michard (1956, p. 559), citados em tradução livre.

Tanto pelo fato estético em si — arte "realista" — quanto pelo fato sociopolítico — pensamento liberalizante — a escolha explícita de um modelizador europeu mostra que o romance de Assis Júnior se compromete com a cultura do dominador, que ele tenta mostrar como estando a si mesmo incorporada. O significante *criterioso* com o qual se abre a obra leva-nos, por fim, a pensar que a efabulação, naquele momento inaugural, é dominada pela racionalidade que tem no *critério* lógico uma de suas bases de sustentação. O rigorismo da opção da letra sedimenta-se, então, como verdade incontestável.

Mas é preciso voltar à ante-sala do dito, isto é, à "Advertência", também um texto produzido por Assis Júnior. Lá, dá-se a pré-gênese do romance, quando ele sai do silêncio absoluto do não-livro e instaura materialmente a voz do autor. Nesse momento de pré-romance, o leitor percebe estar a origem menos no modelo europeu do que na narrativa oral que o produtor resgata, literatiza e publica, segundo suas próprias declarações:

> *Durante muito tempo e por vezes várias ouvi narrar a história que adiante vai reproduzida* (p. 31).
>
> *Tirada a parte puramente literária no fundo nada acrescentei* (p. 31).
>
> *Como* Segredo da morta *me foi revelada a história por quem ma contou; como tal a escrevi e sem atavios, assim a publico* (p. 33).

O romance — à ocidental — é, desse modo, um resgate de um conto contado — à angolana —, estando, pois, a letra subjugada à força da voz. A consciência do labor estético — "a parte puramente literária" — é uma das marcas do processo de produção e o local dá o sentido do trabalho do artista; representa o seu "acréscimo".

O caráter de veracidade é o primeiro traço assinalado pelo narrador que reitera o objetivo didático-pedagógico de seu texto:

> *Penso, porém, que constituindo este trabalho um meio de vulgarização do que o indígena tem de mais puro e são na sua vida, eu não devia resistir à revelação do facto que ele encerra, por constituir um forte apoio para a formação da história das coisas, ainda mal conhecidas, e das pessoas que, com poder e merecimento, nasceram, passaram e viveram nestas terras* (p. 32).

Assim, o texto, como construção discursiva:
- instaura-se em forma de projeto, na ante-sala da "Advertência", mostrando aí o seu propósito maior de difusão dos valores da terra;
- escolhe um modelizador, quando o romance se inicia propriamente no capítulo I, reafirmando seu compromisso com a letra;
- revela, em um terceiro momento (capítulo III), que a narrativa tem duas fontes: uma da letra — é narrada por alguém

que não participa diretamente do universo diegético, ou seja, o narrador-autor — e outra da voz — a estória é contada por uma personagem, Maria de Castro, ou seja, por uma narradora oral;
- mostra que, depois de preparado o terreno, a narrativa se faz um produto racional, segmentando-se em capítulos que são, na verdade, pequenas estórias encadeadas que guardam alguma autonomia, mas mantêm sempre a unidade do relato;
- finalmente, no término do trajeto, chega ao epílogo, em que se fecha a cadeia que começara a armar-se no capítulo II e a série de mortes se encerra em morte e enigma: "R.I.P. ".

Como bem observa Santilli, a estória se inicia "próximo da descoberta do 'segredo da morta', isto é, do clímax" (1985, p. 101). Eu acrescentaria a isso que, antes da estória iniciar-se propriamente, o narrador-autor situa o contado, introduzindo sua terra, sua gente e a si mesmo, indiretamente. Só no capítulo II é que se inaugura a estória, depois que a narrativa mergulha "a coisa narrada [...] na vida do narrador para em seguida retirá-la dele", usando palavras de Benjamin (1985, p. 105).

A tradição oral é resgatada por Assis Júnior como uma forma de preservação dos referenciais autóctones; o autor procura uma "fala angolana" para seu texto, reproduzindo-se, no corpo do romance, ainda Benjamin, a "conjuntura da oralidade" (1985, p. 101), com a sobreposição do narrador-autor à narradora oral. Nessa conjuntura, uma das marcas mais expressivas é o encadeamento das diversas estórias. Há uma superposição de várias vozes, o que faz do romance um texto polifônico por excelência.

No ato de instauração da estória da morta, o leitor é convidado a *ouvir* Maria de Castro, fazendo o narrador da macroestória aquele convite gozoso, já conhecido nos missossos:

> *Eram três horas da tarde. O sol declinava, sombreando consideravelmente o terreno em frente.*
>
> *Ouçamo-la também...* (p. 53)

Tal ato é resgatado, assim, pelo narrador-autor que muda seu estatuto de escritor para o de ouvinte, convidando o leitor a fazê-lo também. A interação gozosa, no nível da estória, se dá entre Maria de Castro e uma amiga não nomeada e que, por não sê-lo, pode ser tomada como metáfora do narratário a quem o dito (literário ou oralizado) se destina. Estamos diante daquela cena tão comum quando o missosso se instaura no círculo de ouvintes:

> A conversa continuou, de mansinho, entre a Maria de Castro e a sua amiga, que a escutava em silêncio religioso, assentadas junto à porta e alheias a tudo que as cercava (p. 53).

Eis aí a palavra-chave que então se nomeia — *religioso* — a determinar outra não menos significativa: *silêncio*. A palavra religioso é do mesmo campo semântico de "sacramental", já surpreendida na leitura de "Quimalauezo". O rito de contar, sabêmo-lo, é mágico e religioso. O silêncio, por sua vez, se deve instaurar para que o sentido de elevação do ato se reafirme naquele momento de comunhão.

Ngateletele... é hora de começar a narrativa do *segredo da morta*. Na materialidade do romance, o resto da página branca, marca do fim do capítulo, em um nível, leva o leitor também ao silêncio, como a prepará-lo para o gozo que se aproxima. A narrativa vai chegar...

Ouvir é o grande convite que ambos os narradores fazem a seus leitores-ouvintes, daí a repetição intencional e enfática do verbo sob diversas formas no corpo do narrado.

Por outro lado, o próprio texto de Assis Júnior, não obstante sua classificação pelo autor como um "romance" é uma forma mascarada de expressão discursiva oral angolana, ficando em uma intersecção entre a maka e o missosso; também o narrado tem uma ligação explícita com as adivinhas, como bem aponta Santilli. O enigma aí representado vai-se resolvendo por pistas que as várias narrativas oferecem. Os óbitos são, por exemplo, frases da adivinha que ao leitor vai cabendo descodificar. Remeto ao estudo, já tantas vezes citado, de Santilli, que se publica em *Africanidade*, para um aprofundamento da questão.

Devem-se, por fim, indicar as narrativas de cunho histórico — missendu ou malunda, segundo Héli Chatelain. Obviamente não aparece, nos relatos do narrador da letra, o caráter iniciático de tais narrativas, que normalmente veiculam segredos apenas conhecidos por chefes e/ou velhos da tribo, a não ser que se considere iniciação, em seu sentido mais amplo, como difusão de um saber angolano. Guardam tais relatos um caráter histórico e documental, como se mostra, por exemplo, nas narrativas sobre os aquartelados na Muxima; sobre a edificação de "Jabadá, na Guiné"; sobre os "indígenas da região", submetidos à dominação branca, e até mesmo quando se faz alusão não só ao sobado da região da Jinga, mas à figura histórica da rainha que o autor elege para metáfora de seu texto. Confrontem-se, a propósito de tais relatos, as páginas 91, 92, 173 e seguintes da edição da obra aqui usada.

Deixando de lado as outras formas de manifestação da tradição oral que se resgatam no romance, detenho-me em seu caráter interseccional de maka e missosso. A distinção entre uma forma e outra da tradição dá-se, como se viu no capítulo anterior, apenas pelo fato de o missosso ser percebido pelo natural — contador e/ou ouvinte — como algo não acontecido, portanto, como um produto tão-somente do imaginário. De sua parte a maka é percebida/contada/descodificada como sendo "verídica", como um relato cujo caráter de acontecimento não se põe em dúvida. O próprio Chatelain, em algumas de suas exegeses, deixa patente a tênue fronteira que separa um e outro modo de produção ficcional.

A estória da morta, seu segredo, é definitivamente representada como sendo uma maka, já que é indiscutível a sua configuração como um acontecimento verdadeiro:

> *recordando outras personagens que tomaram parte activa nesta* verídica história, *sem que isso possa de forma nenhuma prejudicar os seus detalhes* (p. 74)
>
> Guilherme da Silva, guarda-livros do judeu Isaac Zagury, e outros mais que iremos citando no decorrer desta verdadeira história, *movimentam as salas de D. Ana Joaquina* (p. 130, grifos meus).

Para melhor enfatizar a idéia de veracidade do relato, o narrador letrado dá detalhes precisos sobre pessoas que teriam habitado a região do Dondo. Os fatos historicamente comprovados contribuem para sedimentar a idéia de que o contado existiu. Veja-se, por exemplo, a forma documental e o registro referencial com que se apresenta uma das figuras do narrado:

> *João Manuel do Nascimento Lopes de Abreu era o nome do indivíduo que se aproximava. Natural de Luanda, para ali fora cinco anos antes a tentar fortuna e se estabelecera com uma casa de comércio nos arredores* (p. 40-41).

Evidencia-se que o autor deseja caracterizar seu "romance de costumes angolenses" como uma maka, ou seja, como um relato de cunho didático-pedagógico, sob cuja capa se esconde, via de regra, um ensinamento moral. Nesse mundo "recheado" de premissas morais, os provérbios exercem um papel muito importante, sendo a abonação por excelência de tais premissas, daí a vasta e expressiva série deles que aparece na obra.

Quase sempre, na tradição oral angolana, a estória é a explicação para um provérbio ou este é síntese daquela. No romance, do emaranhado de provérbios que ajudam a tecer a cadeia narrativa emerge a sabedoria que o autor, em seu pacto com a angolanidade, procura sedimentar pela letra do romance oralizado que produz.

Deve-se observar, finalmente, que a estória representa a literatização de um missosso, dado o caráter de mistério e de fato sobrenatural, que marca a vingança da morta. Na "Advertência", o lado mágico do relato se configura, quando o autor nos diz:

> A vida do angolense que a civilização totalmente não obliterou [...] sempre agarrado ao desconhecido e envolto naquele misticismo que se revela por meio do sobrenatural, das visões, dos mitos e dos sonhos (p. 32).

Esses elementos mágicos tecem o *segredo da morta*, que ela, aliás, volta para revelar, por meio de uma série de intrincados enigmas que se vão resolvendo encadeadamente. As primeiras pistas aparecem na fala da ou sobre a Doida — discurso direto ou indireto — e elas retornam principalmente nos sonhos de Elmira e da velha Chica, protagonizados por Ximinha, a morta.

Configura-se, desse modo, o caráter sobrenatural do relato, tanto no "falar" da morta em sonhos, quanto pelas mortes e pela "possessão" da Doida. Volta-se à atmosfera dos missossos, quando o transitar do mundo dos mortos para o dos vivos, e vice-versa, era mostrado como natural. Em sua sabedoria de velha, Chica afirma angolanamente:

> os mortos não dormem nos seus túmulos, não mentem nos seus sonhos, não faltam às suas promessas, facto singular que a descrença popular vem lançando no vaso do esquecimento (p. 246-247).

O missosso faz-se presente ainda na narrativa, em alusão direta, quando se mostra que, durante as longas noites dos óbitos, os seus participantes

> No chão, homens e mulheres do povo, estendidos sobre loandos e esteiras, contavam misoso (histórias, apólogos ou narrativas com cantos adequados) (p. 68).

O gosto pelo contar missosso se presentifica no nível da história e justifica a opção pelo modo de produção do discurso, que mostra o esforço de Assis Júnior para tirar a memória angolana do esquecimento, reafirmando, por seu texto híbrido — oralidade + escrita — a força da cultura autóctone por séculos esmagada pela do colonizador. O caráter interseccional de sua narrativa — entre maka e missosso — referenda sua opção pelas coisas da terra, impedindo que sejam lançadas "no vaso do esquecimento".

2.2.2 Vozes em polifonia

> na noite de breu
> ao quente da voz
> de suas avós,
> meninos se encantam
> de contos bantus...
>
> Viriato da Cruz

Nas "Preliminares", após indicar seu modelo europeu, o narrador se apresenta como um ser da terra que, no momento da abertura narrativa, participa de um grupo de habitantes do Dondo, os quais, naquele fim de tarde, conversam no centro da cidade. Antes, porém, iniciando a viagem pelos caminhos da efabulação, fizera com que o leitor viajasse com ele pelos lugares fortes de Angola e de angolanidade, conduzindo-o:
- *pelo espaço* — de Luanda para o Dondo
- *pelo tempo* — mostrando a evolução dos costumes, a partir das transformações e progressos havidos, ao mesmo tempo em que valoriza hábitos e costumes antigos.

Só depois dessa pequena "viagem" e de conhecer os habitantes da cidade, o leitor se depara com a personagem que abre e fecha a estória, Ximinha Cangalanga, "A Doida dos Cahoios", primeira figura focalizada pelo narrador mais detidamente. É a Doida, pois, o primeiro elo da cadeia atada pela voz narrativa principal. Depois de apresentá-la quase afetivamente, tal voz se cala, marcando graficamente seu silêncio por uma linha pontilhada e introduzindo a narradora oral, Maria de Castro, uma das protagonistas das ações e quem verdadeiramente conta a estória:

> *E a doida lá seguia, cumprindo o seu fadário...*
>
> ....
>
> *— A vida desta pobre rapariga, o seu passado, a sua doença, a sua doidice, constituem como que uma história muito comprida — informava uma vez a Maria de Castro, que, de regresso para sua casa, passara por Capacala* (p. 50).

Deixa o narrador-autor, portanto, a Doida, sobre quem incidira seu olho-câmera, e segue Maria de Castro, ouvindo-a contar uma estória. De fora da cena, ele a escuta, memoriza e, finalmente, resgata-a. Todo o romance guardará, em *off*, a voz de Maria de Castro, a condutora do narrado, a partir do convite feito pelo narrador a seus leitores virtuais: "Ouçamo-la também..." (p. 53).

No entanto, não são apenas o narrador-autor e a contadora oral os sujeitos que no texto exercem a função de disseminadores do dito. A cada passo aparece uma outra personagem que se faz também um contador de estórias. Por isso, em cada narrativa se encadeia uma outra, que se encadeia em uma outra e assim sucessivamente, na busca daquela eternização a que se refere Todorov. Nenhuma narrativa quer morrer e dessa forma continua em outra, no afã de perpetuar-se.

Assim, a metáfora da cadeia é duplamente significativa. No nível temático ela se configura e se elabora por meio das estórias de mulheres e da série de mortes que formam o contado; no composicional, pelas várias narrativas que se encaixam e que vão tornando o ato de narrar cíclico, especular e infinito. Desse modo, as personagens Elmira e Ximinha, bem como Muhongo, se fazem narradoras e reforçam os elos das cadeias dos vários contares.

Esse múltiplo dizer — e só tomamos alguns exemplos — sempre movido pela memória, que sabemos com Benjamin ser o motor da épica (1985, p. 210), faz do texto de Assis Júnior um texto polifônico, coro de muitas vozes, que o narrador principal resgata, literatiza e publica, como se viu, fazendo-se, assim, um "narrador-autor".

Voltando à relação narrador letrado x contadora oral, vê-se que, no decorrer da estória, o primeiro exerce sempre seu poder sobre a segunda, firmando-se como alguém que tem plena consciência do objeto manipulado, conforme observei anteriormente. É esta consciência, aliás, que dará um sentido de unidade ao texto, pois o narrador da macroestória não apenas conta sua narrativa de segundo grau, mas comenta-a para o leitor, mostrando como se passa seu trabalho na linha de montagem do texto:

> *A feição da presente obra, reprodução tão certa quão fiel da narração que estamos ouvindo da Maria de Castro, não nos permite descrevê-las [cenas e histórias], mesmo porque nos levaria isso muito tempo e ocuparia também muito espaço; mas não resistimos à tentação, como também a ela não resistiu a contadora, de fazermos aqui um breve esboço dos homens e das idéias desses tempos* (p. 103).

Elabora, assim, o narrador letrado seu cerzido narrativo, dando os arremates finais à costura de Maria de Castro. Tem plena consciência do lugar que ocupa na obra — romancista — e revela conhecer bem sua tarefa: "Embelezando às vezes o que beleza não tem" (p. 231). Realisticamente, porém, de acordo com o modelo estético escolhido, seu compromisso é com a "verdade" e não com a "fantasia". A postura de *romancista* do narrador-autor revela que ele, no exercício de suas funções, possui um mais-saber que a narradora oral, mulher do povo angolano, não tem, assim como não o têm as personagens que desfilam na obra. A sua voz narrativa "branca" que se pode materializar em letra supera a(s) voz(es) negra(s) ou mestiça(s) que ele, a cada passo, como *romancista*, resgata:

> *O romancista, usando e por vezes abusando de circunlóquios e redundâncias, artista a serviço de uma pena e embelezando o que às vezes beleza não tem, não pode, apesar de tudo, deixar de ser verdadeiro, mormente quando a narração, como a que vimos assistindo, arredada do campo fantasioso, assenta em bases verosímeis* (p. 231).

A sua erudição é uma das marcas da obra e ele se reserva mesmo o direito de calar seu texto e transcrever trecho de outro livro — *O despotismo*, de Francisco A. Pinto — marca evidente, na materialidade objectual do romance, deste seu mais-saber, momento também em que o texto ganha um outro narrador, reforçando a cadeia (cf. p. 105-106 da edição usada).

Este mais-saber é uma evidência do tecido do romance cuja construção o narrador letrado, em um claro escancaramento da efabulação, mostra aos olhos do leitor, a partir do momento mesmo em que declara nascer a narrativa da conversa de Maria de Castro com a amiga e que ele e o leitor vão ouvi-la juntos. Filia-se, assim, a todo um modo de narrar do século XIX e mesmo do XX que, em Portugal, tem em Camilo Castelo Branco um grande seguidor. Lembro, a propósito, que na "Advertência", ao apontar qual seria o título da obra — *A Doida dos Cahoios* — alude implicitamente à *Doida do Candal*, romance publicado por Camilo em 1867. Estamos, assim, comprovando o fato de que os parâmetros literários são as produções e os autores da metrópole e, em conseqüência, do conjunto da Europa, especialmente da França.

Nos momentos em que a efabulação se escancara, a "ficção abre fendas para o narrador por elas se esgueirar", como afirma Jacinto do Prado Coelho ([19--], p. 289), com relação à novela camiliana. É então que o narrador passa a dialogar com o narratário, convocado, várias vezes, para tomar seu lugar na cena narrativa. Então, além da alusão direta ao leitor, aparece o pronome ou mesmo o verbo na primeira pessoa do plural, marcas discursivas do "convite" narrativo

> Bastaria para isso chamar a atenção do leitor *para aqueloutro no princípio desta narração, no qual* assistimos *o acompanhamento da defunta à última morada* (p. 231).
>
> Ouçamos nós *o que se passou com* Kuabate, *após a morte de sua ama* (p. 258, grifos meus, à exceção do nome próprio).

Se é verdade que o fato de o narrado configurar-se como verdade(iro) lhe confere, angolanamente, um caráter de maka — estória acontecida —, não é menos verdade que, como lugar discursivamente comum no romance europeu do XIX, se confunda tal procedimento narrativo angolano com a *ironia romântica*. Deve-se compreender esta expressão como a

> *ironia emergente da ambigüidade das relações dialéticas entre vida e ficção, homem-autor e autor-inventor de histórias, vocação ou missão do escritor e negócio do livro. Pela "ironia romântica", a literatura desmascara-se, autodestrói-se à medida que se constrói* (Prado Coelho, [19--], p. 258).

Finalmente, deve-se acrescentar que o mais-saber branco do narrador-autor, do qual ele faz nascer a materialidade discursiva do romance, reafirma-se sempre que ele questiona e põe em dúvida o sentido real de certos acontecimentos por ele narrados. Busca afastar-se da explicação que deles é dada pelos que compõem o grupo cultural iletrado, tentando oferecer, para tais acontecimentos, uma outra explicação, fundamentada na lógica da cultura letrada que tem seu alicerce na razão. Refuta, assim, o pensamento mágico, buscando um outro sentido possível para o fato contado por alguém que, afinal, não é ele.

A meu ver, esse é o jogo dos jogos de *O segredo da morta*: o narrador do romance fingir, com base na razão, não acreditar naquilo que acredita, tentando mostrar que há uma explicação outra para o que a crendice acha ilógico e sobrenatural. Fingimento dos fingimentos ou o lado branco da narrativa querendo engolfar seu lado negro, que lhe resiste, impávido? Remeto, a propósito, à leitura da passagem em que ele comenta o que vem narrando, na página 275, e que assim se inicia:

> Não falta talvez quem chame espírito forte o daquele que fala dos mortos a cada passo, pedindo-lhes proteção [...]; assim como quem atribua superstição, fanatismo ou fraqueza dos miolos aos que procedem da mesma forma. Neste campo toda a discussão é escusada.

A seguir ele narra o que sucedeu, em Luanda, com a epidemia pneumônica, para, no final do exórdio, concluir:

> A verdade é que, não assentando este facto no campo da fantasia, as opiniões dividiram-se e a corrente cresceu conforme a crença de cada um ou de cada grupo, mais ou menos avivada consoante o berço da sua educação (p. 275-276).

Quanto ao "berço da [...] educação" do narrador letrado, a erudição que dissemina pelo texto mostra qual terá sido. Logo...

Por sua parte, Maria de Castro, a contadora oral, resgata, por completo e sem qualquer jogo, a natureza puramente angolana do relato. É uma narradora-lavradora que, sedentariamente plantada em sua terra, acompanhou, vivendo-os, todos os acontecimentos que conta à silenciosa amiga, aqui pensando com Benjamin. Apresentando-a aos leitores do livro, o narrador que a precede discursivamente assim a vê, na tarde em que a estória se inicia:

> *Maria de Castro [...]. Era uma mulher dos seus 34 anos, parda, nariz direito e de forte estatura. Natural de Pungo Andongo, acompanhara seu pai, o comerciante Castro, quando ela apenas tinha 8 anos. Ali crescera, alegre e graciosa* (p. 51).

Por isso essa mulher-terra conhece profundamente os habitantes de seu lugar, fazendo brotar de sua memória, o grande motor narrativo, a estória que o *romancista* resgata. Assim, ela diz da "Doida dos Cahoios", que conhece muito bem:

> — *Ainda me lembro muito bem do dia em que ela cá chegou* — continuou ela, assentando-se. — *Criança cheia de vida, acompanhada de seu pai, o Cangalanga, patrão de uma lancha* (p. 51).

Veja-se que, especularmente, ambos os narradores dizem quase o mesmo sobre as personagens que lhe ocupam o centro do contar: a sua vinda para o Dondo, o nome do pai, profissão deste etc. Interessa-lhes recortar as mulheres-terra que compõem a cadeia de estórias que, no plano oral, é tecida por Maria de Castro, que faz girar, para trás, as rodas do tempo, recuperando-o por sua voz narrativa na cena de instauração do seu contado (p. 53).

No extenso tapete que é o romance, qual Xerazade, Maria de Castro tece, pela memória, as múltiplas estórias que no final desvendarão o *segredo* — grande enigma — *da morta*. Sua contação nasce do gozo que o ato de dizer propicia e o narrador do romance, por sua vez, recupera tal contação com a técnica branca de que dispõe. As duas vozes se orquestram, assim como as de outras personagens que a elas se juntam, fazendo, do coro de vozes, uma polifonia narrativa.

Algumas vezes — falha narrativa ou intencionalidade? — as duas vozes principais (solistas) se fundem, não sendo possível distinguir uma da outra, como se dá na seguinte passagem da página 251:

> — *Quis* Tuturi *observar, após o enterro, os preceitos da terra, fechando as janelas e guardando o leito durante muitos dias. Mas não pôde realizar o intento, pelo facto que vamos assistir no capítulo seguinte.*

O travessão — a não ser que tenha havido falha gráfica — indica tratar-se da voz de uma personagem, talvez e provavelmente de Maria de Castro. A alusão ao "capítulo seguinte"— mundo onde reina o *romancista* — nos indica tratar-se deste, já que a fala da narradora oral não se organiza por capítulos.

O mais comum, no entanto, é que o narrador letrado, mesmo em dueto com Maria de Castro, nos faça sentir que se trata de vozes distintas, uma "branca" e da tradição culta, e outra "negra" e da tradição iletrada. Juntas, tentam reafirmar que

> Este livro é para ser lido por todos aqueles, pretos e brancos, que mais decididamente se interessam pelo conhecimento das coisas da terra
> (p. 32).

Reafirmando sua escolha pelas "coisas da terra" e superpondo voz e letra, o produtor textual António de Assis Júnior referenda sua opção pela ancestralidade narrativa, seiva e fruto de seu próprio contar. No corpo branco de seu romance introduz as negras marcas da tradição oral e, com isso, reafirma a soberania do falar angolano sobre o falar ficcional branco do romance que, a um primeiro momento, se poderia pensar fosse a base do processo de produção da obra.

O segredo da morta representa, pois, no espaço literário angolano do século XX, um grito da diferença e da resistência que, bebendo na fonte da tradição oral, continuará sua trajetória, pactuando com o desejo de reangolanização que, a partir da segunda metade desse século, não admitirá mais qualquer forma de adiamento.

Ligando o momento ficcional pioneiro de Assis Júnior àquele em que a ficção se afirma como estrangeiramente angolana e grita a força de sua diferença — décadas de 1960 e 1970, principalmente — passa-se pelo momento em que Castro Soromenho, embrenhando-se pelos sertões da Lunda, denuncia o corpo chagado de Angola, *terra morta* à espera de que os novos rumos da história destruam o colonialismo branco-europeu que esfacela aquele corpo com a fúria do chicote de cavalo-marinho. De novo, então, ouvirá o leitor uma outra *voz* que, como aquela que se levantara em 1901, continuará a *clamar no deserto*.

3º SEGMENTO
UM VIAJANTE NA LUNDA

> *Foi em frente das árvores [...] que os bungos fizeram o seu pacto de amizade. E desse momento em diante o seu país passou a ser conhecido por Lunda — amizade.*
>
> Castro Soromenho

Tal como os bungos que, diante das árvores plantadas por Ilunga, fazem seu pacto de amizade do qual nasce a terra lunda na ordem do mito, também Castro Soromenho (Zambézia, Moçambique, 1910 — São Paulo, Brasil, 1968) pactua em sua ficção com essa terra angolana, fazendo o seu leitor por ela viajar imaginariamente. Por sua obra literária — e mesmo jornalística e/ou etnográfica — se pode, pois, resgatar a saga do homem lunda, desde a criação mítica do estado do Muatiânvua — pelo casamento de Lueji (rainha dos bungos) com Ilunga (herdeiro dos lubas) — até o nosso século, quando os brancos já dominam a região, praticando ali uma política de terra arrasada. Intermediando os dois momentos, as obras de Soromenho mostram também o período de decadência daquela região, cuja cultura fora uma das mais florescentes do território angolano até atravessar, por volta de 1880, um período de forte turbulência interna, com assassinatos em série, depois do que é destruída pelos quiocos, seus inimigos seculares, em 1885.

Castro Soromenho, cujo pai, português, pertencia aos quadros da administração colonial e cuja mãe era cabo-verdiana, viveu boa parte de sua vida em Angola, tanto na primeira infância, quanto na juventude, pois serviu ao exército na Lunda, aí também trabalhando nas minas de diamantes, como revelam estudiosos de sua vida e obra. Em sua vivência nos sertões angolanos, o autor toma contato com as estórias da tradição autóctone, passando a recolhê-las. Diz, a este propósito, Fernando Mourão:

> Sai com o "língua" — segundo seus próprios depoimentos — e durante semanas, quando não meses, percorre as aldeias negras, colhendo informes, anotando suas tradições orais, levantando tudo o que vê (1978, p. 49).

É interessante notar o reaparecimento dessa cena descrita por Mourão e que toma a forma de imagem narrativa, no romance Terra morta (TM, 1949), quando uma das personagens — Antunes — faz referência ao comportamento do Chefe do Caluango, cujo nome, Monteiro, é uma explícita alusão ao do próprio escritor — Fernando Monteiro de Castro Soromenho:

> Veja lá esse chefe do Caluango, o Monteiro, que em vez de cobrar os impostos e mandar gente para as minas, anda metido pelas senzalas a ver como os pretos vivem e a ouvir histórias (1949, p. 215).

Assim, Soromenho (Monteiro), cuja formação cultural portuguesa é uma evidência, é ele mesmo um *viajante na Lunda*, tentando conhecer mais profundamente a realidade angolana. É dessa experiência africana que se origina a sua obra ficcional, polarizável em duas vertentes, como a crítica exaustivamente apontou.

Na primeira, encontram-se contos, novelas e romances que resgatam a existência arcaico-tribal de lundas, quiocos e de outros povos da região ou dela próximos, como os bângalas e luenas. Nesse momento só os naturais tomam assento na cena ficcional, não se abrindo o espaço narrativo para o homem branco.

Se pensamos a narrativa como um universo de representação em que se configura o ato de representar ou a *narração*, segundo Maurice Lefebve (1980), e o mundo representado, ainda segundo este autor — que retoma Gérard Genette —, a *diegese*, podemos considerar que, diegeticamente, volta o leitor a se deparar com a atmosfera narrativa da maka e do missosso, exceção feita para o nível ideológico. Os outros domínios apontados por Lefebve como partícipes da estrutura da diegese — intriga, personagens e cenário — são os mesmos daquelas formas da tradição oral angolana, que o autor resgata direta ou indiretamente. Devem ter servido também, como fonte indireta dos textos de Soromenho, as obras do etnólogo Henrique Augusto Dias de Carvalho.

Compõem a primeira vertente da sua ficção as obras: *Lendas negras* (contos, 1936), esta ainda escrita em Luanda; *Nhári: o drama da gente negra* (contos e novela, 1938); *Noite de angústia* (romance, 1939); *Homens sem caminho* (romance, 1945), todas escritas e/ou publicadas após sua volta a Portugal em 1937. Quanto a *Histórias da terra negra* (1960), a obra reúne textos já editados e a narrativa "Lueji e Ilunga na Terra da Amizade", que tem um de seus trechos citados como epígrafe do presente segmento.

Em um segundo momento, encontram-se três romances — *Terra morta*, já referido, *Viragem* (1957) e *A chaga* (póstumo, 1970) —, cujas ações e situações se articulam sobre o eixo das relações coloniais. Abandona o autor, então, as estórias que ouvira, procurando, pela memória, resgatar o que vivera. Assim, sua própria experiência factual é transfigurada imageticamente por seu discurso literário, surgindo, no nível actancial, duplos dele próprio, como é o caso do Monteiro anteriormente referenciado; de Joaquim Américo, também de *Terra morta*; de Vasco Serra de *A chaga* etc. Volta-se nessa vertente sua atenção de ficcionista para o problema da ocupação predatória do homem branco, recriando-se literariamente, por seus romances anticolonialistas, as relações colonizado x colonizador nas povoações decadentes de Camaxilo, Cuango, Caluango etc. Surge, em primeiro plano, a desfigurada face histórica da Lunda, denunciando-se a chaga do colonialismo que faz daquela uma *terra morta*, à espera de uma *viragem* que possa mudar os rumos da História.

Se o espaço mesológico é o das povoações em decadência, o tempo narrativo é, historicamente, o que sucede à queda da borracha no mercado internacional, motivo da ruína dos colonos brancos assentados na terra — sobretudo nas gestões do Alto Comissário Norton de Matos (Angola, 1912, 1915 e 1921-1924) — quase todos, nas obras, ex-escravagistas. Cresce o poder econômico da Companhia de Diamantes de Angola (Diamang), que explorava "diamantes, comércio e negros"(TM, p. 90), fazendo, dos naturais, contratados, o que é uma outra forma de escravidão denunciada pelos textos dessa fase. A propósito, lembro a visão que dos contratados passa Arnaldo Santos no poema com esse título:

Vinham ao longe
Aglutinados

> *Baforada de sussurros no horizonte*
> *Como ressonâncias fundas de uma força.*
> *Força que é penhor de gemidos*
> *De levas passadas*
> *Que arrastam pobres.*
> *Vinham ao longe*
> *Em conversas vagas*
> *Na tarde baixa ressumando dobres*
> (apud ANDRADE, 1977, p. 196).

Por sua vez, o espaço social, configurado nos textos da primeira fase como marcado por lutas intertribais, pela fome e pela escravidão, tem, nos romances da segunda, sua tensão acirrada, quando lutas, fome e escravidão se colorem de tintas mais negras, com os três níveis populacionais — negros, mulatos e brancos — mergulhados em uma absoluta apatia biológica, econômica e social. A ficção de Soromenho abre, dessa feita, para uma reflexão sobre a perda dos referenciais históricos angolanos, ao mesmo tempo em que, representando as privações e a alienação, cria um espaço de denúncia e de desejo de revolta, um dos semens fecundantes da nova ficção angolana pós-1950, que se fará, sem dúvida, o braço literário das lutas de libertação.

3.1 UM MOVIMENTO DE AMOR:
A TRADIÇÃO ORAL REVISITADA

> *Entre dois assaltos de palavras, entre duas majestades de sistemas, o prazer do texto é sempre possível, não como uma distração, mas como uma passagem incongruente — dissociada — de uma outra linguagem, como o exercício de uma fisiologia diferente.*
>
> Roland Barthes

Ler os textos da primeira fase da ficção de Soromenho, depois de haver mergulhado no universo simbólico do missosso angolano e de ter percorrido, qual *voyeur*, os meandros da produção de *O segredo da morta* de Assis Júnior, é um exercício fascinante. Percebe o leitor a mudança de direção do trajeto e que, na encruzilhada textual, o sentido a ser seguido pela leitura é o que tem a letra como ponto de partida para chegar à voz. Percorre-se, pois, a trajetória inversa do romance, que partia da voz para a letra.

Nesse primeiro momento da ficção de Soromenho aparecem claras, parodiando Barthes, "duas majestades de sistemas", surgindo da dissociação operada pelo autor — lembro que com Assis Júnior se dava uma tentativa de associação — uma nova forma de exercício ficcional, considerado pela crítica como um dos momentos altos da trajetória literária angolana. A orientar o novo caminho — sobretudo se considerarmos o fato de surgirem as obras do autor no espaço cultural da diáspora portuguesa — *um movimento de amor* que o leva a querer entregar-se à diferença da africanidade. No entanto, percebe também o leitor atento que, de certa maneira, essa entrega amorosa esmorece, pelo fato mesmo de estar o sujeito erótico ainda preso a seus valores culturais de origem, a seu próprio sistema de referências. Essa relativa "prisão" faz com que ele não se possa libertar por inteiro dos tabus de uma visão branco-européia que, ao fim e ao cabo, comanda a festa da descoberta do corpo angolano.

As obras dessa fase nascem, pois, basicamente, desse movimento de amor, daí a visão do negro e de sua cotidianidade, fato que leva a crítica a caracterizar tal visão como "poética" ou "épica". Essa proposta de classificação surge com Roger Bastide, que afirma, entre outras coisas, na introdução da obra *História da terra negra*, do próprio Soromenho: "O enraizamento do autor em Angola fez nascer-lhe no coração o amor pelos negros" (1960, p. XV). Também Mourão caracteriza a fase como a que corresponde à "visão poética", assim definindo o determinante: "Poético pelo amor e simpatia com que vê o negro ao seu redor" (1978, p. 49).

A tentativa de Soromenho de aprofundar-se nos meandros da angolanidade faz nascer, portanto, o desejo de revitalização das narrativas ouvidas, principalmente nos distantes sertões lundas. Passa, então, para um outro registro — o da letra culta — o que fora transmitido pela voz dos naturais daquela região. Com isso, ele transforma os valores e/ou práticas comunitárias, base do processo de produção oral angolana, em fatos estéticos aos quais dá nova dimensão. Diz, a esse propósito ainda, o mesmo Mourão:

> O fato literário ultrapassa, pois, o social, torna-se dinâmico e complexo
> em si, processo que, a nosso ver, se explica em parte pela reelaboração
> do fato através dos vários planos da memória (1978, p. 95).

Eis o cerne da questão, quando se tenta aproximar os textos dessa primeira fase da obra de Soromenho daqueles que estão no subsolo de seu processo de criação: enquanto nas produções da tradição oral a função predominante é a social — no sentido trabalhado por Candido — nos textos de Soromenho "os aspectos propriamente estéticos sobressaem de maneira a realçar a função total", utilizando palavras desse crítico (1976, p. 47). Por isso mesmo não mais se atrelam suas obras ficcionais diretamente ao contexto imediato, mas o sobrepujam, visto representarem, ainda no dizer de Candido ,"uma transposição do real para o ilusório por meio de uma estilização formal que propõe um tipo arbitrário de ordem para as coisas, os seres, os sentimentos" (1976, p. 53).

Desse modo, é a intenção literária que afasta os textos de Soromenho das produções orais por ele revisitadas. Sua ficção pertence, pois, ao *branco* domínio da "escritura", compreendido este último termo, com Barthes, como: "a relação entre a criação e a sociedade na sua intenção humana" (1974, p. 124). Em virtude disso, muda-se o estatuto de maka, malunda e/ou missosso, realizações da voz e do gesto angolanos, e ingressa o leitor no reino da letra literária. Saem, então, os textos da "desordem" da fala e penetram a "linguagem endurecida que vive de si mesma", recorrendo outra vez a Barthes e a seu *Grau zero* (1974, p. 127).

Desancestraliza-se, dessa forma e em última instância, a dicção ficcional angolana, emigrando a ancestralidade do nível da narração — e volto a Lefebve — para o da diegese. É aí que se vão fixar, sobretudo, imagens da vida ancestral angolana, desde a cenarização, passando pela intriga e personagens, até atingir, em certa medida e com tmese enfraquecida, o nível ideológico. Tal se dá porque a ideologia do narrador, a sua visão pessoal do povo angolano e de seus modos de vida autojustificativos — não obstante seu movimento de solidariedade e entrega amorosa — contradizem a desse mesmo povo que, como personagem, forma o nível actancial.

Entrando na materialidade dos textos, devo dizer que, pelo fato de interessar aos caminhos desta leitura estabelecer uma rede intertextual entre as obras da primeira fase e as narrativas tradicionais angolanas, tomo como base, para realizar este objetivo, duas coletâneas do autor: *Nhári* (*N*,1938) e *Rajada e outras histórias* (*R*,[19--]). Assim procedo, primeiramente, porque seria impossível trabalhar todos os textos nos limites de um subsegmento. Em segundo lugar, por apresentarem as duas obras certas características, a meu ver, relevantes para a tarefa proposta. *Nhári* o é por conter, além dos contos e da noveleta que lhe dá título, o primeiro livro publicado pelo autor, *Lendas negras*, um conjunto de pequenas narrativas mais próximas das da tradição oral. Em *Rajada* se reúnem alguns dos melhores contos do autor, como "Samba" e "A voz da estepe", por exemplo, o que se pode atestar, no caso, por suas várias traduções e/ou antologizações freqüentes.

Cada uma das narrativas das coletâneas é independente da outra, mas todas se ligam por certos traços discursivos e/ou imagéticos reiterados, tanto nelas como nas outras produções dessa fase, formando uma espécie de elos de uma só corrente. Tais elos dão um caráter de unidade aos textos, daí a crítica observar ser a repetição a marca das obras dessa primeira vertente. Diz sobre isso Bastide, atentando para a repetição temática: "Finalmente, um outro traço de poesia épica assinalável neste autor é a repetição dos temas que se correspondem, de *Rajada* a *Homens sem caminho*, de um livro a outro" (1960, XVIII). O processo reiterativo, a meu ver, vai além do nível temático, já que se faz presente em outras instâncias, como a da narração propriamente dita, conforme se verá.

A leitura procura agora surpreender, pela via comparativa, as relações intertextuais estabelecidas, principalmente, entre o missosso e a maka e os textos das duas coletâneas. Para tanto, continuará a buscar os fios significativos que, de um lado, aproximam as duas dicções textuais e, de outro, as afastam. Com esse jogo de aproximações e afastamentos se verá que, ao visitar a tradição oral angolana, Soromenho tenta construir uma ficção que, diferentemente da trajetória de *O segredo da morta*, captura e subjuga a voz nas malhas da letra cuja eficácia os textos procuram reafirmar.

3.1.1 Onde está o ancestral

A terra é sempre propriedade dos que existem sob a terra, ou seja, dos ancestrais.

Castro Soromenho

O silêncio não é banto.

Raúl Altuna

A percepção da diferença da angolanidade, em um nível, e o pacto implícito de Soromenho com o resgatá-la levam os textos da primeira fase de sua ficção a mergulharem na terra angolana para recuperar aqueles que a estatuem, ou seja, os ancestrais. Estes, por sua vez, devem ser compreendidos não só no sentido africano, como espíritos dos antepassados mortos cujos corpos jazem sob a terra, mas como costumes, valores e tradições, a começar pela própria oralidade, fundamento maior da cultura daquele continente. Lembro Raúl Altuna, que, ao analisar a força da palavra entre os bantos, diz ser ela

> O sedimento da cultura banto.
>
> *Assim, é transportada pelas gerações e vivifica por ser laço unitivo entre os vivos e destes, com os antepassados [...]. É união vital, comunhão* (1985, p. 85).

Assim, mesmo não se podendo ver, nos textos das coletâneas, contos contados, como o eram a maka e o missosso, pode-se observar ser uma das cenas mais repetidas no corpo daqueles mesmos textos a que mostra o ato de contar como uma ação participativa pela qual se unem os homens, geralmente em torno de uma fogueira. O contador é quase sempre um velho que, no momento do dito, se torna auraticamente luminoso.

Velho, roda e fogueira, eis os elementos componentes da cena resgatada pelos textos e que mostra a contação como um rito comunitário participativo por excelência:

> *Estavam todos em redor da fogueira. O velho contava a história, sem levantar os olhos das labaredas. Os outros escutavam, em silêncio, entre olhando-se de vez em quando com expressão amargurada. O velho falava sem uma pausa, num tom monótono* (R, p. 97).

Presentificam-se, no trecho transcrito, os significantes anteriormente apontados, assim como os símbolos que sob eles se escondem: *sabedoria* (*velho*), *comunhão interpessoal* (*roda*) e a própria *vida*, no *fogo* que Prometeu, um dia, roubara aos deuses. Nesse universo simbólico, altaneira, a palavra — volto a Altuna — se faz "força vital participada". Por ela, o vivido se transforma em contado e deste nasce a lenda ritualizada em canção. Esse saber também buscamos em Soromenho, que nos conta pela voz de um dos narradores:

a sua [de um morto] história, adulterada pela imaginação das velhas contadoras de rimances e dos cantadores, volver-se-á em lenda [...] um dia [...] ainda serão os velhos, netos dos velhos que o conheceram, quem guardará, para transmitir à sua gente e aos moços viandantes [...] a lenda desse soba [...], a lenda feita canção (R, p. 77-78).

Os velhos são, por força do papel exercido no grupo, as principais personagens dos textos de *Nhári* e *Rajada*, razão por que o significante, sobretudo na segunda obra, é sem dúvida o mais reiterado no texto, formando por sua densidade uma das principais malhas da teia discursiva.

Parece-me ser este o momento de lembrar que, muito embora as narrativas de Soromenho, por sua dicção, se afastem das da tradição oral angolana, se tivesse de aproximá-las das três formas — maka, malunda e missosso — aproximá-las-ia das duas primeiras, sobretudo quanto a *Lendas negras*. Cada uma dessas lendas se abre por um provérbio epigráfico para o qual o contado serve como ilustração; por outro lado, são narrativas curtas, cuja espácio-temporalização discursiva está mais próxima da tradição popular que a dos demais textos dessa primeira fase.

É importante, ainda, assinalar que reaparece nos textos de Soromenho a sabedoria popular ancestral, seja pelo fato de serem os modos de vida autojustificativos do homem angolano rural a base da caracterização das personagens, seja pela ideologia que rege esses mesmos modos de vida, não obstante o juízo de valor de quem doa a narrativa. De qualquer modo, somos levados, uma vez mais, a ver a importância da configuração imagística dos velhos, pela qual os textos resgatam, principalmente, essa mesma sabedoria ancestral. Porque são aqueles velhos "os depositários das leis da raça e os ferozes defensores dos deuses na terra" (R, p. 19), Soromenho lhes abre um espaço significativo em sua ficção. A exemplo do que se passa com as produções orais, ele procura recuperar a cotidianidade do viver do homem angolano fora dos centros urbanos.

Convém lembrar, nesse ponto, ser a principal marca desse viver cotidiano, nos textos das duas coletâneas, a degradação das tribos, sobados e/ou aldeias. Nem Lueji, a mítica fundadora do império lunda, escapa dessa focalização que busca reiterar o estado de degradação dos homens daqueles sertões. Por isso, em "Terra da amizade", uma das *Lendas*, ela é mostrada como uma velha rainha que, desrespeitando as leis da tribo, ama um "formoso caçador quioco", tentando, como diz a personagem, manter vivo "o amor que ela colhera naquele último deslizar de sua vida!" (N, p. 129, 131).

É, pois, a degradação dos homens e dos próprios costumes e leis tribais que Soromenho procura resgatar ficcionalmente. Para tanto, de novo ele se vale da representação de figuras de velhos, sobretudo chefes tribais, mostrados em um processo de profunda anomia, tanto biológica, quanto social e historicamente. Um bom exemplo nos é dado pelos dois contos que abrem *Nhári* e *Rajada* e cuja situação narrativa é a de dois sobas que se encontram em um estado de perda de seus referenciais comunitários, e mesmo individuais, o que os leva à morte. São assim apresentados os chefes quando as duas narrativas — "O último batuque" e "Rajada" — se instauram:

> *Batido, entregue a alma a desalento, o soba Xá-Caongo abandonou Terras do Cassange, país de aguerrida gente bângala, onde o poderio de seus antepassados formara dinastia, ora amarfanhada, aniquilada, morta em suas mãos de chefe impotente* (N, p. 11).

> *Muaungue, o soba, ouve atentamente, os olhos tocados de tristeza, a boca crispada num rictus de dor, os conselhos do quimbanda* (R, p. 11).

Na degradação desses e de outros chefes tribais, plasma-se a imagem da corrosão por que passam os povos de origem, corrosão esta que buscará, algumas vezes, sua representação na descrição física dos velhos, como em alguns contos de *Nhári*, nos quais aparecem velhas "de seios murchos, pendentes do peito" (p. 41), velhos "alcoolizado(s) até a demência" (p. 89) etc.

Em *Rajada*, porém, se ressalta o papel tutelar do velho, configurado como o guardião das tradições. Por isso, quase desaparece sua descrição física, substituída pelo forte traço que lhe desenha o perfil clânico:

> *os velhos, os homens bons da tribo, a quem estava confiado o rigoroso cumprimento das leis da raça, é que mandavam* (p. 47)
> *os velhos, que velam pela lei da raça* (p. 50)
> *Alguns velhos, aferrados às leis da raça, lembraram ao soba que nunca se fizera tal coisa* (p. 87).

Reitera-se assim, e por outro lado, que mesmo em plena anomia grupal, os velhos são mostrados como símbolos de resistência, cabendo-lhes a manutenção da unidade tribal, embora se evidenciem sinais de corrosão explícita dos valores comunitários de origem. *Noite de angústia*, romance que conta a estória do soba Salemo, morto por ser acusado de feitiçaria, e *Homens sem caminho* — narrativa também de outro soba, Camba-Camba, que, esmagado pela culpa de haver violado as leis de seu povo perde o poder progressivamente até a loucura final — são dois exemplos dessa corrosão dos valores autóctones, em ambos os textos apresentada de forma mais densa, tendo em vista tratar-se de romances.

O outro de tal corrosão é a morte que, nas narrativas das coletâneas, se apresenta como a dissolução do próprio grupo, tão temida pelos mecanismos de controle comunitário. Por isso, representa-se muito mais como fato coletivo do que propriamente individual, o que torna mais ameaçador o vazio interacional representado nos contos. Os sinais de morte espalham-se nos textos de ambas as obras, tomando representações simbólicas diversificadas. Pode ser a morte física e coletiva, incompreensível para o grupo; a morte de um chefe tribal; ou mesmo a escravidão, sempre uma outra forma de dizer a morte.

Em muitos contos, a degradação, a escravidão, a não-obediência às leis clânicas abrem um espaço de culpa e de novo a morte é a resposta concreta para isso, surgindo o suicídio como uma saída possível que garante ainda um pouco da liberdade do sujeito. Nos missossos lidos, a punição era dada pelo outro — espírito ou homem — nunca pelo próprio, em forma de auto-eliminação. Esta, de acordo com Rodrigues, "é uma tentativa mais ou menos institucionalizada, segundo as culturas, de solucionar situações contraditórias, que estas culturas oferecem a seus membros" (1983, p. 109). É o que se dá em algumas narrativas dessa primeira fase, como mostram três exemplos elucidativos tirados das duas coletâneas:

> *E quando o primeiro raio de sol afagou a terra [...] do soba bângala restava um hediondo cadáver pendurado num ramo nu e seco, da melemba* (N, p. 36).
>
> *Quando o sol entrou [...] o escravo trepou a uma árvore, passou um baraço pelo pescoço e levado pela dor que o consumia, lançou-se no suicídio* (N, p. 64).

> E a mulher viu o Cajango descer a montanha a rir às gargalhadas [...]
> e entrar no lago enfeitiçado pelos deuses e sagrado pelo sacrifício dos
> homens... (R, p. 104)

Certas vezes a morte emigra dos homens para os objetos que adquirem na vida comunitária um peso mágico, pois sabemos, com Jung, que o "homem primitivo alia um mínimo de consciência de si mesmo a um máximo de ligação com o objeto, o qual é capaz de exercer diretamente sobre ele sua compulsão mágica" (1984, p. 175). Por isso, a morte de certos objetos simbólicos é percebida como um sinal maléfico. Estão nesse caso, por exemplo, a morte da árvore sagrada, símbolo do poder do soba e da própria vida do grupo — a *mulemba* ou *melemba* — e da *chota*, ou casa dos homens, que fica no centro da aldeia, lá onde se situa o poder mágico. Há em *Rajada* um conto que se intitula "A morte da *chota*" e onde, dentre outras coisas, se lê:

> A aldeia estava sem chota. A tempestade ferira de morte o seu coração.
> E estava extinto o seu fogo [...]. A chota é, também, o próprio soba. Ela
> tem uma alma... A chota é como que a alma do povo que se abriga à
> sua sombra (p. 91).

Assim como nos missossos, a morte toma lugar nas narrativas dessa fase, aprofundando-se, porém, os seus sinais, já que se configura preferencialmente a morte do grupo, mais temida que a individual. Percebe-se, então, o enfraquecimento das *tábuas da lei*, pelo que a face histórica daquele grupo fica cada vez mais desfigurada. Nesse contexto de perda, cabe ao velho lutar contra a morte de seus mitos e ritos, ameaça maior para as comunidades de origem.

É interessante observar que não se mostra, depois da morte, como no missosso, a passagem para outra ordem, uma vez que o sobrenatural deixa de ter lugar na ficção de Soromenho, como bem mostra a lenda "Os embaixadores à corte do além". Nela, os "embaixadores" jamais retornam, ao contrário do que se dava em certos missossos como "O rei Kitamba kia Xiba", por exemplo.

As obras da primeira fase da ficção de Soromenho não trazem mais para a cena textual apenas o universo simbólico de maka, malunda ou missosso, mas aprofundam os elementos que os configuram, tentando passar a imagem em corrosão dos homens da região da Lunda. Tal imagem, evidentemente, também se teria feito motivo narrativo das estórias dos mais velhos das aldeias que, como o velho contador, figura central de "O lago enfeitiçado", contam estórias de mortes, maldições e encantamentos bantos. Mas contam e assim resistem, pois, e volto a Raúl Altuna: "O silêncio não é banto."

3.1.2 Uma visão marinheira

> *O conceito que formamos a respeito do mundo é a imagem daquilo que chamamos mundo.*
>
> Jung

Na origem da produção do missosso está o pensamento mágico-animista; na da maka, o lógico. Tal dicotomia faz com que, no missosso, as ordens natural e sobrenatural não se excluam, ao contrário da maka, na qual se afastam. Partindo disso, podemos aproximar as produções ficcionais de Soromenho da maka e, às vezes, da malunda, como é o caso de "Lueji e Ilunga na Terra da Amizade", narrativa sobre a formação do império lunda. Podemos aproximar, mas jamais identificar, o que se explica pela visão de mundo — de onde evidentemente nasce um conceito de mundo — emergente de ambas as produções.

No caso das narrativas orais angolanas, são elas contadas por alguém ligado profundamente a sua terra ou, em outras palavras, pelo "sedentário lavrador" (Benjamin) que nunca deixou seu espaço e se identifica com os modos de vida autojustificativos de seu povo, fonte de onde emana o seu contar. O mesmo não se passa, porém, com as obras de Soromenho. Nelas, apesar da solidariedade do produtor textual com o objeto contado, o narrador apresenta os fatos como alguém que os vê de fora. Dito em outras palavras: os narradores das várias estórias são como os marinheiros mercantes de que fala ainda Benjamin (1985, p. 199), e suas narrativas são recolhidas nos distantes lugares onde estiveram, como se dá com a trajetória de vida daquele autor.

Abre-se, em conseqüência do exposto, toda uma zona de distanciamento entre quem narra e aquilo que é narrado nas produções de Soromenho. A ideologia do narrador — e por trás dela a do próprio produtor textual escondido sob a máscara das palavras — se afasta daquela que rege o mundo por ele resgatado. É a "função ideológica" — de novo retomo Candido — que distancia, pois, os textos do ficcionista das produções orais angolanas. Lembro representar tal função, como quer o crítico, o "lado voluntário da criação e da recepção da obra" (1976, p. 46). Assim, enquanto as narrativas orais angolanas são uma forma de interação comunitária, via pela qual circula a sabedoria ancestral — esta, por sua vez o elemento que estatui o perfil sócio-histórico e cultural do povo —, as de Soromenho tematizam essa sabedoria, mas dela se distanciam social, histórica e culturalmente.

Esse fato básico faz com que apareçam, nos textos dessa fase, traços de exotismo e toda uma gama de juízos de valor reveladores de que o contador está fora do contado, sendo outra a ideologia veiculada.

Pensando em exotismo, volto a Mouralis e à questão do "discurso exótico". Sabendo que tal discurso "não se pode desenvolver senão na condição expressa de não considerar o outro como absoluto", percebe-se uma clara redução, já que "o outro não tem [...] existência própria", sendo sua alteridade relativizada pelo fato de que é apreendida a partir dos referenciais do observador (1982, p. 110). De qualquer modo, mesmo sendo relativo, já que o "discurso exótico [...] vai revelar-se, ao fim e ao cabo, incapaz de verdadeiramente dar a palavra ao Outro e de o escutar" (1982, p. 113), ele tem o mérito de introduzir na série literária, no caso portuguesa, outras paisagens e outros homens, destruindo a coesão daquela série e levando a uma descentralização dos pontos de vista até então hegemônicos.

É o que se passa em *Nhári* e *Rajada*. Os narradores das estórias contidas nas duas obras de Soromenho vêm de fora a realidade do homem negro, descrevendo-a com seus referenciais branco-ocidentais e dando-lhe uma interpretação também branco-européia. Nesse contexto emerge, por exemplo, a sensualidade e o erotismo, coloridos com tintas fortes, diferentemente do que acontece com o negro angolano, para o qual ambos são fatos naturais. Dentre as muitas descrições que sustentam o procedimento da apresentação exótica do outro, e filia as narrativas do autor à chamada literatura colonial, destaco uma passagem de cada texto em que a descrição da mulher-outra se sustenta em imagens estereotipadas como as da bacante, da selvagem, sempre sustentadas na clave da devassidão e no espaço da orgia:

É uma hora louca em que a alma é bacante perdida na orgia da carne que sangra sensualidade...
Agora, salta para dentro da roda do batuque uma linda mulher. Baila nua e oferece sua nudez com graça provocante. Seu corpo esguio — ébano abraçado por uma labareda de volúpia — contorce-se ao ritmo do bailado selvático (N, p. 174).

Rasgou-se o último véu. Então, é vê-las saracotearem-se com frenesi, tremelicando os seios, desnalgando-se, dando ao ventre [...] e logo, numa mutação brusca, contorcem-se como se fossem tocadas por uma labareda, cantando e gemendo de prazer e de dor. Mas, de súbito, põem-se a rir às gargalhadas, como bacantes bêbadas (R, p. 116).

Se o suporte imagístico das narrativas populares angolanas é a natureza e as tradições comunitárias, sempre referendadas pelos ancestrais, o das narrativas de Soromenho é todo o lastro cultural branco-europeu, incluindo nesse campo mais abrangente a especificidade cultural portuguesa. Mais uma vez afastam-se o contador angolano e os narradores dos textos do autor. Percebe-se que o maissaber branco do narrador, cuja visão comanda a festa do texto, se reafirma como uma espécie de poder e/ou autoridade, embora talvez o produtor textual não tenha disso plena consciência.

Vejamos, primeiramente, marcas do lastro literário e mítico português que, no caso, nos remetem a Camões, ao sebastianismo e ao mito do Quinto Império, marcas deslocadas no universo simbólico-cultural angolano:

No dia seguinte, ao romper da alva, meia dúzia de negros, idosos, sisudos, crentes no saber feito de muitos anos de experiência... (N, p. 118).

E é revelação da lenda, em seu estranho anseio, que no dia em que os embaixadores à corte longínqua e misteriosa regressarem de sua longa jornada, o rei acordará de tão pesado e angustioso sonho (julgá-lo morto seria ofender Deus...), e um povo, de mui grandes virtudes, nascerá e triunfará naquele ermo (N, p. 124).

Por esse lastro cultural branco-europeu, nasce o distanciamento entre quem narra e o outro, narrado, que passa a ser caracterizado como bárbaro, selvagem, "filho e escravo dos deuses", conforme comprovam as passagens citadas anteriormente e as duas a seguir, retiradas de *Rajada* e que tomo como forma de reiteração:

> *o negro não se viu ainda como filho do homem, não se encontrou consigo mesmo: é o filho e o escravo dos deuses* (p. 61).
>
> *Depois, os bárbaros acenderam fogueiras e acocoraram-se à sua volta [...] — e riram, riram as suas gargalhadas selvagens* (p. 132-133).

Percebe o leitor que se estabelece uma barreira entre o branco manejador da letra e o universo resgatado por essa mesma letra. Nesse sentido o exotismo, repito, passa a representar a maneira pela qual se apreende Angola, seu povo e sua cultura. O outro é capt(ur)ado pelos traços de sua diferença, sempre marcada por uma falta, um vazio, na percepção de quem conta. A noite se faz, em tal contexto, o tempo privilegiado das ações, o que ajuda a dar cores mais fortes ao exotismo e aos mistérios daquele outro mundo quase sempre assustador, cujas imagens os textos recuperam.

> *Noite africana.*
>
> *A esvoaçar na atmosfera, vive forte o embriagante perfume tropical.*
>
> *Longe, geme um* quissange.
>
> *Hora de melancolia.*
>
> *O filho da selva que dedilha o* quissange *parece chorar [...]*
>
> *A voz nostálgica do bárbaro rasgou o silêncio da noite* (N, p. 56).

O negro (contado) e o branco (contante) em exclusão, eis o que os textos dessa primeira vertente mostram. Dissociam-se os dois mundos, permanecendo o um e o outro separados em blocos estanques. Dessa forma as narrativas de Soromenho não apresentam quaisquer traços propriamente discursivos por que se possa aproximá-las da tradição angolana. Não se dá a plena adesão à dicção ficcional autóctone, já que não há o primado da voz, mas da letra. Seu olhar é colonial.

Algumas vezes o leitor percebe a vontade de Soromenho de aproximar o ritmo frásico de seus textos do ritmo percussional angolano, que tem no tam-tam do tambor a imagem auditiva por excelência. Retomo uma citação já feita, na qual tal procedimento se evidencia, sobretudo pela reiteração das oclusivas e fricativas,

Agora, salta para dentro da roda do batuque uma linda mulher [...] Seu corpo esguio — ébano abraçado por uma labareda de volúpia — contorce-se ao ritmo do bailado selvático (N, p. 174).

Por outro lado, mesmo quando utiliza a língua do colonizado que, como fazia Assis Júnior, aparece sangrada pelo negrito, Soromenho não angolaniza seu texto, mas lhe confere também um traço exótico que ajuda a compor o quadro. Fanon, ao analisar o processo de revestimento da língua dos ocupantes pelo intelectual colonizado, diz algo que me parece aplicável a Soromenho, não obstante não ser ele um "colonizado": "Contenta-se de revestir esses instrumentos de um cunho que pretende ser nacional mas que lembra estranhamente o exotismo" (1979, p. 185). Também Mouralis, na obra citada, se refere a uma "retórica do discurso exótico", pela qual se pretende fazer ver — e sentir — a realidade do outro, o

que é, muitas vezes, necessário explicar ou "traduzir" ao leitor. Donde o emprego freqüente de todo um mecanismo que compreende: notas à margem do texto, glossário, esclarecimentos, introduções e indicações diversas, tudo isso que se destina a situar o texto no afastamento que apresenta (1982, p. 95).

Como exemplo da utilização da língua exótica do outro, podemos citar os cantos que se resgatam nas páginas 30 e 31 de *Nhári*, dos quais transcrevo o primeiro:

Mama Nhacaiombo
Elé! Elé! Elé!
Tala Iungué iame
Cuenda cú Dungo
Elé! Elé! Elé!
Mama Nhacaiombo
Néna pangala iambote
Elé! Elé! Elé!

A seguir lemos na nota de pé de página: "Minha mãe Nhacaiombo, vê como o meu homem foi para o Dungo. Minha mãe Nhacaiombo, dá-me um amante bonito" (p. 30).

A expressão lingüística é, nas obras dessa fase, endurecidamente a do colonizador, e o nível dialogal evidencia bem isto. Confira-se, a propósito, o diálogo entre dois velhos da aldeia, em *Rajada*, em que aparecem apenas dois termos — ambos sangrados — da língua do colonizado:

— *Como foi?*
[...] Ele saiu de casa muito zangado com as suas mulheres; e ficou a insultar toda a gente.
— *Estava bêbado?*
— *Não Xapinda, não estava. Estava só zangado. Quando me viu, gritou assim: "Oh, velha, tu já viste uma mulher gritar com o seu homem?! É preciso matar essa velha* muári.*"*
— *E depois? — perguntou o velhote [...]*
— *Depois, veio a andar para mim, mas quando chegou ali — e ela apontou para a* chota — *ficou com a cabeça deitada para trás e caiu todo direito, como um pau* (p. 74-75).

Percebe-se assim, quando Castro Soromenho se utiliza da língua do colonizado, que ele deseja aproximar-se do mundo angolano, mas dele só recupera o traço externo, pois sua percepção do mundo o afasta do universo contado. Volto a Fanon:

Por vezes não hesitará em valer-se dos dialetos para manifestar sua vontade de estar o mais perto possível do povo, mas as idéias que exprime, as preocupações que o habitam não têm nada em comum com a situação concreta que conhecem os homens e as mulheres [do] país (1979, p. 185).

Deixa de ser a língua do colonizado, por tudo isso, um sinal de resistência para fazer parte do mais-saber branco a que o narrador se aferra, para, desse modo, marcar os lugares, delimitar os espaços, em certo sentido, da "barbárie" e da "civilização". Não é à toa, pois, que, ao se referir à dureza dos homens "bárbaros" entregues "pervertidamente" à "noite de loucura", diga o narrador de "A lagoa maldita", mostrando a transformação por eles sofrida: "a paz entrou nos corações rudes destes *negros de alma negra*" (N, p. 176, grifo meu).

Eis aí o tabu revelado: o negro é a cor "maculada", a do "Mal" no dizer de Fanon (1975, p. 197). E a alma, necessariamente, deve ser *branca* para alçar seu vôo. O tabu, eis o que (inter)fere (n)a entrega amorosa, fazendo com que o possível gozo arrefeça e a fusão não se dê em plenitude.

É bem verdade que, a partir de *Nhári*, haverá uma tentativa maior de aproximação da angolanidade, buscando Soromenho superar, cada vez mais, as barreiras que ainda o separavam do corpo angolano. Com seu mergulho na outra cultura ele traz, para o centro da cena ficcional, a voz griótica da sabedoria ancestral e com ela os elementos ativos da cultura marginalizada. Com os romances da segunda fase tal mergulho se torna mais profundo, a preparar a estrada para a transgressão do discurso literário do colonizador, que se dará na geração ficcional subseqüente. Do *movimento de amor*, Soromenho passa a uma análise mais aprofundada do processo de desfiguração e morte da Lunda, representando, com traços mais fortes, a contenda dos mundos negro e branco, como a seguir se verá.

3.2 MUNDOS EM CONTENDA OU SOB O SIGNO DE CAMUARI

> *Mundo seguro de si, que esmaga com suas pedras os lombos esfolados pelo chicote. Eis o mundo colonial.*
>
> Frantz Fanon

Os romances da segunda fase da ficção de Soromenho — *Terra morta* (*TM*), *Viragem* (*V*) e *A chaga* (*AC*) — trazem para a cena cultural luso-angolana e mesmo para a brasileira o mundo colonial e toda a sua prática antropofágica. Mostra-se de forma manifesta a desfiguração da face histórica, tanto do natural da Lunda, e conseqüentemente de Angola, quanto dos portugueses que vivem, por um outro motivo, na região e sofrem o mesmo processo castrador de perda da identidade cultural.

O olho-câmera dos narradores focaliza, assim, detidamente, não só o autóctone, cujas costas sangram a cada movimento narrativo com os golpes do chicote de cavalo-marinho, mas também o português que, de um modo ou de outro, foi atraído pela "ilusão" da África, "com sua árvore das patacas", apodrecendo na vasta terra morta. Por isso as obras dessa segunda fase dramatizam a "frustração da história" de que fala Albert Memmi, quando mostra que o colonialismo, ao final do processo: "Terá apodrecido o colonizador e destruído o colonizado" (1977, p. 100). É, pois, esse apodrecimento, de um lado, e a destruição, de outro, que os três romances filiados ao neo-realismo — cujas ações se passam nas décadas de 1920 e 1930 — focalizam, ao fazerem seu pacto explícito com os oprimidos, sejam eles brancos ou negros. Com isso tenta o autor contribuir "para o desenvolvimento da consciência e para melhorar a ordem social", como postula, dentre outros, Alves Redol, que cito a partir de Alexandre Pinheiro Torres (1977, p. 19).

A fim de desenvolver o projeto ficcional dessa fase, Soromenho busca, nos distantes postos da administração portuguesa — objeto, aliás, de sua própria experiência factual —, elementos pelos quais se possam desmistificar as contradições da prática colonialista. Por meio desse procedimento desmistificatório, propõe uma nova ordem fundada no materialismo histórico, projeto que pensa a revolução como o agente possibilitador da mudança do estabelecido. É nesse momento que se percebe o trabalho de semeadura da ficção de Soromenho, com relação ao momento literário angolano posterior à palavra de ordem que foi o "Vamos descobrir Angola!". Ver-se-á, então, que no novo momento histórico os autores procurarão transformar o estado de alienação, marca da submissão do colonizado, em uma ação revolucionária pela qual se projete o novo perfil do homem angolano, empenhado no processo de fazer-se sujeito de sua própria História. Cito, a propósito da influência de Soromenho sobre a nova literatura de Angola, o que afirma Leonel Cosme:

> José Augusto França com o seu livro Natureza Morta e Castro Soromenho, com toda uma vasta obra de denúncia e de combate, mostraram no caminho da literatura as pistas que daí para frente os jovens autores angolanos haveriam de seguir se não por modelo ao menos por paralelo, para dizerem "não" à exploração e à opressão — econômica, física e cultural — que se abatia sobre um povo (1979, p. 291).

Para realizar seu propósito ficcional, Soromenho dramatiza a relação negro x branco, intermediando-a com o mulato que, segundo Pinheiro Torres, fica "no Limbo, num ponto qualquer da trajetória entre os termos do dilema" (1978, p. 6). Para o crítico, tal dilema se estabelece pela antítese Natureza (= Negro/Inferno) x Cultura (= Branco/Céu).

A fim de plasmar seu quadro antinômico, com as camadas populacionais a estropiarem-se em uma contenda inter e intragrupal, o ficcionista busca a solidão de postos da administração colonial afastados dos centros urbanos de Angola. Por meio da vida aí vivida se representa todo o impasse histórico do colonialismo, impasse este que leva a uma situação de quase anorganicidade e, conseqüentemente, a um estado de morte. Por isso os viventes do quadro se metaforizam, plasticamente, por um sinal externo, ou seja, pela cabeça esculpida e/ou máscara de Camuari, deus dos mortos, que aparece em *Terra morta* e *Viragem*. Repare-se que se trata já de uma representação e não de Camuari ele mesmo, que significaria o elemento simbólico ativo, tal como os missossos com freqüência traziam para a cena discursiva — lembremo-nos de Kalunga e Kituta, por exemplo.

A metáfora assim aparece em *Terra morta*: "cabeça esculpida a negro [...]. Era a imagem de Camuari, o deus dos mortos, que ali ficava a velar pelo último grande soba de Camaxilo" (p. 137), reaparecendo em *Viragem*: "máscara de Camuari que sorria num esgar entre duas lanças cruzadas na parede [...]" (p. 171). Nesta última obra, aliás, o autor explicita melhor a metáfora, quando, pela voz do aspirante Alves, também — ou sobretudo — um ser alienado, se resume o estado de torpor e apatia em que mergulham os viventes da Lunda: "Fixou a máscara [...] 'Que carranca, chiça! Têm deuses para tudo e todos [...] Mortos somos todos nós a apodrecer neste buraco do mundo'" (p. 185).

Para ficcionalizar esse apodrecimento e essa morte, o primeiro romance da série, *Terra morta*, e o último, *A chaga*, voltam a servir-se de figurações de velhos e de imagens espácio-temporais excludentes, como o alto e o baixo, o dentro e o fora, o dia e a noite, responsáveis pela tecelagem do tapete textual. Este, uma vez pronto, mostrará as zonas de exclusão com um impacto que vai crescendo de um para outro romance.

É interessante notar, ainda, que cada obra repete obsessivamente a(s) outra(s), sendo sempre a mesma figuração sob a capa de um nome distinto. Assim Vasco (*AC*) é Américo (*TM*); Lourenço (*AC*) é Bernardo (*TM*), que é Joana (*V*); Tipóia (*V*) é Gunga (*AC*), que é Caluis (*TM*); Antunes (*TM*) é Silveira (*AC*), para situar apenas a figuração actancial.

A câmera narrativa, por sua vez, se desloca com uma extrema lentidão, e tudo parece ser a mesma coisa, permanecendo no mesmo lugar, chame-se Cuango ou Camaxilo. Os movimentos são lentos e a passividade presentifica-se nos homens e coisas; por isso, as figuras humanas se representam com freqüência sentadas — na varanda, em volta da fogueira, frente às lojas etc. — ou de pé, mas paradas no mesmo lugar. O movimento mais acelerado se dá, ou pelo manejo do chicote de cavalo-marinho, ou da palmatória, que flagela ininterruptamente os corpos de negros e, às vezes, de mulatos; ou pelo movimento de veículos automotores — automóveis, caminhões e barcos — que trazem ou levam os homens. Tudo se representa como morto, daí a importância metafórica do sinal manifesto disso, ou seja, *a máscara de Camuari*.

Antes de destecer os fios que a leitura apontou como os mais significativos, julgo dever fazer a descrição das linhas básicas dos três romances, lembrando que cada qual tem sua autonomia quanto ao entrecho romanesco, mas as situações narrativas, as ações, os cenários se repetem quase compulsivamente, o mesmo se dando com a tipologia actancial.

As três obras têm como cenário principal, como já apontei, um posto da administração colonial, com seus quadros próprios de civis e militares brancos. A eles se vem juntar a mão-de-obra negra, em seu alienado trabalho para o branco, seja como policial — pela hierarquia: cipaio (fardado) e capita — seja como serviçal doméstico ou, como o narrador diz: "negros do quintal" (V, p. 16). Em *Terra morta* e *A Chaga*, além desses dois grupos componentes do corpo da administração, há, ainda, a povoação "de baixo", constituída por comerciantes brancos, quase todos em decadência. São ex-colonos, ex-escravagistas e ex-combatentes que, no presente narrativo, vivem maritalmente com negras da terra, com as quais têm filhos mulatos. Já em *Viragem* esse grupo não aparece, mas em seu lugar o narrador focaliza de perto duas mulheres portuguesas, a avó Joana e a neta Paulina. Esta última vive com Afonso Nogueira, que não se encontra no palco das ações, já que, doente, se acha em Malanje, só aparecendo discretamente nas cenas finais.

Terra morta e *A chaga* ambientam-se em Camaxilo, configurando-se ainda as relações familiares, também em decadência, dos administradores e suas esposas: Gregório Antunes/Jovita e João Silveira/Inês. As ações de *Viragem* se passam no posto distante e isolado do Cuango. Os dois últimos romances são duas das obras que formariam a "trilogia do Camaxilo". A terceira não chegou a ser escrita pelo autor. As ações de ambas se concatenam, aparecendo o mesmo grupo de personagens — Alves, Joana e Paulina —, sendo *A chaga* a continuação do que se passara em *Viragem*. Quanto a *Terra morta* e *A chaga*, percebe-se que, embora o cenário seja o mesmo, o tempo narrativo da segunda é anterior ao da primeira, que finaliza com a desativação do posto.

Os três romances mostram a ruína do projeto colonialista de Norton de Matos, sobretudo pela perda da identidade cultural do colono branco, desarraigado da terra de origem, sem quaisquer horizontes, tanto em Angola, quanto em Portugal. Um desses colonos, Lourenço, avalia o processo no último romance, mostrando sua predação antropofágica:

> *Sim, senhor, fizemos a guerra aos negros em nome da civilização... Já não nos chegava o seu marfim, nem a borracha, nem a cera, era preciso tomar conta da sua terra e civilizar, ci...vi...li...zá...los, caramba!*
> (AC, p. 104)
> *Sujamos as mãos [...]. Escravos, sangue... O que fizemos da vida [...]? Tudo foi inútil e absurdo* (AC, p. 110).

Soromenho passa a limpo, nos três romances, o processo colonizatório, fixando-se no mesmo quadro obsessivo pelo qual se revela o abandono de brancos e negros e, principalmente, a descaracterização sociocultural e histórica dos naturais da Lunda. As chagas do processo são colocadas a nu, sem véu de alegoria. Aparece, por exemplo, o colaboracionismo dos negros, seja por meio dos cipaios e capitas — a quem cabe manter a ordem branca e repressora sobre o povo negro e reprimido —, seja por meio dos sobas que, para manter o poder tribal, aliam-se aos brancos, exceção feita para uns poucos, como Xá-Mucuari, que aparece em *Terra morta*, e *Caungula*, várias vezes referido em *A chaga*. Os sobas colaboracionistas vendiam negros aos brancos, o que evidencia a derrocada dos valores autóctones. Tal fato, embora não sendo objeto direto das ações narradas, compõe o quadro das memorizadas, sobretudo nos dois romances acima citados.

De outra parte, aparecem nas obras bolsões de resistência individuais, sobretudo representados por velhos arraigados às tradições, como se dá com os sobas já referidos e com Murique em *Viragem*. Também é preciso lembrar que, dentre os brancos, há os que têm consciência da dizimação colonialista, como Joaquim Américo, Vasco Serra e ainda o mesmo Lourenço. É o que se observa nesta fala de Vasco:

> A realidade em África é toda ao contrário da propaganda que dela fazem em Portugal, o que não admira, porque há duas Áfricas, a dos negros e a dos colonialistas (AC, p. 153).

Ombreiam-se com tais personagens, porém, outros fortemente caricaturados pelo narrador, como o secretário Silva (*TM*), O aspirante Antonio Alves (*V* e *AC*) e os administradores Antunes e Silveira (*TM* e *AC*), vozes avançadas do processo que ajudam a preservar. Eles não têm consciência crítica de seus verdadeiros papéis históricos, já que se atribuem uma falsa "missão" salvadora, a mascarar a verdadeira face da violência. Diz, por exemplo, o administrador Silveira:

> A elite do Quadro Administrativo a quem foi confiada esta missão tem de lutar primeiro que tudo contra os velhos processos coloniais e proteger o negro deles próprios. Proteger e civilizá-los é o nosso lema (AC, p. 25).

Esta "civilização", que a dicção corrosiva do narrador procura destruir, impede o negro de tornar-se sujeito da História, pontificando como objeto de um processo que desconhece e na verdade não aceita, embora colaborando alienadamente para a sua manutenção. A alienação é, pois, o forte traço do desenho do negro angolano recuperado pelos textos. No entanto, nos subterrâneos da representação, mostram-se as fogueiras acesas na noite, os velhos a contar estórias de seu povo e, mais que tudo, tambores soando e levando suas mensagens apenas para os iniciados que as podem decodificar. Isso mostra que a terra, seus filhos e sobretudo os ancestrais, que sob ela continuam a plasmá-la, estão vivos. É como diz Vasco Serra:

> Só se conhece a África depois de se compreenderem todos os toques de tambores. Quando se deixarem de ouvir os tambores, a África estará morta. Ouço e sinto que a África está bem viva na voz dos seus tambores (AC, p. 151).

Assim, porque os tambores continuam a soar, se percebe que os textos acreditam na possibilidade de ressurreição anunciada pela raiz que, dentro da terra, na aparência morta, permanece viva. Esse é o sentido da imagem da queimada e do renascer da natureza que *A chaga*, em dado momento, representa descritivamente:

> terra queimada, as árvores torcidas [...]. Caem as primeiras bátegas e, de um dia para o outro, a terra abre-se de verde, as árvores enchem-se de folhas e os pássaros regressam não se sabe donde, com o seu canto (p. 150-151).

Os textos da segunda fase da ficção de Soromenho apostam nesse futuro e aliam-se ao projeto de construí-lo. Desse modo trazem para a cena narrativa a contenda surda dos mundos excludentes, ao mesmo tempo em que mostram a conscientização progressiva de alguns dos envolvidos no processo, fato que, maximizado a partir das lutas pela independência, levará à libertação em novembro de 1975.

3.2.1 Os velhos no processo de fragmentação dos mundos

> *O ancião não sonha quando rememora, desempenha uma função para a qual está maduro, a religiosa função de unir o começo ao fim.*
>
> Ecléa Bosi

A exemplo do que ocorria nos missossos, em *O segredo da morta* e nas obras da primeira fase, o papel do velho se encontra fortemente marcado nos três romances que aqui enfocamos. Comprova-o, em um nível, a reiteração do significante, peça fundamental na tecelagem discursiva. Por outro lado, ideologicamente, as figuras de velhos são usadas pelo produtor textual para por intermédio delas reconstruir-se o universo de origem, seja angolano, seja português. Para tanto, o principal traço de caracterização dos velhos é a atividade de sua memória pela qual o passado retorna e se pode capturar a profunda fragmentação do presente. Assim, a memória do velho, em *Terra Morta, Viragem* e *A chaga*, é trabalho pelo qual se mantém viva "a memória da família, do grupo, da instituição, da sociedade", ainda seguindo Ecléa Bosi (1983, p. 23).

A ancestralidade de práticas e tradições angolanas é reconstruída uma vez mais, ficcionalmente, havendo também, no registro literário culto, um esforço para sua manutenção. Os romances dessa fase aliam-se, pois, ao movimento subterrâneo de resistência pelo qual o homem angolano luta contra a fragmentação de seu mundo. Nesse quadro geral as lembranças de velhos representam um papel fundamental, já que por elas o vivido se transforma em contado, resgatando-se, nesse processo, a memória coletiva, base da própria construção da História. Recorro à frase hoje antológica de Hampatê Ba, que com sua sabedoria africana ensina: "Em África, quando morre um velho, enterra-se uma biblioteca."

Para que se possa compreender a importância das imagens de velhos nos romances, basta fazer-se um levantamento da ocorrência do significante, como fio privilegiado na padronização do desenho textual. Verá o leitor que há uma gradação no uso da palavra velho, sendo *Terra morta*, a narrativa em que mais aparece, seguida de *Viragem* e de *A chaga*.[1] Por outro lado, além dos velhos africanos, presença constante nos textos até aqui privilegiados pela leitura, aparecem velhos portugueses, o que representa uma adição, uma nova malha do tecido. Os dois grupos de velhos dividem-se em subgrupos, conforme o que a seguir se apresenta.

A) *Os velhos brancos*: da mesma forma como vê o negro com amor, simpatizando com o seu destino e denunciando o estado de anomia em que se encontra, os velhos colonos são vistos por Soromenho, pela ótica narrativa, com certa carga de afetividade, muito embora se denunciem os erros por eles cometidos no processo que ajudaram a implantar e que acabou por destruí-los. A assimilação aos costumes angolanos é a marca desses velhos, seja por sua longa experiência africana, seja por viverem maritalmente com mulheres da terra, com as quais têm filhos mulatos.

Em *Terra morta* aparecem Anacleto, Bernardo, José Calado e Manuel Pancário; em *A chaga*, Gaspar Cardoso, José Paulino, Lourenço e Manuel Santana. Tais velhos — exceção feita para os Manuéis — mostram-se em estado de degradação física, social e econômica. Mesmo assim representam um importante papel no narrado, pois é por suas estórias que se resgata a trajetória do colonialismo português em África, do ponto de vista do branco-europeu. O narrador, com sua onisciência, às vezes, é quem relata a vida africana desses colonos:

> *Os velhos colonos conheciam quase todos os indígenas [...] Bernardo e Anacleto que vieram para a Lunda muito antes dos brancos da borra-*

---

[1] O significante velho aparece em *TM*, aproximadamente, 225 vezes; em *V*, 130; e em *AC*, 120. São números aproximados, pois a leitura não se preocupou com dados estatísticos absolutos.

cha [...] *também se entregaram a esse comércio e chegaram a enriquecer. Mas o jogo e as mulatas que vinham de Malanje, porque o dinheiro em Camaxilo era a rodos, levaram-lhes o melhor* (TM, p. 49-50).

Outras vezes é uma das mulheres com as quais vivem que conta a estória, como Francisca, cuja memória resgata a existência angolana de José Calado, morto no decorrer da narrativa. Também ela recupera a história do povoado:

> *A negra recorda-se da vida de todos os homens da antiga vila, das suas cousas boas e más, mas mais destas que daquelas. O seu homem não gostava que ela se referisse a esse tempo, em que foi abastado e viveu feliz* (TM, p. 196).

Mas é pelas histórias obsessivamente contadas por eles mesmos, como se dá com Lourenço, por exemplo, em *A chaga*, que se recupera a existência dos colonos em Angola e a profunda decepção com os caminhos por eles percorridos:

> *Mais de cinqüenta anos a trocar bugigangas por produtos ricos. Não fizemos outra cousa. As mãos tornaram-se garras. Garras.*
> ....
> *— Miçangas por marfim, chita por borracha, muchas de sal por "cabecinhas" [...]. Ah... as mãos também serviram para pegar em armas. Também fomos heróis... [...] fizemos a guerra aos negros em nome da civilização...* (p. 104)

Para metaforizar a hemiplegia do colonialismo, utilizam-se os textos da imagem da doença física e mesmo da morte de alguns desses velhos, como se dá em *Terra morta*, com José Calado, morto, sobre a cama, "barba por fazer, sem botas, porque os pés incharam tanto que nem os chinelos serviam" (p. 183) ou Anacleto, "paralítico do lado direito" e cuja "baba escorria-lhe pela boca torcida" (p. 206). Ou em *A chaga*, com Lourenço que, depois das febres, fica "pele e osso" (p. 180).

Os velhos colonos, afastados da força de trabalho, hemiplégicos, às vezes física, mas sempre psíquica e socialmente, imergem no fenômeno patológico da senilidade, degradando-se. Vasco Serra, resume a derrocada desses velhos, ao dizer ao amigo Eduardo: "Agora vivem na miséria, amigados com negras e cheios de filhos [...] Vegetam é o que é [...] Uma miséria" (*AC*, p. 153).

Em *Viragem* não aparecem os colonos, mas há uma outra velha, Joana, uma das personagens centrais da trama. A visão que de Joana nos passa o narrador é a de uma figura patética, transitando entre o trágico e o ridículo, para quem a terra africana é constante ameaça, daí o excluir-se dela. Está profundamente ligada à territorialidade portuguesa, no caso representada pela casa. É interessante notar, ainda, que sua degradação física e a profunda inadaptação ao meio a fazem caricatural, sobretudo para os negros com os quais convive. Transforma-se no "grande divertimento dos negros do quintal", que a vêem como "a branca velha" que "está cada vez mais maluca" (p. 16, 24).

Não há afetividade na relação de Joana com os brancos, incluindo a neta, razão por que se transforma em um quase objeto, para o qual se dirige preferencialmente a insatisfação de seu grupo natural.

A relação neta/avó, no romance, se arquiteta ficcionalmente para marcar a oposição entre o mundo branco e o negro. Enquanto neste a relação é a base do edifício afetivo da comunidade, para aquele ela é desprovida de afeto, marcando-se por semas de exclusão, como mostra a seguinte passagem:

> Paulina entrou no quarto, bateu com a porta e gritou:
> — Que chatice! Vá pregar a outra freguesia! Esta velha passa a vida nisto, bolas!
> D. Joana pôs-se aos socos na porta.
> — Estafermo! Foste sempre uma grande velhaca, velhaca!
> A neta não lhe respondeu (p. 50-51).

O que se passa com Paulina se dá também com os outros brancos na relação com Joana, como Afonso Nogueira que, diz o texto, "certa vez tivera de corrê-la aos berros" (p. 41) e Alves, que a chama de estupor (p. 86).

A caracterização desgostante de Joana é um dos elementos que neo-realisticamente conferem ao texto forte traço de tragicidade. Ela é mostrada como um dos pólos do conflito social vivido pelo grupo, vítima de uma situação socioeconômica e histórica em tudo adversa. Como resposta à não-vida do presente, Joana se volta, pela memória, para o passado, de onde retornam os referenciais perdidos. A recordação é para ela uma forma de manter-se viva:

> No Sardoal fora sempre a "tia Joana" quando se lhe dirigiam, porque ao falarem dela diziam a Joana da rua Direita ou a Joana do Ti Tonho Silva, que António Silva era o nome do falecido marido (p. 37).
>
> E foi como se tivesse ouvido uma voz distante, uma voz da sua terra que tantas vezes se arrastara numa lamúria: "A gente já tem freguesia, tia Joana." A sua comadre Luísa não sabia dizer outra coisa (p. 73).

Comprova-se, com a figura patética de Joana, sua oposição ao velho africano, já que contrariamente a este sua vida não tem qualquer finalidade, visto não conseguir encontrar "ressonância" ou "ouvidos atentos" que lhe permitam ligar "o fim ao começo", como afirma Ecléa Bosi. Despoja-se sua palavra de toda e qualquer função no grupo social, fazendo-se a velhice para ela o irrealizável de que fala Sartre, citado pela mesma autora (1983, p. 40). Por isso Joana pode ser tomada como outra grande metáfora do colonialismo português em África em franco processo de decadência, opondo-se ao que o império reafirmava em todos os momentos.

B) *Os velhos negros*: distribuem-se, nos três romances, em dois subgrupos, de acordo com sua maior ou menor aproximação do mundo branco. Há os assimilados e/ou colaboracionistas e os mantenedores das tradições comunitárias. Entre os primeiros, a roupa os diferencia — por exemplo, farda (cipaio) e cofió (capita) —, assim como a linguagem, via de regra um português estropiado que o produtor textual esforça-se por reproduzir:

—Tem camião, patrão.

[...]

—Vem no Malange, siô — informou Cebola (TM, p. 94-95).

— Bângala fala muito, tem malandro, nosso chefe. Eu não falou não. Chegou veio no posto (V, p. 205).

—Na guerra é morto, nosso secretário, 'Caba guerra fica vivo.

[...]

— É, nosso secretário, é. Os home 'tá servage (AC, p. 43).

No outro subgrupo, os negros caracterizados como "primitivos", habitantes de tribos e aldeias próximas, que andam de tanga e se expressam em lunda e/ou quioco. São os "homens nus" ou "tangados" a que os textos se referem com tanta freqüência e que aparecem com catanas, lanças etc., sendo referidos às vezes como "selvagens".

Os velhos não assimilados são os que resistem à nova ordem, aferrando-se aos usos, práticas e costumes comunitários. Estão nesse caso:

- em *Terra morta*: o velho soba Xá-Mucuari, ou seja, nas palavras do narrador: o velho soba,

    O último grande soba do Camaxilo, de olhar duro e um ódio antigo, que lhe andava sempre nas palavras e nos gestos, a todos que serviam aos brancos (p. 115).

- em *Viragem*: o velho Murique, que se rebela contra os brancos e seus prepostos —

    De súbito um homem levantou-se com um grito atordoador, de braço no ar, patético e terrível. [...] Ninguém levantara os olhos para o velho Murique, que não queria deixar-se prender e lutou até ser manietado (p. 105)

- em *A chaga*: o velho Caungula que, mesmo não participando das ações diretamente, é sempre recordado — "guerreiros do velho soba Caungula [...] Estes foram guerreiros de verdade" (p. 17).

No entanto, é com os velhos cipaios que melhor se representa, a exemplo do que se dava com os velhos colonos, a antropofagia colonialista. Assim como os colonos brancos são penalizados narrativamente com a miséria física, econômica e social, os cipaios o são com o desprezo dos brancos, o ódio dos negros e o processo configurador corrosivo do narrador que nele focaliza atentamente seu olho-câmera. Isto se explica pelo fato de ser o cipaio o elemento simbólico de que se vale o produtor textual para caracterizar o máximo de alienação da parte dos naturais.

Ser cipaio e/ou capita significa pactuar com a opressão. Eles representam o poder policial sobre os demais negros, daí a relação de ódio que se estabelece. Um exemplo é o ódio contra o cipaio Caluis, de *Terra morta*, materializado em uma "canção em que se falava do traidor Caluis, que matou o soba e entregou as mulheres de sua terra aos soldados brancos e negros estrangeiros" (p. 43).

Assim como a memória dos colonos brancos escreve a história do dominador, a memória dos cipaios escreve o lado oposto da submissão dos dominados. Todos perdedores. As cenas de rememoração dos cipaios aparecem nas três obras que lhe conferem um peso significativo:

> *Agora, o velho negro está a viajar pelo seu passado, dentro da toada que vem de longe [...]*
> *Caluis aprendera muitas coisas com os brancos e já não sabe falar como os homens de sua terra* (TM,p. 42-43).

> *Tipóia voltou a acender o cachimbo, piscou os olhos e mergulhou de novo no passado. Ali, na margem do Cuango, começara a sua aventura, 15 anos de marchas e guerras, a incendiar, a matar, a beber marufo e a dançar batuques no chão de cinzas e sangue das aldeias tomadas de assalto* (V, p. 141).

> *E é todo um mundo de recordações que o assalta — 25 anos de raiva impotente contra o colono que lhe roubara a negrinha Caçula, a quem começara a chamar Alice* (AC, p. 2).

Pela recordação, atam-se passado e presente e se resgata a história do negro que se procura assimilar ao branco e à sua postura cultural, daí o seu perfil alienante. Nesse ponto, convém lembrar que as três obras representam uma gradação, no que tange aos cipaios, do mais para o menos alienante, revelando-se graus de alienação e de conscientização diversificados.

Caluis (*TM*) é o mais alienado, sendo morto — e repare-se sua condição de objeto — pelo soba Xá-Mucuari (p. 128-129), em ação fulminante contra a qual o cipaio não esboça qualquer reação. A seguir vem Tipóia (*V*) que, pelo suicídio, revela um grau maior de conscientização, pois o suicídio representa uma "dimensão de poder", já que "é sempre contra algo, contra alguém, por alguma coisa", segundo Rodrigues (1983, p. 110). Quanto a Gunga (*AC*), ele permanece vivo, sendo mesmo contemplado com a abertura e o fecho narrativos, o que o mostra como um dos sujeitos da estória, passo para que o seja da História. Seu ódio contra o colono Lourenço é um dos elementos que alimenta a narrativa. Por outro lado, o fato de ser ele o que odeia, e não o odiado, e ainda de ser o que fica vivo são índices da mudança ocorrida no tratamento dos cipaios, embora o ódio individual de

Gunga não revele ainda qualquer componente de conscientização do problema coletivo. Nas cenas de contemplação da casa do colono que lhe roubara mulher e terra, vê-se que Gunga alimenta apenas seu ódio pessoal, e o narrador o acompanha de perto nisso. A cena final, fecho da estória do cipaio e do livro, é significativa:

> *Gunga levantou-se, atirou com a mutopa quebrada para as ravinas, atravessou o largo e meteu à estrada, caminho da senzala, de costas voltadas ao vale e à terra perdida* (AC, p. 189).

No gesto simbólico de jogar fora o cachimbo quebrado, com o qual se entorpecia de maconha, fugindo à realidade opressora, e no voltar as costas para o outro mundo, pode perceber o leitor uma mensagem diferente da dos outros dois romances. Nestes o final fica com o branco — seja com o colono Bernardo ou com o chefe do posto, Afonso Nogueira. Por isso mesmo, é branco o último ponto em que nas obras se fixa o olho-câmera do narrador. Agora, é o negro que ele vê, a *caminhar* para seu espaço próprio, a cubata, ou seja, para *sua territorialidade*, mesmo que esta pertença ainda ao mundo dos brancos, já que Gunga não deixa de ser cipaio. Algo, porém, já está no ar, parece querer dizer o narrador.

Além dos negros velhos, há ainda as velhas negras que aparecem em *Terra morta* e *A chaga*. O traço mais forte de sua caracterização é o da maternidade, o que nos faz reencontrar a metáfora já surpreendida em *O segredo da morta*.

Tanto no primeiro, quanto no último romance, são as negras que geram o novo, no caso simbolizado pelos mulatos, ou, como quer Alexandre Pinheiro Torres: "a juventude" de Camaxilo (1978, p. 7). Tais mulatos representam a esperança de um novo lugar histórico em que se fundam o negro e o branco. Diz Lourenço:

> *Só nos filhos mulatos salvaríamos o homem que se perdeu em cada um de nós.*
> *[...] O mulato regressa à mãe, porque a mãe é da sua terra, do seu povo. A mãe é a África.*
> *[...]*
> *— As raízes pertencem à terra* (AC, p. 112).

Na relação mãe/filho, as raízes se alimentam e se cria um espaço afetivo de cumplicidade que leva Domingos, mulato de *A chaga*, a dizer: "Pai é estrangeiro" (p. 120). Nesse estrangeirismo do pai, o afastamento. Na cumplicidade com a mãe, o afeto e a solidariedade:

> *Só a mãe, uma negra velha que nunca aprendera a falar português nos seus cinqüenta anos de companheira do colono [...] foi à estrada dizer-lhe adeus* (TM, p. 166).

Francisca (*TM*) e Serafina (*AC*) são as figuras que representam, de forma mais explícita, a metáfora da mãe-terra, a lutar e a defender os filhos:

> *De regresso do cemitério, parava [Francisca] à porta da aldeia a chorar pelo filho que os cipaios a não deixavam ver, por determinação do secretário* (TM, p. 193).

> *Eu [Serafina] criei ele pra gostar nossa gente, ouviu, branco? Não vai ficar mulato como os outros, que não quer mais da mãe dele, só fala no branco* (AC, p. 86).

Reencontramos, na relação dos velhos com os filhos, o enfrentamento novo/velho, já surpreendido nos missossos, e que ganha cores mais fortes, sobretudo quando o velho é branco. Não há lugar a ser ocupado, um espaço onde o novo se afirme com relação ao velho branco, daí o suicídio de Jesus (*AC*) e a reação violenta de João Calado (*TM*). Neste último caso, quando o mulato destrói o posto, ateando-lhe fogo, mata de novo o "pai", que a ordem branca, cujo sinal fálico é o chicote de cavalo-marinho, representa.

A relação africana velho/novo se recupera na ligação da mãe (África) com o filho que ela busca preservar. Reativa-se a metáfora, a preparar a semeadura para a colheita da nova literatura angolana.

Na contenda dos mundos negro, branco e mulato, portanto, os velhos, em plena fragmentação, lutam, pela palavra, para continuar vivos e vencer a corrosão física, econômica e social de um tempo e de uma terra mortos. É por isso que, pelo jogo ativo da memória, tentam recuperar o passado — África ou Portugal —, nascendo a rememoração e/ou as narrativas orais, forma, enfim, de dizer a história da prática do predatório colonialismo europeu em África.

3.2.2 Para capturar a antinomia

> *A imagem é um recurso desesperado contra o silêncio que nos invade cada vez que tentamos exprimir a terrível experiência do que nos rodeia e de nós mesmos.*
>
> Octavio Paz

É por um jogo de imagens antitéticas que Soromenho procura capturar a antinomia do mundo colonial que, já vimos com Fanon, é um mundo cindido, fraturado, compartimentalizado em blocos estanques. Tal fratura se expõe nos romances da segunda fase, a partir mesmo da própria configuração espacial, pela qual se separam os mundos branco — casas de adobe com vários compartimentos — e negro — cubatas ou senzalas onde "os homens estão uns sobre os outros", no dizer do mesmo Fanon (1979, p. 29). Ela ainda se expõe por outros componentes imagísticos da espácio-temporalização como o alto e o baixo, o dentro e o fora, o dia e a noite etc. Essas imagens realizam quase sempre o jogo antinômico de contrários, quando capturam os dois mundos. É por elas — e volto a Octavio Paz — que "a pluralidade do real manifesta-se ou expressa-se como unidade última, sem que cada elemento perca sua singularidade essencial" (1982, p. 136).

Comecemos pelo espaço. Há claramente configurados nos romances dois espaços: o branco, construído e demarcado como um lugar português, e o negro. Entre os extremos, os espaços assinalados dos colonos brancos e seus filhos mulatos (*TM* e *AC*) — povoação de baixo — e o dos negros que servem à administração. Vejamos uma descrição significativa do conjunto da sede administrativa:

> *As casas dos funcionários, brancas de cal e cobertas de zinco, sombreadas por varandas corridas, ainda estavam fechadas. [...]*
>
> *As portas das pequenas moradias, uma aqui, outra além, a meia encosta davam para a estrada umas e as outras para o largo de terra batida, com um pau de bandeira ao meio, em frente da Administração, instalada num barracão coberto de colmo, com três portas e uma janela para a varanda. [...]*
>
> *E, atrás das árvores frondosas, dispersavam-se as pequenas cubatas dos cipaios e capitas [...] e os grandes telheiros onde se abrigavam os negros que andavam nos trabalhos públicos e outros recrutados para os serviços das minas de diamantes* (TM, p. 28, 29).

Essa descrição é quase que absolutamente igual às que resgatam a imagem do posto da administração nas demais obras. Por outro lado, os negros não assimilados, ainda em estado tribal, reúnem-se em pequenas aldeias, organizadas espacialmente de um mesmo modo, ou seja, com "cubatas acaçapadas à volta de um grande terreiro [...], alpendre erguido no meio do terreiro" (*TM*, p. 124).

Entre os brancos também se revelam marcas de assimilação e se apresenta uma nova cisão espacial. Em *Terra morta* e *A chaga*, os funcionários civis e/ou militares, logo, a projeção direta do poder colonialista em África, locam-se no alto, enquanto os ex-colonos, desprotegidos deste mesmo poder, ficam no baixo, evidenciando-se desse modo a exclusão intragrupal.

> *Vale ravinado [...] e esbeiçado no outro lado numa encosta a rasar-se à beira da povoação dos colonos. As cinco casas dos comerciantes, com grandes quintais [...] recortavam-se [...] na orla da planície [...] para as bandas de Caungula.*
>
> *Casa de adobe, à beira da estrada que talha a planície, atravessa o povoado dos colonos [...] para através da ponte de madeira se prolongar em rampa até a povoação dos funcionários. Duas povoações e um só nome — Camaxilo* (AC, p. 2).

Sabemos, com Durand, que elevação e poder são sinônimos. Na Camaxilo do alto, pois, o poder colonialista, embora um poder relativo, quando se pensa a individualidade de cada elemento em si, como o secretário Silva, Vasconcelos, Joaquim Américo, Vasco Serra, Alves etc. De qualquer modo, a separação em alto e baixo se faz significativa na configuração do mundo português que *Terra morta* e *A chaga* resgatam.

Por outro lado, convém lembrar ainda que o movimento se dá sempre em direção ao baixo, pois as obras mostram os habitantes do posto a descerem até os colonos e não o contrário. Não obstante o poder civil e militar estar no mundo de cima, a vida se faz mais efervescente no mundo de baixo, mundo hierarquizante ainda porque de brancos, mas já desierarquizado porque brancos vivem com negras. Nesse mundo emerge a interseccionalidade mulata, e o caminhar em direção ao baixo representa a abertura de uma outra importante zona de reflexão narrativa, nos dois romances anteriormente citados. O poder se desloca, assim, em direção ao baixo e simbolicamente se prenuncia sua queda, o que se reforça, se pensamos na importância simbólica do espaço mulato que marca a Camaxilo dos colonos.

Quanto à locação dos naturais não-assimilados, vê-se que ela não se define com precisão espacial, mostrando os textos que os viventes se alojam em plena natureza e em um lugar que se caracteriza como estando "longe", idéia esta que reitera o distanciamento entre esses naturais e os brancos e seus prepostos, como indica a seguinte passagem, buscada em *Terra morta*: "Um canto arrastado e monótono veio de longe, trazido pelas brisas da madrugada [...] Eram negros das senzalas que marchavam, a caminho da vila" (p. 39).

Pensando a dicotomia *natureza x cultura*, pode-se observar que o negro é apresentado nas narrativas como um ser fundido à natureza, parte de uma idêntica cadeia ecológica, mesmo quando este negro se alia aos que querem dominá-la predatoriamente. Estão nesse caso até mesmo, em certo sentido, os cipaios e capitas que, embora assimilados, permanecem sendo plasmados como seres naturais em sua base configurativa.

As cenas narrativas mostram a plena integração do negro à natureza, como se dá em *Viragem*, obra em que se resgata, por exemplo, a pujança da floresta lunda e o pleno conhecimento que o natural tem dela:

> Ganhara o caminho da floresta, fechado aos raios da lua, e deslizara, sem que uma só folha seca se quebrasse sob os pés [...] Entre os mil rumores da floresta ouvira-lhe, a cabeça encostada à terra, os passos na folhagem (p. 67).

Outras vezes a integração se revela por uma incidência luminosa sobre o corpo do negro, o que faz desse ato luminoso um quase rito de elevação. É o que se dá, por exemplo, com Tipóia no momento em que, degradando-se pela perda da farda, nu, caminha para o suicídio. A luz transforma a degradação em purificação:

> Começou a andar vagarosamente, arrastando os pés, todo curvado, os braços caídos, o corpo nu envolvido numa nuvem de poeira a brilhar no sol ardente (V, p. 168, grifo meu).

Também os velhos negros às vezes têm sobre eles uma aura luminosa que é significativa no jogo metafórico dos romances.

> Um a um, viu os velhos sobas chegarem ao terreiro, um momento emoldurados entre as árvores envolvidas em claridade luminosa (V, p. 103).

> *Antigos companheiros [do velho Gunga] da tropa acocorados no largo, [...] O sol irisava-lhes a carapinha prateada* (AC, p. 63).

Enquanto o negro é locado do lado de fora, o branco o é nas casas, espaços culturais portugueses por sua organização simbólica, seja na forma de edifício da administração, seja na de habitação dos funcionários. A casa dos colonos perde um pouco da força simbólica portuguesa, quando se assimila às habitações negras, embora a aparência externa — adobe, varanda, quintal — a mantenha ligada àquela cultura.

As cenas de abertura de *Terra morta* e *Viragem* privilegiam a casa como um espaço que protege os homens brancos da noite africana, oferecendo-lhes o conhecido mundo dos elementos de sua cultura de origem, contra o desconhecido ou hostil do mundo de fora. Os objetos culturais que formam o interior das casas asseguram a territorialidade portuguesa e ajudam a manter, mesmo que com certa relatividade, a identidade cultural ameaçada. Os brancos se protegem no seguro das casas, lugar da hierarquia e da ordem, como ensina Roberto DaMatta (1983, p. 70).

A sede da administração, tal como é descrita em *A chaga*, mostra-se por sua ornamentação como símbolo da repressão colonialista, ao mesmo tempo em que a corrosão dos objetos representa a degradação do sistema de poder português.

> *De ambos os lados do boné [...] estavam penduradas as palmatórias, escuras do sangue das mãos dos negros, e por cima, como cobra em fuga, um chicote de cavalo-marinho zebrava a cal da parede. Em frente, do outro lado da sala, sobre uma prateleira destacava-se o busto da República, o verniz verde e vermelho estalado aqui e ali sobre o seio farto, com manchas escuras no gesso do rosto* (p. 55).

As casas são, pois, uma forma de apresentar o branco como um ser da cultura, ao mesmo tempo em que certas atitudes e/ou estados mostram a exclusão desses mesmos brancos da natureza angolana, sempre percebida por eles como hostil. Entre a casa (= cultura) e o lado de fora (= natureza), aparece a varanda, elemento arquitetônico privilegiado nos romances. Diz DaMatta haver na casa "certas áreas" pelas quais se pode "comunicar o de dentro com o de fora", sendo "a varanda [...] um espaço ambíguo entre a casa e a rua (ficando, em geral, de frente para a rua)" (1983, p. 71).

Em *Viragem*, é na varanda, por exemplo, que Antonio Alves se empenha na sedução de Paulina, e isto se dá porque naquele "espaço ambíguo" as leis da casa perdem sua rigidez:

> Alves jurou a si mesmo não voltar a pôr os pés na varanda da casa grande, porque não estava para aturar aquela "gaja a armar o fino" [...]. Mas no terceiro dia não teve mão em si, regressou mais cedo e, logo que viu Paulina sentar-se na sua cadeira de lona, na varanda, dirigiu-se-lhe (p. 49).

A varanda, nesse romance, além de ser o espaço da sedução, é o lugar de Joana, a velha, que nela se senta a olhar o passado, tentando também nela comunicar-se com os outros que a cercam e, assim, reencontrar um sentido para o seu existir. O mesmo se dá em *Terra morta* e *A chaga*, com os velhos colonos. É na varanda que tentam unir os dois mundos, ou seja, o branco representado pela materialidade da casa, e o negro, que significa o lado de fora. Isso explica por que as cenas narrativas privilegiam aquele espaço:

> Quinze dias depois, o velho Anacleto já ia, amparado pelo filho até a varanda, aquecer-se ao sol. Eugenio sentava-o num cadeirão de braços [...]
> Francisco Bernardo dizia-lhe adeus, da varanda, mas ele nunca ouvia.
> (TM, p. 206)

> Vasco Serra [...] dirigiu-se a casa de Albino Lourenço, onde todas as tardes costumavam reunir-se o Cardoso, sentado num cadeirão de verga, Paulino nos degraus da varanda e o Lourenço na sua espreguiceira. Santana chamava àquela varanda o "asilo dos velhos" (AC, p. 44).

É na varanda que acontecem, pois, as cenas de contação das histórias dos velhos colonos. Ali, de novo unidos, tentam "viajar" pelo passado, buscando o sentido perdido de suas vidas. Por isso a língua falada na varanda é o português, elemento ainda que os ajuda — e os administradores têm uma função também nisso — a restabelecer a identidade cultural perdida. Diz a propósito o mulato Domingos de *A chaga*: "— Na casa a gente fala quioco com mãe, com pai, com os irmãos. Pai fala português bocadinho, só na varanda. Com os brancos é que fala" (p. 125).

Naquele espaço os colonos são brancos em pleno exercício de sua fala; dentro de casa são "negros" com as negras e os mulatos, com os quais interagem pela fala angolana.

Em *Terra morta*, na cena final, a câmera narrativa fecha em Bernardo que, sentado na sua varanda, compõe as últimas imagens do narrado:

> Encolheu [Bernardo] os ombros, meneou a cabeça e voltou para a cadeira de ripanço, no canto da varanda florida, sobre o vale silencioso.
> [...] A sombra da noite subia no vale para a terra morta de Camaxilo. O velho Bernardo acendeu o cachimbo e fumou-o de olhos fechados (p. 228).

Na varanda, pois, permanece a tentativa de se interseccionarem os conjuntos dos dois mundos excludentes, pelos quais se configura o próprio fato colonial.

Depois do espaço, chega a vez do tempo. Existem nos romances dois tempos absolutamente antinômicos: o passado e o presente. É preciso observar, no entanto, que a polarização passado x presente não afasta os mundos do colonizado e do colonizador, mas vai além da antinomia que se persegue, transformando-se na oposição fundamental do próprio universo diegeticamente recuperado. Quanto ao futuro, praticamente inexiste, a não ser, como vimos, na percepção que tem Lourenço de que ele se liga aos mulatos e na do narrador, às vezes até pela voz das personagens, que deixa entrever que Angola voltará a ser de seus filhos, renascendo, como se dá com a terra queimada.

Isolarei, pois, inicialmente, passado e presente. O primeiro é visto como o tempo do dinamismo, marcado pela pulsão de vida e, conseqüentemente, pela ação. Para os colonos, é o tempo do marfim, da borracha e mesmo dos cabecinhas — escravos —, tempo da riqueza e do poder. Para Joana, não obstante a pobreza, é o tempo do Sardoal. Para Joaquim Américo, é o tempo da ação política, vivido no Brasil. E vai por aí. É sempre um tempo marcado pelo sinal mais, embora todo o relativismo histórico desse sinal. Para os naturais, o passado é também um tempo dinâmico que pode estar ligado às guerras negras — entre lundas e quiocos, açodados pelo branco —, como se dá na recordação dos cipaios; pode ser um mundo apenas de negros, sem brancos (Murique, Xá-Mucuari etc.) ou até um tempo de fausto ligado à vida dos colonos, como é o caso da negra Francisca, por exemplo.

Contrariamente ao passado, o presente se marca pela falta, pelo sinal menos, pelo vazio; é o tempo da pulsão de morte que leva os homens da/na Lunda a um estado de quase anorganicidade e apatia, sejam eles brancos ou negros. É o tempo, sobretudo, da fragmentação da identidade cultural e da exclusão, marca dos grupos. É o tempo da "máscara de Camuari".

Além do passado e do presente, existem outros dois tempos fundamentais nos romances, esses, sim, responsáveis pelo recorte antinômico do mundo colonial, fraturado em dois. Trata-se do dia e da noite africanos. Bastide, no texto já tantas vezes citado, afirma:

> *O dia significa o cenário imposto pelo branco dominador, com a agitação dos soldados, a balbúrdia dos trabalhadores, mas a noite destrói este cenário, afoga-o nas suas sombras, e a África eterna acorda — doçura para os negros, pesadelo para os brancos, sacudidos de febres nos seus leitos sufocantes* (1960, p. XXIV).

Esse dia branco encravado na Lunda se metaforiza pelos símbolos de repressão, ou seja, pelo chicote de cavalo-marinho e pelas palmatórias, no sentido apontado já para o espaço. No silvo e no estalar dos instrumentos de repressão, a violência do fato colonial materializa-se nas ações diurnas do colonizador:

> *Quando o viu de mãos amarradas, Silva tirou um chicote da gaveta da sua mesa de trabalho e mandou que o largassem. Mal os cipaios se afastaram, atirou-lhe uma chicotada* (TM, p. 189).

> *De palmatoada a palmatoada, a boca do preso rasgava-se num grito medonho e os pés batiam a terra com frenesi* (V, p. 109).

> *Alves zurziu-o a chicote. Era preciso dar o exemplo pros outros não fazerem o mesmo* (AC, p. 118).

Se o dia é branco, a noite é negra. É nela que se dá a germinação africana, pois como diz Vasco Serra: "— É de noite que o negro se encontra consigo mesmo. A noite é dele" (*AC*, p. 152). Por isso, a noite é o momento por excelência das ações narrativas. Em *Terra morta* e *Viragem*, quando a narrativa se instaura, é noite. Em *A chaga* é noite quando Gunga faz a caminhada final para a sua cubata, deixando o seu posto. A noite gera o medo nos brancos e a comunhão dos negros:

Mas a noite fechou-se num grande silêncio sobre a terra quente [...]
— Vamos para dentro, avó. Esta noite mete-me medo (V, p. 77).

No meio do largo, a fogueira do guarda era chama altaneira. A mulher do Gunga fumava o seu cachimbo [...] em frente ao fogo.
Do outro lado, para lá da povoação dos colonos, os tambores tocavam nas aldeias da planície de Caungula repetindo as vozes de alarme do atabaque do povo da floresta, sobranceira ao vale, cheia de noite e nevoeiro (AC, p. 82).

A grande marca da noite africana são as fogueiras a brilhar, lembrando a vida da terra e dos homens. As imagens das fogueiras que iluminam a noite se ligam à idéia de ressurreição, uma das mais fortes dos textos, apesar de estar mais latente que manifesta.

O fogo que queima em plena noite é antitético à idéia de morte reiterada pelos romances. Assim como o grito dos cipaios fura a noite, indicando haver vida ainda — "De grito a grito, tudo ficava morto em silêncio" (TM, p. 5) —, o fogo ajuda a compor o quadro da presença da vida africana, do mesmo modo que o batuque do tambor. Essas imagens complementares indicam esconder a terra angolana em segredo sua própria possibilidade de ressurreição. Vejamos algumas cenas em que se compõe o quadro *negro/noite/fogueira*:

- em *TM*:
  O cipaio, que estava acocorado em frente da fogueira [...], voltou a cabeça (p. 39)
  A mulher apareceu ao cipaio Aparo, que estava acordado defronte da fogueira (p. 81)
- em *V*:
  E uma noite, finda a velada dos velhos ao redor da fogueira grande do terreiro (p. 66)
  Os outros escutavam, cabeças inclinadas para o fogo. As labaredas recortavam o friso ao redor da fogueira (p. 180)
- em *AC*:
  Em frente ao clarão da fogueira, de costas para eles, o capita cantava em surdina (p. 152)
  Ao centro da fogueira com o capita acocorado à sua frente, era como uma enorme brasa doirada pelo luar (p. 158)

No dia, pois, o domínio do branco, a sua violência. Na noite, o domínio do negro, a sua resistência. Uma vez mais os mundos se excluem, com cada um deles a ocupar um tempo, assim como ocupavam um espaço. Pelas imagens, Soromenho resgata os universos branco e negro em pleno movimento de fratura e exclusão, denunciando, por elas, a antropofagia de todo o processo colonial e indicando, pelo brilho das fogueiras, uma chama, ainda que tênue, de esperança de ressurreição da terra angolana, imersa na noite histórica do colonialismo português.

3.2.3 O duplo invertido do cipaio

> *A arte não é mera reprodução de uma realidade dada, já pronta. É um dos caminhos que conduz à visão objetiva das coisas e da vida humana. Não é imitação, mas o descobrimento da realidade.*
>
> Octavio Paz

O cipaio, em seu movimento de assimilação ao branco, veste simbolicamente uma segunda pele, pela qual ele tenta camuflar a sua, aproximando-se mais dos valores dos dominantes. Trata-se da farda de "cotim sal-e-pimenta" que o difere de seus iguais. Também o narrador dos três romances, em sua demiurgia heterodiegética, tenta colocar uma segunda pele, negra, e assim aproximar-se mais do outro mundo, diferente do seu, mas do qual, por sua efetiva/afetiva solidariedade, deseja participar. Nesse sentido faz-se o duplo invertido do cipaio, já que seus movimentos assimilatórios tomam trajetórias opostas.

Por outro lado, o cipaio, malgrado seu desejo de assimilação, continua sendo um negro e, como tal, alguém que conhece e participa dos rituais comunitários pelos quais se sedimenta seu perfil cultural. Esse é o motivo por que ele se faz o intermediário entre o seu mundo de origem e o dos brancos, daí serem simbólicas as cenas em que traduz a fala dos naturais para os colonizadores e vice-versa. O fato de que, nessas traduções, continua ele sendo um angolano se mostra pelo estropiamento da língua do colonizador, que, ainda assim, é decodificável por este. Também nisso o narrador segue o modelo simbólico do cipaio, já que, sendo um branco, tenta, por sua palavra ficcional, fazer a intermediação dos mundos, "traduzindo" para seus iguais o sentido do discurso cultural de lundas e quiocos.

De outra parte, procura denunciar a violência colonial, dando voz e, conseqüentemente, uma "escorreita" fala portuguesa aos que não têm "voz", por praticarem a indecifrável fala autóctone.

O movimento do narrador se dá com o intuito de recuperar a angolanidade esfacelada, ao mesmo tempo em que denuncia a deprimência da prática colonial, discutindo o absolutismo desse poder que esfacela o outro (= negros) e o mesmo (= portugueses). Neo-realisticamente ele dá voz aos que, por injunções socioeconômicas adversas, não a têm. Valoriza, assim, "a dimensão ideológica da criação literária, bem como a sua capacidade de intervenção sociopolítica, à luz dos princípios, fundamentais do materialismo histórico", como expressa Carlos Reis (1981, p. 16). O seu texto engaja-se em um processo maior de defesa da humanidade, e sua visão dos fatos busca denunciar a violência sofrida por negros e brancos dominados por condicionantes históricas desfavoráveis. Sua narrativa perde a serenidade e o distanciamento. Ele se mostra como alguém ligado a uma causa, denunciando a opressão que se abate sobre os dominados, bem como a profunda degradação de uma facção dos dominantes.

Pensando a função da nova literatura, Soromenho, travestido em narrador de seus romances, abre um espaço de reflexão crítica para o próprio homem angolano, principalmente para o grupo de jovens estudantes que se congregavam em Lisboa, na Casa dos Estudantes do Império — ex-Casa dos Estudantes de Angola —, aí publicando, a partir de 1948, o boletim *Mensagem*, de tanta importância no processo de criação da nova literatura angolana.

Sabe-se, pela crítica especializada, que foi o neo-realismo o movimento artístico que mais impressionou os jovens africanos reunidos na Casa dos Estudantes do Império. Nesse quadro, a fala literária de Soromenho deve ter tido grande ressonância, pelo fato de trazer para a cena neo-realista de língua portuguesa os homens dos sertões lundas, logo, partes da própria vivência histórico-cultural daqueles mesmos estudantes de origem angolana, no caso. Assim, o romance *Terra morta*, de 1949, deve ter sido definitivo para os jovens empenhados em seu próprio projeto de reangolanização *lato sensu*. Lembra-se que foi publicado no Brasil, o que é igualmente representativo.

Voltando ao heterodiegético, mas participativo, narrador, podemos notar que ele vê mais de perto o mundo dos brancos, por instalar, no posto da administração, sua câmera, daí partindo para tomadas externas. O início dos três romances revela bem esse ponto privilegiado narrativamente, já que as ações começam a desenvolver-se no espaço da administração. Por outro lado, é o branco que abre e fecha essas mesmas ações em *Terra morta* e *Viragem*, sendo o negro Gunga que o faz em *A chaga*, mas, mesmo aí, o narrador permanece no posto, pois a personagem é um cipaio.

As obras revelam, desse modo, a maior intimidade de quem narra com o espaço do colonizador, onde ele entra com a segurança dos que conhecem o mundo onde pisam. Já o mesmo não se dá com o espaço do colonizado que ele vê de fora, recuperando-o por seus sinais externos, como batuques, danças, organização espacial das aldeias etc. Ele não se permite, por isso, entrar em senzalas ou cubatas, contentando-se com o vê-las "de fora".

Quanto à casa dos velhos colonos, o narrador se permite entrar nos armazéns, sobretudo nos de Manuel Pancário (*TM*) e Manuel Santana (*AC*), ainda prósperos. É o armazém o espaço freqüentado por administradores e, sobretudo, é onde os negros trocam suas matérias-primas, basicamente a cera, por panos e alguns utensílios. Nesse espaço se mostram os negros a sofrer outras formas de espoliação, já que quase sempre são roubados pelos comerciantes, como ilustram estas cenas de *Terra morta*:

> *O negro velho viu que ele estava a pesar as suas bolas de cera muito depressa e a cortar os panos no escuro, propositadamente afastado da luz [...], e não quis fazer o negócio* (p. 56).

> *Os braços de Pancário baixaram um pouco ao largar uma ponta para medir a segunda braça, recuando a mão. Ao cabo de seis braçadas, com a fazenda a tapar-lhe o corpo, atirou os três panos unidos, com menos um palmo em cada braçada, para cima do balcão* (p. 61-62).

Além do armazém, a câmera narrativa penetra nas varandas dos colonos, captando aí as longas conversas rememorativas e mostrando um certo prazer em focalizá-las. Por esse prazer, pode detectar o leitor o fato de serem os velhos brancos um dos focos do interesse narrativo, além de para eles se dirigir, como vimos, a afetividade do narrador.

As ações dos três romances se narram na terceira pessoa; assim, o narrador, que domina bem os acontecimentos, os vê "por detrás", como descreve Jean Pouillon (1974), principalmente em *Viragem*. Já em *Terra morta* e *A chaga*, embora continuando "como um demiurgo, ou como um espectador, privilegiado que conhece o lado inferior das cartas" — ainda seguindo Pouillon (p. 62) —, ele se aproxima bastante de dois funcionários jovens, de cujas idéias demonstra participar, razão por que lhes abre um espaço discursivo bastante significativo. São eles Joaquim Américo (*TM*) e Vasco Serra (*AC*).

Nas três obras é Joaquim Américo, ao assumir a postura de defesa do mulato João Calado, espancado pelo Silva, a única personagem a merecer o respeito e a admiração de um velho negro que o eterniza em uma canção de louvor. Esse fato mostra a deferência do próprio narrador e, por trás dele, do produtor textual:

> *O velho escutou-os em silêncio, esteve muito tempo de olhos escancarados, sem dizer palavra, e, de repente, levantou-se, correu para o tambor do terreiro e começou a tocá-lo, gritando:*
> *— Povo! Nasceu o coração do branco!*
> *E pôs-se a cantar uma canção de louvor para Joaquim Américo* (TM, p. 190).

Esse coração nascente marcará, também, o próprio narrador, quando este tenta ver o negro pela sua humanidade, muito embora — a exemplo do que se passava nos textos da primeira fase — algumas vezes se deixe envolver pelo exotismo, marca mais evidente do mundo do qual procura aproximar-se. Assim, sobretudo em *Terra morta*, algumas expressões usadas mostram um certo juízo de valor branco com que o narrador determina o outro, negro, capturado no externo de sua *diferença*:

> *Mas homens nus das senzalas* [...] *não os quiseram acompanhar* (p. 44, grifos meus)
> *O homem nu não se afoitava com a sua almadia a ganhar o caminho das aldeias ribeirinhas* (p. 156, grifos meus).

Essa visão do negro como *silvícola*, *homem nu* etc., nos outros dois romances posteriores a esse, emigra da fala do narrador para a dos personagens, passando a fazer parte do alienado discurso do colonizador, que só vê a selvageria do negro, desde *Terra morta*. Vejamos alguns momentos narrativos dos romances que mostram isso:

> *Estamos condenados a viver entre essa gente, estes selvagens* (V, p. 29).

> Três balas [...] com a recomendação de só serem utilizadas [...] "para meter medo aos selvagens", a quem estava proibido o uso e porte de armas (V, p. 148).
>
> — Esses selvagens sabem lá o que é família! (AC, p. 68)
> Mulatos que nem chegaram a falar a nossa língua, vivendo como selvagens (AC, p. 109).

Quanto ao modo pelo qual se concebem as narrativas, vê-se que as três obras são textos brancos, a partir mesmo de sua concepção como "romances". Também o código lingüístico usado pelo narrador é o do colonizador, em tudo diferente do "estropiamento" do português do colonizado. Outrossim, como se dava com os textos da primeira fase, a transcrição de palavras ou expressões da língua autóctone aparece sangrada pelo negrito e muitas vezes contribui para compor o quadro exótico já assinalado.

Ao plasmar diegeticamente o edifício da desordem social colonialista, o narrador assume uma postura neo-realista de denúncia e combate, comprovando que

> à literatura cabe fundamentalmente uma missão desmistificadora das contradições de natureza socioeconômica, sobretudo concretizada pela sua possibilidade de, articulando-se com a história, reflectir essas realidades normalmente deprimentes (REIS, 1981, p. 16).

Por isso, procedendo à sua denúncia, abre quem narra um espaço de reflexão crítica, o que mais uma vez mostra ser o narrador "a figura na qual o justo se encontra consigo mesmo", usando palavras de Benjamin (1985, p. 221).

É nesse encontro do "justo" consigo mesmo que o narrador dos romances tenta capt(ur)ar a diferença da angolanidade, entregando-se a ela, ao mesmo tempo racional e amorosamente. Cria-se por sua palavra o espaço de reflexão crítica já referido, levado às últimas conseqüências pelo desejo e pela urgência das lutas de libertação. Reafirmar-se-á na ficção angolana pós-Soromenho uma nova correlação de forças, quando então a diferença da angolanidade se gritará como valor em si. A partir dessa conscientização, o velho (= tradição) e o novo (= modernidade) interagirão ficcionalmente, e a literatura, como o homem, se "regressará África", segundo postula o poeta Agostinho Neto, no célebre poema "Consciencialização", com o qual se fecha o segmento:

> *Medo no ar!*
> *Em cada esquina*
> *sentinelas vigilantes incendeiam olhares*
> *em cada casa*
> *se substituem apressadamente os fechos velhos*
> *das portas*
> *e em cada consciência*
> *fervilha o temor de se ouvir a si mesma*
> *A História está a ser contada*
> *de novo*
> *Medo no ar!*
> *Acontece que eu*
> *homem humilde*
> *ainda mais humilde na pele negra*
> *me regresso África*
> *para mim*
> *com olhos secos* (p. 75).

4º SEGMENTO
O SALTO PARA A OUTRA MARGEM

ANTÓNIO JACINTO
VÔVÔ BARTOLOMEU

edições 70

> "A margem!"
> É justamente o nome que os caçadores ribeirinhos costumam dar àquele lugar de encantos. É um lugar fértil, de boa caça, denso de criaturas humanas — gente que se desloca cautelosamente.
>
> Henrique Abranches

O projeto ficcional angolano pós-1950 é um projeto coletivo plural por que se manifesta a energia nacional de que fala Antonio Gramsci. Tanto em sua faceta estética, quanto em sua feição ideológica, tal projeto se assume como ação conjunta pela qual se vai firmando, cada vez mais, a diferença da angolanidade, naquele momento histórico pensada como um absoluto.

Ideologicamente os textos ficcionais procuram tecer a manhã da libertação nacional e, para tanto, vão pouco a pouco construindo um espaço imaginário onde Angola emerge não como uma terra idílica à qual metaforicamente o sujeito poético deseja retornar — cf. o poema "Regresso" de Alda Lara —, mas como um espaço dilacerado, à espera de uma reconstrução. Para que se viabilize tal processo reconstrutor, o primeiro passo é a revitalização de práticas culturais autóctones, sempre marginalizadas, quando não esmagadas, pelo colonizador.

Esteticamente, em vez de um lírico canto-exaltação às belezas exóticas da terra, dentro dos padrões da fala literária já consagrada do colonizador, vai-se revelar a consciência de que é preciso resgatar uma nova fala pela qual a luta de libertação nacional se venha também corporificar.

Os textos ficcionais, então, começam a articular-se coletivamente, tanto pela voz dos narradores, quanto pelo nível actancial e pela temática desenvolvida. As vozes que doam as narrativas são as de quem nunca deixou a terra, "cujo passado o habita" — como indica Ecléa Bosi (1983, p. 43), refletindo sobre o texto de Benjamin. Já as personagens, a exemplo do que se dava nos missossos, são representações do povo angolano que volta a ter um lugar de precedência absoluta na cena discursiva. O tema preferido é o cotidiano, a pequena vida vivida no dia-a-dia dos musseques e/ou bairros populares de Luanda, das senzalas, aldeias e pequenos quimbos.

Os narradores colam-se, pois, à sua terra e ao seu povo, tentando recuperar formas de representação simbólicas pelas quais se vão ambos revelando. Mostram os textos, por exemplo, estágios distintos de conscientização das personagens, que vão desde a mais absoluta alienação — como o Mestre Tamoda, personagem de uma narrativa do mesmo nome de Uanhenga Xitu — até um grau mais avançado de conscientização — o comandante Sem Medo, personagem de *Mayombe* de Pepetela. Intermediando um ponto e outro, a maioria dos textos narrativos angolanos pós-50 recupera a fala cultural do homem do povo, geralmente pouco ou nada letrado, que escreve, com seu trabalho e às vezes com sua participação político-ideológica, o prefácio da futura história de sua terra.

Muito embora seja a elite intelectual o segmento produtor dos textos literários, não perdem de vista os escritores o fato fundamental de que é preciso fazer falar o povo. Assim, cada novo grito-texto vem juntar-se a outro e todos se dedicam à tarefa de construir o esperado momento em que, de objeto, o homem angolano se possa fazer também sujeito da História.

Parece-me claro ser esse movimento de ruptura com os modelos estético-ideológicos do dominador o resultado de um processo que ganha consistência maior no século XIX, como afirmei anteriormente. Tal século representa — a exemplo do XVIII no Brasil — "uma fase de amadurecimento no processo de adaptação da cultura e da literatura", citando mais uma vez Candido (1987, p. 168). Novos grupos da terra já então controlam, mesmo que de forma relativa, alguns meios de produção, difusão e/ou circulação de certos bens simbólicos, por meio dos quais já se sedimenta igualmente uma consciência do real angolano ajustada aos interesses, também novos, que começam a surgir. O jornalismo serve como bom exemplo desse novo processo.

Por outro lado, o fato de que, concluído o liceu, uma elite — econômica e/ou intelectual — ia à metrópole, para ali buscar a complementação de sua educação formal, também será um fator importante para se repensar a destinação histórica dos povos africanos em geral e angolano em particular. Essa vivência metropolitana fará com que cada vez mais o intelectual angolano se insira em um processo mais amplo de conscientização do papel histórico do homem negro e de desalienação de sua cultura. Tal processo passa por movimentos como o renascimento negro americano, o negrismo cubano, a negritude etc., a partir, sobretudo, do fim da primeira guerra mundial, acirrando-se na década de 1930, quando os negros de todo o mundo começam a problematizar o seu lugar na História.

Nesse quadro geral de desalienação, desponta a importância da criação da Casa dos Estudantes do Império (CEI), em 1944, substituindo a Casa de Angola, criada em 1943. A Casa congrega alunos vindos de todas as colônias, com o apoio das autoridades vigentes.

A CEI se transforma em um foro de debates e congraçamento dos estudantes das então colônias portuguesas. Enquista-se na metrópole um espaço africano onde se começa a questionar a práxis colonial, razão por que o regime vai intervir na sua administração, por intermédio de comissões da Mocidade Portuguesa, de 1948 a 1957. Impede-se, assim, a livre escolha dos quadros dirigentes, como se fizera de julho de 1944 a 1948.

Não cabe aqui fazer uma análise mais aprofundada do papel da CEI na trajetória, tanto estética quanto ideológica, da formação da literatura nacional angolana. Parece-me, contudo, ser impossível compreender os caminhos desta e de outras literaturas africanas expressas em língua portuguesa, sem um rastreamento do material contido na série que é o boletim *Mensagem* publicado a partir de julho de 1948, sobretudo em sua segunda fase, que vai de 1957 a 1964. Neste ano, quando em África já se dava o confronto direto, a Casa é fechada pelo regime salazarista que já nesse momento radicalizara a repressão. Fora do boletim, há ainda a considerar outras publicações não periódicas da CEI, pelas quais se vai difundindo a produção poética e/ou ficcional das então colônias.

No número inaugural de *Mensagem*, aparecem dois textos pelos quais já se pode perceber um desejo nascente de retorno a Angola, ao mesmo tempo em que se tenta desmitificar a idéia da África como um lugar misterioso ou exótico. Os textos são de uma mesma autora, a poetisa Alda Lara. No primeiro, em prosa, saudando os novos estudantes chegados a Portugal, ela os exorta a que voltem, depois de formados, à terra natal, alertando para o fato de que esta terra deve ser vista de outra forma, já que o "mito da África misteriosa desapareceu" (1948, v. 1, p. 2).

Tal constatação de Alda Lara soa como nova palavra de ordem a fazer eco com o "Vamos descobrir Angola!", gritado no mesmo ano de 1948, em Luanda, pelos Novos Intelectuais, com o apoio da Associação dos Naturais de Angola (ANANGOLA), Viriato da Cruz à frente. Vale lembrar também ser o ano de 1948 o da publicação de *Anthologie de la nouvelle poésie nègre et malgache*, organizada em Paris por Senghor, com prefácio de Sartre.

Voltando a Alda Lara, e ao primeiro número de *Mensagem*, vê-se que para ela o regresso à terra não significa uma ruptura com a metrópole, pois que, regressados, os estudantes deveriam continuar a "servir Portugal, lado a lado, a estreitar com mais força os laços que unem a Metrópole à grande colónia". Repare-se aqui o jogo sintomático de maiúscula (Metrópole) e minúscula (colónia), pelo qual se revela a introjeção do complexo de colonizado e se opõe a "supremacia" metropolitana ao "apequenamento" do mundo colonial. Também no poema "Regresso" — segundo texto — o eulírico sonha voltar para sua "terra", vista muito mais como um espaço natural que se opõe ao espaço densamente culturalizado da metrópole.

Regressar...
Poder de novo respirar
(oh!... minha terra!...)
aquele odor escaldante
que o húmus vivificante
do teu solo encerra!
Embriagar
uma vez mais o olhar,
numa alegria selvagem,
com o tom da tua paisagem,

que o sol
a dardejar calor,
transforma num inferno de cor...[1]

Não me parece ter o mesmo sentido a convocação feita pelos Novos Intelectuais, como a história angolana a curto, médio e longo prazo comprovará. Ganha força, com esta convocação dos Novos Intelectuais, a palavra de ordem coletiva e plural pela qual se reafirma o valor da redescoberta do corpo angolano, mesmo fragmentado. Busca-se uma ação conjunta para que Angola se reconstrua, matando em seu "sangue o presságio da sombra das galeras!...", como pede Alexandre Dáskalos em seu poema "Exortação", também saído no primeiro boletim (p. 13).

A hora é de *tecer a manhã* para com ela dar-se o *salto da margem "vazia"* — em que o colonizador colocara Angola e sua cultura — *para a outra margem* de onde a história da libertação dos povos de todo o mundo acenava. Para isso se fazia necessário que o intelectual colonizado se sentisse um sujeito plural, assumindo-se como *nós*, sem deixar de ser um eu. Era preciso cantar, mas o sujeito desse canto deveria ser o povo angolano, cuja voz os artistas recuperariam. Diz Agostinho Neto, ainda em um dos boletins *Mensagem*: "Cantar com a nossa voz é indispensável para a harmonia do mundo. Cabe aos artistas encontrar as formas adequadas ao nosso canto" (1960, v.5-6, p. 49).

A busca dessas "formas adequadas" marca a poesia e a prosa pós-1950. Em um vídeo exibido pela RTPA (Luanda, 1987) — "O grande desafio", realização de Asdrúbal Rebelo — o poeta António Jacinto, comentando o momento da escrita de "Alienação", diz perceber que "um conteúdo novo não se pode colocar em uma forma velha" e que já buscava, então, uma forma adequada para o novo conteúdo esboçado em seu imaginário.

Vê-se, por outro lado, que a vontade de encontrar uma expressão nacional para as manifestações literárias não tem, como resposta imediata, a mudança da forma que, inicialmente, continua a ser a do colonizador. O desejo de uma escrita angolana não se pode se-

---

[1] Vale a pena lembrar as palavras de Sartre no prefácio da antologia anteriormente referida, por ele intitulado *Orphée noir*: "*Il faudra bien, pourtant, briser les murailles de la culture-prison, il faudra bien, un jour, retourner en Afrique: ainsi sont indissolublement mêlés chez les vates de la négritude le thème du retour au pays natal et celui de la redescente aux Enfers éclatants de l'âme noire*" (1948, XVII).

dimentar logo em escrita angolana. O "vínculo placentário" de que fala Candido não se rompe de imediato e nem mesmo depois da independência essa ruptura será absoluta. Haverá sempre contatos entre a literatura angolana e as demais. Como bem observa o crítico brasileiro, é uma ilusão falar em supressão de contatos e influência (1987, p. 151).

O que há, no caso de Angola, não é uma impossível renúncia ao empréstimo, no sentido trabalhado por Roberto Schwarz (1987), mas a busca de uma dicção literária fundada em modelos estéticos anteriores ao fato colonial, sem que se abandonem as outras influências possíveis. O desejo de reangolanização da dicção literária reencaminha naturalmente o ficcionista para as manifestações da tradição oral[2] e para um modo de elaboração do texto narrativo escrito, nos moldes como o fizeram, no século XIX — embora com limitações — Alfredo Troni e, no século XX, Assis Júnior, sem falar de Óscar Ribas, cuja produção de *Uanga* — na década de 1930 — é contemporânea da de Assis Júnior, em certa medida. Busca-se no passado uma forma de realização discursiva percebida como nacional, pela qual já se fosse construindo um espaço de diferença com relação à metrópole sem a renúncia absoluta ao empréstimo. É o mesmo processo que se dá, em certo sentido, no século XIX brasileiro, quando surge "o desejo de *inventar* um passado que já fosse nacional, marcando, desde cedo, a diferença em relação à mãe-pátria", nas palavras de Candido (1987, p. 175).

Começa a ter peso, a partir da década de 1950 — década, aliás, que marca profundamente a história geopolítica dos países colonizados — tudo que traz o traço da alteridade angolana, passando a produção literária a vincular-se estreitamente à construção da nacionalidade.

Outrossim, aparece, sobretudo depois de 1961, a certeza de que tal construção não se pode dar sem luta. Os escritores se fazem também revolucionários, participando ativamente do movimento político de libertação. Por isso são quase todos presos e/ou exilados, quando não vivem na clandestinidade da guerrilha. Após a independência, em 11 de novembro de 1975, eles passam, por sua vez, a

---

[2] Édouard Glissant aponta o fenômomo, ao afirmar: "*Dans toute apparition d'un corpus littéraire national il y a l'intervention d'un ou de plusieurs scripteurs qui rassemblent les textes oraux et travaillent à partir de ce matériel. Et à partir d'un tel travail la tradition d'écriture se constitue et s'autonomise peu à peu par rapport aux sources orales*" (1981, p. 181).

formar os quadros dirigentes, empenhando-se diretamente na mudança estrutural do país.

Literatura e construção da nacionalidade são as duas faces de uma mesma moeda, cunhada, em um primeiro momento, entre 1948 e 1975, pelas várias gerações de escritores. Nascem, pois, ao mesmo tempo, a moderna literatura, a consciência da nacionalidade e a luta pela libertação, sendo difícil separar os processos estético e político-ideológico, que estabelecem entre si significativas interfaces, mesmo depois da independência.

Na retomada dos modelos nacionais, a tradição oral vai funcionar como mecanismo transformador dos novos padrões estéticos. O desvio da norma e a nota dissonante — tão caros à modernidade — são conseguidos com o traço dessa nova fala ficcional, griotizada e griotizante, que é tanto letra quanto voz e gesto.

Era preciso fazer, nesse processo de griotização, com que o povo não apenas falasse no texto — ou com o texto —, mas que pudesse *ouvir* a sua mensagem, acumpliciando-se com ela. Daí também a importância da retomada de modelos com os quais este povo arquetipicamente estava familiarizado e que por séculos asseguraram ao seu imaginário o grande prazer que o ato do contar interativo lhe proporcionava.

O escritor tenta, naquele momento, subverter a fala ficcional européia ao mesmo tempo em que, com relação ao povo, busca sacudi-lo. A literatura se faz arma de combate, procurando transformar-se em instrumento de mobilização que "informa a consciência nacional, dá-lhe formas e contornos e abre-lhes novas e ilimitadas perspectivas", repetindo Fanon (1979, p. 200). Muda-se o destinatário da obra literária, que deixa de ser o colonizador e/ou o intelectual assimilado para ser o homem comum angolano. Até nesse nível se instaura, pois, a subversão da ordem dominante.

Nesse ponto, abre-se uma nova discussão. Sendo o povo angolano, em sua esmagadora maioria, analfabeto, e falando uma grande parte dele apenas as línguas nacionais, como poderia pretender o produtor literário que seu texto — cuja base expressional lingüística era o português — fosse por aquele mesmo povo decodificado?

Uma vez mais a griotização da escrita surge como possibilidade de solução para o impasse. Para que o povo tivesse acesso, no momento histórico de sua mobilização, à nova mensagem, era preciso que o discurso escrito fosse passível de ser contado em voz alta e ainda de ser reproduzido pela memória. O segmento letrado, ao ler/contar tal texto, funcionava, sobretudo fora dos centros urbanos, como os antigos griots, fazendo-o circular também pela via da oralidade. Assim, pois, quanto mais próxima estivesse a escrita da oralidade, mais facilmente se poderia disseminar a mensagem transformadora.

No entanto, convém observar que as obras ficcionais não visavam apenas ao público interno. No momento de globalização cultural do século XX, não se poderia conceber uma literatura que ficasse presa à contingência da luta interna, sem se abrir aos leitores de todo o mundo. Como nota Roger Mercier, por mim citado a partir de Mouralis, era preciso que o escritor africano encontrasse um "meio de expressão suscetível de ser compreendido por todos", pois só assim ele teria a "audiência de seus compatriotas, sem se separar do público mundial" (1984, p. 137, tradução nossa). Essa dupla destinação faz com que o escritor — mesmo depois da independência — tenha de usar técnicas e procedimentos que lhe permitissem atingir um e outro público.

A língua se fez, sem dúvida, um desses mediadores textuais. Tal fato justifica a preocupação de Pepetela, por exemplo, ao escrever em português, na Frente Leste, *As aventuras de Ngunga*, texto elaborado para servir como material didático às aulas daquela língua dadas à população que a dominava mal. Segundo o próprio autor,[3] havia, por isso, uma preocupação explícita com a frase curta e uma diversificação do vocabulário que ajudavam a atingir os objetivos imediatos.

Portanto, ao mesmo tempo em que buscava o processo revolucionário, de um lado, preservar as línguas nacionais, assegurando-lhes espaços concretos de fala, também se fazia necessário operacionalizar meios que garantissem um domínio mais eficaz da língua da colonização, base da expressão literária que visava ao atingimento dos dois públicos. O plurilingüismo dessa literatura me parece de novo revelar o movimento nos dois sentidos, ou seja, na busca da originalidade da cultura autóctone e na manutenção da língua da colonização, marca da presença cultural do outro. A costura dos fragmentos cria o seu entrelugar.

Um outro aspecto relevante da produção literária angolana pós-50 em geral, e da ficção em particular, é a sua forte marca de clan-

---

[3] Esta informação me foi dada por Pepetela em entrevista concedida em Luanda, em 1987. Revelou ainda ter sido o texto escrito no Moxico.

destinidade, o que se justifica pelo traço de subversão que a caracteriza. Subvertendo o estabelecido estética e ideologicamente pela ordem de poder colonial dominante, ela não pode até a independência circular livremente. Há contra ela todo um mecanismo de repressão que começa por lhe impor formas de circulação periféricas — edições clandestinas, policópias etc. — e acaba por interceptar o livre trânsito de seus produtores.

De outra parte, em seu acumpliciamento com as formas deixadas à margem pela cultura letrada do dominador, também se intensifica essa feição clandestina. Finalmente, ao se fazerem o "braço literário da luta armada", tais formas artísticas se clandestinizam ainda mais, tornando-se parte do universo cultural proscrito pelo colonizador que tudo fazia para calar as vozes insurrectas.

Coletiva, subvertedora, clandestina e, mesmo lutando contra, ainda fragmentada, eis como me parece poder caracterizar-se a produção ficcional angolana moderna, em seu pacto explícito com os silenciados e em sua tarefa de reconstrução, pelo imaginário, de homens e de uma terra livres. Ela tenta contribuir para a criação "de um povo livre, livre de criar o novo, livre de recriar o velho em 'novo', livre de se exprimir sem clandestinidade ou repressão", na feliz análise de Henrique Abranches (1978, p. 28).

Recuperando o que foi, mas partindo do que é, a ficção tenta construir o que será, apostando no salto qualitativo do futuro, estética e ideologicamente. Com isso, pula da margem vazia em que o colonizador a colocara para a outra margem, gritando aí a sua diferença e tecendo, com seu grito, a manhã da liberdade.

Portanto, a exemplo dos demais segmentos, procurarei agora também destecer a teia narrativa que se forma na cena ficcional, pelo encontro simbólico de mais velhos e mais novos, perseguindo a reatualização de tais imagens arquetípicas nas malhas dos textos ficcionais pós-1950. Em um segundo momento, já quase à guisa de conclusão, buscarei surpreender como a tradição e a transformação se encontram, formando ilhas dialógicas bastante significativas na cartografia daquele *corpus* ficcional.

Para que eu mesma possa dar o meu mergulho nessas águas, tentarei acompanhar *o salto para a outra margem* onde os modernos ficcionistas angolanos procuram construir o entrelugar de voz e letra, lugar dos mais fecundos no quadro abrangente das literaturas africanas em língua portuguesa deste século.

4.1 RETECENDO A TEIA ANTIGA

> *[...] a vida de todos os dias, a vida... à volta de nós, felizmente, ia vencendo sem disso nos darmos conta: era todo um "mundo" maravilhoso de cor e movimento, de vida gritante de que íamos descobrindo as dores, os pesos, as escravaturas*
>
> António Cardoso[4]

Os modernos textos ficcionais — ampliando aqui a metáfora buscada em António Cardoso — redescobrem a "vida gritante" do dia-a-dia do povo, rastreando-lhe "as dores, os pesos, as escravaturas". Para mapear tal vida, propondo com seus traços uma cartografia do mundo angolano, a ficção se vale de uma série de representações simbólicas pelas quais se evidencia a crença no crescimento da "força-ventre do futuro", valendo-me de outra imagem do mesmo poeta (1980, p. 37).

Na teia dessas representações, destaca-se o fio temático da *infância*, privilegiadamente tecido nas malhas dos textos. Esta infância aí representada tanto se pode mostrar como a recuperação de um passado perdido, quanto a possibilidade de construção de um futuro sonhado. Quando referenciada ao passado, a infância, via de regra, metaforiza um tempo de prazer só em parte segmentado por diferenças de classe, raça etc.

Ao plasmar-se como metáfora do futuro, ela se marca pelo dinamismo, passando a representar a confiança na reconstrução do corpo histórico fragmentado, pactuando, assim, com o sonho utópico.

Ao acumpliciar-se com o futuro, e com a transformação das estruturas, é que a ficção lança também "o grande desafio", nos moldes do que fora dito pelo poeta Jacinto:

> *Mas talvez um dia*
> *quando as buganvílias alegremente florirem*
> *[...]*

---

[4] Trecho de uma entrevista concedida a *Lavra & Oficina*, Luanda, n.16, p. 3, 1980.

quando todos os que isoladamente padecemos
nos encontrarmos iguais como antigamente
talvez a gente ponha
as dores, as humilhações, os medos
desesperadamente no chão
[...]
e unidos nas ânsias, nas aventuras, nas esperanças
[...] vamos fazer então um grande desafio (1985, p. 55).

Para que o corpo fragmentado reunifique suas partes e "as dores, as humilhações, os medos" se ponham "desesperadamente no chão", não há como considerar apenas o novo, o porvir. Não há novo sem velho, ainda mais quando se trata de reelaborações do inconsciente coletivo de um povo africano. Por isso vai surgir, no espaço da ficção, o fio temático da velhice, também ele um elemento privilegiado da teia tecida narrativamente, como vimos desde os imemoriais missossos.

O novo e o velho, juntos e interativamente articulados, eis uma vez mais reatualizada, no corpo do novo discurso, a imagem fundadora. Restabelece-se a antiga dialogia, mas com outras implicações ideológicas, como o momento de reconstrução exige. Já não é mais possível reafirmar o velho pelo velho, acriticamente, pois este velho se faz também outro, pelo processo de transformação pelo qual o novo o recria, além de ser por ele moldado. Com essa troca, a interação velho/novo se torna, nas malhas do moderno tecido-texto, cada vez mais intensa e fecundante, com a tradição e a transformação recriando-se mutuamente. A esse propósito, veja-se, por exemplo, o tratamento dado aos missossos da tradição em *Lenha seca*, de Costa Andrade (1986) e as narrativas e canções reelaboradas esteticamente por Abranches em *A Konkhava de Feti* (1981).

Vale aqui notar ser uma das cenas mais obsessivamente repetidas, no jogo dialógico e interativo, aquela que mostra como a própria narrativa se reflete nesse espaço de fecundação, construído ao entrelaçar-se o dinamismo do novo à memória do velho. Como diz Ecléa Bosi, outra vez trabalhando sobre o texto de Benjamin: "Quando os velhos se assentam à margem do tempo já sem pressa — seu horizonte é a morte — floresce a narrativa" (1983, p. 46).

É esse florescimento que os textos ficcionais com freqüência privilegiam, abrindo espaço para a contação dos velhos, um dos elementos por que se alimenta o imaginário de um mais novo. O mundo antigo ressurge nas páginas da nova ficção e muitas vezes o narrador, declarada ou camufladamente intradiegético, mostra o seu pacto com tal mundo, fonte no qual se origina a teia retecida em seu narrar. O leitor se depara com a cena da contação, geralmente temporalizada em noites de sunguilamento, no espaço urbano ou rural, às portas de cubatas de zinco, em torno de fogueiras, em tempo de paz ou nos intervalos da luta:

> *Hora que cheguei nas corridas, Sá Domingas já estava fora com todos seus filhos dela. [...]*
>
> *Capitão resmungou também [...]: que não ia contar mesmo nada se íamos começar assim logo-logo no nascer do sunguilar* (Luandino Vieira, 1986, p. 177).

> *Quando o Pioneiro Kitwa chegou ao fogo quase morto do antigo guarda de loja Sakayunda, que depois foi mineiro na Monda e mais tarde veio juntar-se à Revolução, já ele tinha contado algumas estórias* (Andrade, 1980, p. 69).

No momento em que a nova narrativa angolana resgata as múltiplas possibilidades abertas pela interação de mais novos e mais velhos, ela se faz também iniciática, no sentido em que, por se alimentar das práticas autóctones, refunde tais práticas, integrando-as ao mundo novo que se começa a construir. *Retece, então, a teia antiga* e, uma vez mais, os fios imagísticos da infância e da velhice — ou de mais novos e mais velhos —, retraçando-se, criam uma das malhas mais consistentes do tecido ficcional angolano.

Por sua vez, ao tentar decifrar os enigmas do texto, cabe ao leitor, sobretudo ao não angolano, embrenhar-se na teia tecida e desfazer a densa malha de signos que a ele se oferece. Faz sentido, portanto, dar os primeiros passos pelos caminhos que levam às ilhas temáticas de mais novos e mais velhos, buscando aí surpreender o modo como se reteceram os fios da antiga teia e propondo um novo desenho do texto, pelo suplemento.

4.1.1 Tempo dos primeiros traços

> Era o tempo dos catetes no capim e das fogueiras no cacimbo. Das celestes e viúvas em gaiolas de bordão à porta de casas de pau-a-pique. As buganvílias floriam e havia no céu um azul tão arrogante que não se podia olhar.
>
> Luandino Vieira

A citação inaugural, buscada em Luandino Vieira (1977, p. 79), recupera o tempo da infância como um antigamente no qual tudo se mostrava em harmonia e paz. Retornam a imagens lúdicas e prazerosas — os catetes no capim, os pássaros engaiolados, o cacimbo e as fogueiras. Entre elas se destaca, como no poema de Jacinto, o florir das buganvílias, sinal de esperança. Emoldurando tudo, em um claro movimento ascensional, prova ainda do equilíbrio, o azul do céu recuperado.

O ponto de vista em que se coloca o narrador, apesar da explícita terceira pessoa — "Naquele tempo já os meninos iam para escola, lavados, na manhã lavada [...]" (1977, p. 79), frase instauradora do contado — revela que, embora ausente pelos sinais lingüísticos manifestos, ele está absolutamente presente no movimento de resgate do vivido. Isso é tão forte no conto em questão — "O nascer do sol" — que, no meio dele aparece um "Não sei" (p. 83), a revelar a presença de um eu por mais que ele se tente camuflar. Também a afetivização lírica das descrições reforça tais inferências:

> E os corpos lavados de manhã vinham escuros da areia amarela e vermelha dos caminhos. As meias altas de escocês abaixadas, enrodilhadas nas pernas sujas e cheias de arranhões do futebol (1977, p. 80).

Tal infância ludicamente prazerosa se representa, em um número significativo de textos, como o espaço em que se escrevem as primeiras letras da estória pessoal de personagens e/ou narradores, às vezes duplos quase explícitos dos sujeitos da grande enunciação. Então, como se dá também na poesia, ela, a infância, é

> evocada como uma idade quase edênica que vivia despreocupada das questões rácicas e sociais que o avanço avassalador do asfalto veio a criar (TRIGO, [19--], p. 57).

Nesse espaço recuperado(r), emergem as lembranças escamoteadas sob a capa do fingimento estético. Voltam, com elas, os bairros e musseques do viver antigo de Luanda — o Kinaxixe, com sua lagoa e sua quianda; Makulusu (que parece fazer tênue fronteira com o primeiro); Sambizanga; Bairro Operário; Braga etc.

> As águas barrentas da lagoa do Kinaxixe, estavam acobreadas e pareciam metálicas e espessas sob o sol intenso (Santos, 1981, p. 11).

> Poça das águas da chuva, a lagoa de Kinaxixe, seus paus copados e frescos, sua gorda água e nossa senhora quitutazinha de sacrifícios nenhuns e bênçãos mil, mãe nossa de brincadeiras, senhora de nossas mortes de exploradores de sertões e anharas nunca ouvistas?! (Vieira, [1977], p. 79).

Tudo se vai recompondo na teia retecida, reaparecendo os primeiros traços pelos quais se construíram os meninos e seus mundos, ambos antigos. Por isso retornam as "brincadeiras juadas", os sonhos, os jogos, as noites de sunguilamento, os primeiros desejos eróticos. A letra tudo resgata e o vivido se faz o contado, no bloco mágico:

> Então Titino e Manguço, cansados da brincadeira do dia, iam descansar e dormir, para sonhar com as coisas boas que andavam ver nas lojas e com as brincadeiras mais juadas que iam pôr no dia novo que ia nascer (Rocha; Almeida, 1980, p. 13).

> O Mário dormia profundamente.
> [...] Dormia e campeava em sonhos pelas barrocas, encavalitado em monstros, perseguindo feiticeiros [...] nadando na lagoa do Kinaxixe no mistério das sereias [...] Vivia então o seu grande e único sonho de liberdade — o da sua infância (Santos, 1981, p. 19).

Essa infância dos "sonhos de papel de seda", no dizer do narrador de *A cidade de Luandino* (p. 106), é o espaço da perfeita afinação do jogo da bola, quando os meninos, como os do "grande desafio" de Jacinto, vão construindo o coletivo plural, no futuro tão necessário para que se reconstrua a angolanidade esfacelada. Isso explica, por exemplo, por que em "Nostempo de miúdo", para que haja o jogo, é preciso também transgredir o estabelecido pela interdição da classe dominante, no conto de Boaventura Cardoso representada pela Companhia Indígena em cujo campo, afinadamente, os meninos jogam:

> Manecas na baliza imobilizou o avanço. Bola marchando, Pedrito puxa para Lito, este corre já em direção à linha divisória [...] agora Néné Gordo, miá, Cachaça dono do esférico, vai agora! (1982, p. 27).

Em contraponto a esse tempo solidariamente "afinado", o presente se mostra como um anulador de sonhos, como um tempo regido pelo *não* de uma ordem social absolutamente repressora. Nele se rasgam, por exemplo, os "sonhos de papel de seda" empinados nos vários contos de *A cidade e a infância*.

Nesse presente, ao princípio do prazer do antes responde a realidade dos falhados na vida, seres à margem, como o antigo "chefe do bando" (VIEIRA, 1977, p. 61) que no hoje dos tempos das estórias — em tudo diferente daquele em que são contadas — não passa de "um farrapo" (VIEIRA, 1977, p. 63). É o tempo da morte do adolescente Ricardo, também nesta obra de Luandino — que ousou atravessar a fronteira dos dois mundos excludentes:

> *Estava um luar azul de aço. A lua cruel mostrava-se bem. De pé, o polícia cáqui desnudava com a luz da lanterna o corpo caído. Ricardo, estendido do lado de cá da fronteira, sobre as flores violetas das árvores do passeio* (Vieira, 1977, p. 97).
>
> *A esse espaço de dureza e crueldade, marcado pelos sinais de um agente branco — "lua/luar" — responde o outro espaço escuramente sombrio, cúmplice solidário do corpo morto: "Ao fundo, cajueiros curvados sobre casas de pau-a-pique estendem a sombra retorcida na sua direção"* (Vieira, 1977, p. 97).

Por outro lado, contrapontisticamente à visão da infância como um tempo paradisíaco, surge uma outra forma de vê-la já como um tempo segmentado hierarquicamente pela discriminação. Mostram tais textos que a ordem repressora começa a articular seus tentáculos, revelando aos meninos angolanos o sinal de sua diferença e assim para sempre os assinalando. Marcados com tal ferro, começam eles então a aprender o penoso caminho da segregação que os leva a preparar-se para a resistência e a luta.

É o que se passa no conto "A menina Vitória" de Arnaldo Santos, em que a professora mulata e assimilada marginaliza o menino Matoso a quem transforma em "símbolo maldito":

> *seu azedume cresceu quando, tempos depois, o Matoso lhe respondeu distraidamente em quimbundo "O quê, julgas que eu sou da tua laia...!?" Daí por diante o seu nome era jogado pela aula com crueza, criando um símbolo maldito* (1981, p. 33).

O "símbolo maldito" nasce, pois, da ousadia da opção pela fala autóctone que desperta no assimilado o medo de que se revele o seu próprio "segredo", daí o sentir-se ameaçado.

Fazendo dupla com o Matoso, Gigi, a personagem que liga as várias estórias, trilha ele também o caminho agônico da conscientização da diferença, vista pelo outro — assimilado e/ou colonizador — como um sinal negativo. No momento em que é discriminado, marcado pela violência do "ferro em brasa", ele chora, mas entende a precoce lição do Matoso que, com seus olhos secos, vai construindo a forte carapaça de sua resistência,

> *E na carteira chorou. Chorou de raiva, da dor que lhe nascia da piedade dos colegas e da vergonha de não poder esconder a sua angústia, com os olhos secos, e orgulhosamente raiados de sangue, como os do Matoso* (1981, p. 37).

De "símbolo maldito", ser que tivera cassada a própria voz, o Matoso se transforma em orgulhosa imagem de resistência. Também depois da marca recebida, que faz dele um outro Matoso, Gigi compreende e passa a formar com o colega um novo espaço coletivo e solidário, fora do jogo e dentro da vida vivida.

Nesse caminho que leva os meninos de Angola, firmes presenças nas malhas textuais, para fora do jogo e para dentro da vida, o pequeno engraxate de "Meu toque" — Kaprikitu, personagem de Boaventura — vai um pouco além dos olhos secos e pré-revolucionariamente "raiados de sangue" do Matoso e da impotente raiva de Gigi. Nasce no menino algo que ultrapassa o ódio e ele encontra a palavra que ameaça. A dor pede a desforra que, ele tem certeza, virá quando chegar o momento da liberdade. Na fala de Kaprikitu, dois amanhãs: um mais próximo, a ameaçar com a fome e a miséria — já que fora destruído pelo branco seu instrumento de trabalho — e um mais distante, quando se der o confronto e o outro, hoje opressor, for destruído:

> Kaprikitu olhava só a caixa, as tintas, a graxa no chão. E amanhã? Os olhos começavam a chorar a tristeza que lhe rachava o coração. E amanhã? Tinha de pensar no dia de amanhã, pensar já como os kotas que têm mulher e filhos. E amanhã? Quando vier a Totalimediata se te acaço...
> O ódio não cresce se lhe cortarem a raiz (1982, p. 10).

Passa-se, neste outro mo(vi)mento da representação simbólica da infância, do plano individual em que a memória do sujeito era o elemento por que se recriava o tempo vivido, para o da memória grupal pela qual se recupera a trajetória histórica em que se forma o pioneiro.

A divisória entre esses dois tempos, individual e coletivo, — pelo que se pode depreender do conjunto de narrativas curtas que serviram de *corpus* — mais que talvez no progresso urbano, está no fato da deflagração da luta armada em 4 de fevereiro de 1961. Depois deste "sessenta e um quente" (Boaventura, 1982, p. 30) é outra a correlação de forças que marca os meninos, na cidade ou no campo. Volto ao texto:

> Já nos tinham avisado. Seis horas recolher. Patrulha atirar só. Sessenta e um quente. Cuidado! Pimentel barbudo sanguinário, olhos na mira fúnebre. Sô Rocha nacionalista fogoso já lhe mataram. Cuidado! Seis horas recolher. Sessenta e um quente (Boaventura, 1982, p. 30).

Em *O fogo da fala* (1980) do mesmo Boaventura aparecem outras personagens infantis, como "Joãozinho menino", garoto do beco que morre para não denunciar os revolucionários. A zoomorfização dos agressores — que se transformam, aos olhos do menino, em "pacaças" — faz com que o leitor perceba já não se estar entre os pássaros do Makulusu ou Sambizanga, no reino mágico da quituta do Kinaxixe, mas no meio da guerra que leva os meninos para longe dos sonhos e do jogo:

> E o menino ficou no meio das pacaças feridas furiosas e as pacaças começam a olhar para ele e depois uma delas, a pacaça grande com os cornos levantados, avançou, veio perto do menino e bateu nele com toda fúria! (1980, p. 35-36)

A agressão, a violência, o desequilíbrio, eis o novo mundo da infância. O céu azul já não tem "sonhos de papel de seda", mas a furiosa "ave" de "Gavião veio do sul e pum!", ainda na obra supracitada de Boaventura, ave que joga seus ovos destruidores em cima da lavra onde a criança e os seus enxotavam os pássaros de verdade. E diz o narrador-menino, opondo as duas espécies de "pássaros" que se precisam enxotar:

> Nem pássaro nem nada. Nem pássaro nem bicharoco. Passarão todo senhor dono do espaço. Assim passarão vem vindo rasteiro e desova e rebenta! Cada ovo grande chega no chão: pum! rebenta e incendeia logo e faz buracão assim no sítio onde cai e fogo! (1980, p. 47)

Nesse caminho para a aprendizagem da liberdade, ensina o narrador-personagem de "Gavião" ser preciso estar mais atento do que se ficava ao espantar os "pássaros de todos os tamanhos grandes e pequenos e coloridos, muitas cores" (p. 45). No final são outros os "pássaros" a serem enxotados, fechando-se o texto, como em "Meu toque", em forma de ameaça: "Estamos assim sentados esperando gaviões que vão vir com os ovos. E os gaviões vão vir e não vão regressar" (p. 48). Não há mais lugar para o jogo, a brincadeira, os sonhos e cantos, na hora da luta.

E é nesse novo espaço fora da cidade, nesse mundo rural em que se diz a luta, que encontramos o já pioneiro Ngunga — As aventuras de Ngunga, de Pepetela[5] — em sua viagem para o conhecimento, na melhor tradição dos velhos missossos. O momento é de transformar as antigas "tábuas da lei", consertando/concertando o mundo. Como uma personagem de missosso (cf. "O rei dos bichos"), Ngunga faz sua viagem para encontrar seu destino; também ele passa por rios e florestas, comendo o que os animais comem, bebendo o que os animais bebem. Procura integrar-se ao cosmo, fundindo-se à natureza tão amada por ele,

> Acordava com o Sol [...]. Pedia constantemente para ir à mata. Aí ficava às vezes, olhando as árvores ou os pássaros [...] Mas ele distraía-se, esquecia tudo quando via um pássaro bonito ou uma lagarta de muitas cores (1980, p. 25).
>
> Andou três dias perdido na mata. Sede não tinha, pois os rios eram abundantes [...] Durante esse tempo, alimentava-se de mel (1980, p. 41).

---

[5] Gostaria de lembrar que não há qualquer preocupação diacrônica na disposição das obras no presente momento desta leitura.

Em sua viagem, Ngunga encontra obstáculos a vencer, que estão menos nas coisas que nos homens. Com isso, vai travando seu diálogo com a morte. Aprende a matar, para defender seu povo, — e aprende a desconfiar da palavra e dos atos dos homens, pois só acredita na pureza das crianças: "O camarada professor é capaz de ser ainda um bocado criança, não sei. Por isso ainda é bom"(p. 30).

Surge, no texto, como observa Maria Teresa G. M. da Silva "uma nova solidariedade vertical entre indivíduo, comunidade e instituições" (1980, p. 594) e Ngunga se vai fazer o porta-voz do mundo novo. No final, iniciado, ele ganha seu definitivo nome. Tal nome é dado não por um velho, dentro do arcabouço simbólico do mundo antigo, mas pela menina-mulher que ama.

Nomeado, ele se faz homem, guardando o segredo de seu nome, só partilhado com Uassamba.

> Partiu sozinho para a escola/ Um homem tinha nascido dentro do pequeno Ngunga (p. 57).

Compactuando com o segredo, o narrador, que até então em sua onisciência tudo sabia, cala-se e retira Ngunga do real diegeticamente concreto, fazendo dele palavra aberta, porque desconhecida. Sem nome, ele pode fazer parte de todos os que acreditam na força das ações como forma de mudar o próprio mundo:

> Como as árvores, como o massango e o milho, ele crescerá dentro de nós se o regarmos. Não com água do rio, mas com ações. Não com água do rio, mas com a que Uassamba em sonhos oferecia a Ngunga: a ternura (p. 59).

É essa mesma solidariedade e ternura de Ngunga e a ausência de nome — o que amplia o espectro da representação — que o leitor reencontra no pioneiro que ajuda uma mulher grávida, Carlota, em "Cinco dias depois da independência", novela de Manuel Rui.

As ações voltam a ter como cenário a cidade de Luanda e o tempo é o que antecede imediatamente o fim do confronto, em 1975 — portanto, quase ao final do longo processo armado. O grupo de pioneiros, todos meninos sem nome do "esquadrão Kwenha" se mostram organizadamente "afinados", só que o espaço deixa de ser o do jogo, para ser o da vigilância da luta armada: "Eram quatro formados a dois e três a três porque eram todos oito e sem o comandante a formatura dava ímpar!" (Rui, 1985c, p. 103).

Faz-se outra, pois, a forma de relação dos meninos no espaço ainda solidário da infância. Do jogo para a realidade da diferença e, depois, para a defesa e para a luta. Mantém-se a idéia da necessária afinação entre os membros do grupo, além de se mostrar que o menino passara ele também por um processo "iniciático" necessário para distinguir o que pertencia ao seu e ao outro mundo, inimigo. Com este *saber*, ele podia desafiar o perigo da morte, ao mesmo tempo em que assegurava o cumprimento das novas "tábuas da lei" que ajudava a defender, como nos missossos. Naquele escuro cano de esgoto, invertem-se as posições e o menino se faz um mais velho, iniciando uma sua mais nova nos conhecimentos do mundo em que "é preciso vigilância" (p. 140), pois é ele quem vai mostrar à mulher grávida o sentido da luta, e não o previsível contrário. Acalma-a, salvando-lhe a vida e a da criança em seu ventre.

No fim do texto — e da busca de Carlota, a mulher grávida, que tenta levantar a identidade do menino para dar seu nome ao filho que nascera —, ao saber que ele morrera "cinco dias depois da independência", diz o narrador, fazendo também sua a emoção da mulher e solidarizando-se afetivamente com seu próprio contado:

> *Faltava o pioneiro* de olhos de luz *no cano de esgoto* como o sol dessa manhã primeira. *De Novembro. Em onze.* O pioneiro que con- tabilizava *a guerra "nosso deles nosso deles"*, tinha umas botas tama- nhonas de biqueira revirada, espingardinha de fisga e bala, *um* cão amigo *chamado "Bazuca"* e acreditou sempre *que a vitória é certa* (p. 191, grifos meus).

Como os meninos antigos, em suas mãos, a "espingardinha de fisga", em um tempo em que eram outros os pássaros e pequenos animais a serem caçados nas escuras matas da cidade...

E depois da independência? Depois da "vitória certa", por que lutaram "Joãozinho menino", o narrador de "Gavião", Ngunga e o esquadrão Kwenha?

A resposta se pode encontrar — deixando à parte a literatura infanto-juvenil — em textos como *Quem me dera ser onda*, do mesmo Manuel Rui, ou como *O cão e os caluandas*, de Pepetela. Neles as crianças reescrevem a estória dos sonhos, do jogo e começam a travar outras lutas tão dolorosas como a dos outros meninos, já então antigos.

O mundo continua a ser recuperado narrativamente, em ambos os textos, pelo olhar de crianças. Nesse mundo assim recuperado, invertem-se as expectativas e sonhos, se os compararmos com os dos textos pré-independência. Por exemplo, a buganvília, sinal explícito de esperança no mundo dos meninos antigos — cf., por exemplo, o poema "O grande desafio" anteriormente citado —, crescida demais no texto de Pepetela, faz-se ameaça de destruição, em vez de signo de esperança de felicidade:

- os versos:
 Mas, talvez um dia
 Quando as buganvílias alegremente florirem [...]
 [...] vamos fazer então um grande desafio [...].

- a visão final da menina de O cão, em seu diário:
 O Lucapa desapareceu [...]. Foi por causa da buganvília, estou certa. Essa planta maldita expulsou o meu Lucapa. [...]
 Continua a crescer a buganvília (1985, p. 165).

No texto de Manuel Rui a afinação das crianças permanece, só que a arte do encontro gera ainda a necessidade de se criarem novos espaços de luta. Por isso Zeca, Ruca e Beto continuam a sofrer as repressões de um sistema mais amplo que não os reconhece como diferença, mas os trata como partes de um todo que se deseja absolutamente igual. A sua vivência é desconsiderada, por exemplo, pelo sistema educacional que continua a funcionar, em certa medida, como o formado pelas antigas professoras assimiladas — caricaturizadas narrativamente — conforme as meninas Vitória e/ou Glória, embora a professora dos meninos seja diferente. Veja-se a fala de um dos representantes desse sistema, quando se avaliam redações e desenhos dos meninos que *vivem* o "carnaval da vitória":

> — *Isto complica-se a partir de uma mensagem coincidente, expressa por forma outra que é a do desenho e não sendo a autoria comum. Pode tratar-se de um caso de alienação de grupo. Mas aí temos de responsabilizar a professora, pois ela é que elegeu texto e desenho em representação de sua escola* (1984, p. 47-48).

A esse discurso dogmático e repressor respondem os sonhos de liberdade e de inversão dos valores dominantes — principalmente os da ordem paterna — de parte dos meninos. É com tais sonhos que se acumplicia o narrador, ao mudar o seu registro de irônico para lírico sempre que recupera o desejo desses meninos:

> Cá em baixo, os meninos confiavam na força da esperança para salvar "carnaval da vitória". E Ruca, cheio daquela fúria linda que as vagas da Chicala pintam sempre na calma do mar, repetiu a frase de Beto:
> — Quem me dera ser onda! (p. 76)

Sendo *onda* ou acumpliciando-se com a fúria do cão que sabe ser preciso vencer a buganvília, os meninos angolanos pós-1975, que a ficção reatualiza imagisticamente, seguem tecendo seus sonhos e, à volta de outras "fogueiras", vão aprendendo "coisas de sonho e de verdade..." (canção de Manuel Rui, Martinho da Vila e Rui Mingas).

4.1.2 A inscrição na pedra e o encontro alquímico

> Aquilo que eu sei
> alguém mo legou
> Pai Palavra
> Mãe Palavra
> Palavra anterior
> vem e transforma já o meu futuro.
>
> Ruy Duarte de Carvalho

A alquimia é o sonho da mais extremada e absoluta transformação. Só o ignorante despreza a pedra que se pode fazer ouro, como só o tolo despreza as raízes da "Palavra anterior" que transforma o futuro. Pedra em ouro.

A interação do velho e do novo, nos modernos textos ficcionais, é mais que uma cena narrativa. O velho, *inscrição na pedra*, busca por sua experiência e memória transmitir o saber ao novo, repondo tal saber em seu "lugar antigo". Lembro, uma vez mais, Ecléa Bosi: "À resistência muda das coisas, à teimosia das pedras, une-se a rebeldia da memória que as repõe em seu lugar antigo" (1983, p. 371).

Africanamente, só a Palavra — mãe e pai — pode transformar o futuro, pois o que se sabe é o que alguém legou, no sentido da epígrafe buscada em *Ondula savana branca* do poeta Ruy Duarte de Carvalho ([19--], p. 45), obra que sugestivamente tem como subtítulo: "Expressão oral africana: versões, derivações, reconversões."

No momento pós-1950, quando se quer construir um futuro transformado, é natural que a ficção se valha de imagens recuperadoras do mundo antigo, pai e mãe do novo. Assim, uma vez mais, o velho se usará como suporte de tais imagens que subterraneamente resistiram a todas as tentativas de esfacelamento perpetradas pelo colonizador. Abre-se por tudo isso, nos textos, a ilha temática da velhice, no sentido do que foi dito anteriormente, fortalecendo-se sua ligação com a da infância, pois, segundo Jung,

> Quanto menos compreendemos o que nossos pais e avós procuraram, tanto menos compreendemos a nós mesmos, e contribuímos com todas as nossas forças para arrancar o indivíduo de seus instintos e de suas raízes (1984, p. 210).

Para buscar o fortalecimento das raízes, os ficcionistas recriam imagisticamente o encontro alquímico entre mais velhos e mais novos, impedindo que até nesse nível de representação simbólica se instaure um "mal-estar", ainda Jung (1984, p. 210), capaz de pôr em perigo o sentimento/sentido da angolanidade.

Quando se considera a representação ficcional das figuras de velhos, é preciso que se parta de um corte pelo qual se separam os espaços rural e urbano. A vida nas cidades angolanas — principalmente aquelas em que, como Luanda, mais se fizeram presentes os modos de vida autojustificativos do homem branco — foi reduzindo a função social do velho, que se viu desprovido do papel por ele representado nas comunidades de origem, onde sempre ocupara um lugar de honra. A sociedade industrial urbana relega seus velhos no momento em que, aceleradas as mudanças históricas, ele deixa de ser produtor e/ou reprodutor, reificando-se e pondo-se à margem do processo ativo das relações sociais.

Há uma narrativa de Arnaldo Santos "[...] e um negro-púrpura de jinjimo", paradigmática nesse sentido. Nela, vovó Taxa vai buscar, no dia seguinte da noite nupcial da neta, o lençol com o sangue da desvirginação, como ela diz, por ser "costume" e "para alegria dos [...] corações". Analisando tal fato sociológico, diz o narrador intradiegético, um ser do mundo urbano:

> Há sentimentos que se temperam nos séculos e se transmitem vivos dentro das famílias e dos povos. Em cada ruga da vovó Taxa, talvez so-

brevivessem os momentos em que eles surgiram. "Kiua! Kiua! Kolenu o dibanga!"[6] gritavam as velhas, antigamente, cantando pelas ruas, depois de terem recebido os lençóis nupciais (1981, p. 107).

Sendo outra a posição ideológica do narrador-personagem, ele procura discutir pelo texto o procedimento antigo, já que sua consciência crítica aponta para o vazio desse jogo social em um mundo em que o velho perdeu seu "lugar antigo":

> Também de mim, aquelas velhas esperavam que lhes confirmasse o sentido das suas presenças numa sociedade em que elas se sentiam ignoradas e marginais.
> [...] Valeria a pena dizer-vos que hoje não há lugar para vocês, vovós antigas... (p. 108-109).

A atitude final desse narrador mostra que ele ajuda a preservar o rito, embora criticamente reconheça o seu esvaziamento e conseqüente perda da densidade simbólica que lhe conferiam as comunidades antigas, rurais e/ou urbanas. No *corpus* há uma série de narrativas em que se pode surpreender a marginalização e/ou reificação dos velhos no espaço urbano, representado nos textos quase sempre por Luanda. Tais velhos, duplos explícitos da velha Angola, se mostram em um estado de fim, degradando-se pela fome, pelo abandono e pela solidão, sobretudo quando não têm, como a velha Taxa, quem lhes justifique o próprio viver. Por outro lado, alguns desses textos também mostram que o novo vai dar sentido ao velho, quando afetivamente os dois segmentos se encontram, operando-se a transformação alquímica.

A densidade de tais imagens de velhos se torna mais intensa quando se trata da figuração de mulheres que, como vimos, metaforizam a própria terra. É o caso, por exemplo, além de vovó Taxa, da velha Tutúri — de "O drama de vavó Tutúri", de Jofre Rocha — e da velha Xíxi Hengele, de "Vavó Xíxi e seu neto Zeca Santos", de Luandino. Estas duas últimas narrativas se fazem representações emblemáticas do velho angolano abandonado no espaço urbano que lhe cassou o papel social, ao mesmo tempo em que me parecem ser a revitalização angolana do mito arquetípico da *mater dolorosa*.

---

[6] Encontra-se em nota de pé de página a tradução: "Viva! Gritem à virgindade!" (1981, p. 107).

> Quando Velha Tutúri tira ainda o sentido nestas coisas tristes, começa sentir mais pior a confusão das lombrigas na barriga. Velha Tutúri está fraca. [...] Tutúri está se sentir cansada. Cansada dos ratos, cansada daquela miséria onde vive (1980, p. 16).

Como "a fome não sabe esperar" (1980, p. 17), aos poucos ela se entrega à idéia da própria morte. No entanto,

> Foi nessa hora, quando a velha estava a pensar assim, que Catita chegou com uma tigela na mão. Catita era filha duma vizinha e gostava vir em casa de Tutúri ouvir as histórias que a velha não gostava muito de contar porque lhe faziam lembrar os filhos que já tinha perdido (1980, p. 18).

Cria-se o espaço solidário onde o novo alimenta o corpo do velho, sustenta-o — cf. o sobrinho do velho João em *Náusea*, de Agostinho Neto (1952). Por outro lado, na ação recíproca, o velho alimenta o imaginário do novo, ata as pontas de passado e presente, construindo o futuro desalienado. Volto a Ecléa Bosi:

> A conversa evocativa de um velho é sempre uma experiência profunda: repassada de nostalgia, revolta, resignação pelo desfiguramento das paisagens caras, pela desaparição de entes amados, é semelhante a uma obra de arte. Para quem sabe ouvi-la é desalienadora (1985, p. 41).

Enquanto as mulheres adultas, não compreendendo a situação extrema da velha na tentativa de roubar a galinha, a condenam, sobretudo a dona do animal, a criança a ampara, pois não se pode calar a fonte onde nasce o seu próprio saber.

Já em "Vavó Xíxi", a velha contracena com o neto Zeca Santos e, ao contrário de Tutúri, não se entrega, lutando para continuar viva, apesar da mesma fome e miséria da outra. A privação fizera com que secasse o corpo da antiga "bessangana", dona Cecília de Bastos Ferreira, que morara "em casa de pequeno sobrado, com discípulas de costura e comidas, com negócio de quitanda de panos" (1982, p. 14-15). Hoje, no mundo presente, regido por outras leis em tudo diferentes das do mundo antigo, só lhe restara "o corpo velho e curvado [...] chupado da vida e dos cacimbos" (1982, p. 13). E também, contrariamente à outra, restara-lhe a companhia e o afeto do neto Zeca Santos, a quem procura "iniciar" na dureza das novas leis vigentes:

> *De pé na frente do neto, as mãos na cintura magra, vavó não podia guardar o riso, a piada. De dedo esticado, as palavras que estavam guardadas aí na cabeça dela saíram:*
>
> *— Sente, menino! Se gosta peixe d'ontem, deixa dinheiro hoje, para lhe encontrar amanhã!* (p. 38)

Com "sua coragem antiga", refazendo a trajetória arquetipicamente angolana de resistência telúrica, na cena que fecha o contado, ela ampara o neto. Este, não agüentando a reificação a que é submetido pelas estruturas vigentes nem o peso da fome e da miséria, sucumbindo à própria impotência,

> *encostou a cabeça no ombro de vavó Xíxi Hengele e desatou a chorar um choro de grandes soluços que parecia era monandengue, a chorar lágrimas compridas e quentes que começaram a correr nos riscos teimosos as fomes já tinham posto na cara dele, de criança ainda* (1982, p. 19).

No conto de Jofre Rocha, quem chorara fora a velha, reposta em seu lugar de solidão, depois que a menina foi embora:

> *Em agradecimento que a garganta não estava deixar passar, Velha Tutúri chegou mais perto da porta e ficou a chorar lágrimas grossas que rolaram, rolaram e foram molhar a areia fina, como gotas de orvalho numa manhã de cacimbo* (1982, p. 18).

Ao contrário de Tutúri, Xíxi, por ter ainda o neto, fruto que ela deve ajudar a amadurecer, precisa resistir e ser forte como o "sape-sape", velha árvore solitária que, na condição de seu duplo narrativo explícito,

> *ainda tinha coragem e força para pôr uma sombra boa, crescer suas folhas verdes sujas, amadurecer os sape-sapes que falavam sempre a frescura da sua carne de algodão* (1982, p. 25).

Como Tutúri e Xíxi, "o velho Pedro", do conto do mesmo nome de Arnaldo Santos — incluído em *Kinaxixe* — solidariza-se com o novo, representado no texto pelo menino Neco e seus companheiros, aos quais procura "iniciar", segundo os critérios da nova ritualização da sociedade urbana, que é a escolarização.

Da mesma forma que Tutúri, o velho Pedro vive sozinho "na sombra da sua cubata de zinco, isolada, junto das barrocas da LAL"

(1980, p. 20). Por sua solidão e isolamento, passa a ser conhecido como o "cambungu da barroca" (1980, p. 20) ou um *diquixi*, figura tão popular nos missossos,

> Se ele aparecia mesmo, silenciava no alto da barroca, magro, anguloso como um diquixi de madeira. No rosto ossudo, os olhos redondos brilhavam febris sobre uma barba castanha (p. 21).

A esse velho tão próximo dos que habitavam os antigos missossos cabe dirigir o rito iniciático dos novos tempos. O caminho é exatamente como o daquelas narrativas em que os velhos iniciadores eram sempre plasmados como monstros — *diquixi, camucala* etc. No final do conto, quando se dá o encontro entre o velho e o menino, desaparece o monstro e se fixa a imagem do professor, o "quimbanda" do mundo moderno,

> Os olhos redondos do sr. Pedro brilhavam febris, mas ele sorria. O Neco estremeceu. E no acordo que os seus sorrisos selaram ia nascer o sr. Pedro e desaparecia o cambungu das barrocas (p. 25).

Ou, em outras palavras, começa a consumar-se a iniciação. É essa mesma iniciação que se reencontra em "Pai Zé canoa miúdo no mar", de Boaventura. Neste conto de *O fogo da fala* se representa o intenso dialogismo entre velho (avô) e novo (neto), dando-se o encontro alquímico entre ambos. Pai Zé, pescador, leva o neto pela primeira vez a uma pescaria. Ele vem a morrer em pleno mar, deixando sozinho o menino que procura chegar à praia. Antes de finar-se, o velho "inicia", por suas estórias e exercícios de sabedoria, o menino nos segredos e mitos do mar, nos mistérios da vida e da morte:

> — Sim no fundo do mar é fundo. No coração do outro é longe. No fundo do mar também é longe. Você não pode saber no coração do outro está falar quê, tem lá quê (1980, p. 85).

Morto o avô, o menino, só, tenta levar a canoa, quando então o narrador resgata seu pensamento,

> Se pudesse perguntava avôzinho é assim? Se rema assim? Estou remar bem? Pai Zé pudesse lhe ver assim na ximbicação, ia sorrir de certeza como sorria sempre com ele (p. 92).

No final do conto nasce um outro missosso dos modernos tempos ficcionais, com a canoa magicamente se enchendo de flores e levando sozinha o menino para a praia e depois se afastando, carregando o corpo do velho para o reino da quianda lá no fundo do seu mar.

> *Canoa chegando. Sem ninguém a ximbicar! Gente na praia: parada a olhar. Olhos a desorbitarem no horizonte. Canoa chega [...]*
> *Tem kinzuá zuá zuá muitos a voar. Flores coloridas crescidas na canoa sem comando se afastando da praia xal'é! xal'é! xal'é!* (p. 93)

A relação afetiva privilegiada narrativamente é a que une neto e avô. Por ela se consegue amenizar a privação em que os viventes mergulham no quadro narrativo, via de regra torturadamente marcado pela fome e miséria.

Quando falta a solidariedade e a companhia de um mais novo, o caminho do velho é a solidão e a morte. Só a presença do novo consegue reverter o trágico quadro de privação e abandono em que imergem os velhos no espaço urbano. Um bom exemplo desse procedimento narrativo se encontra no conto "Monandengues" de Jofre Rocha, no qual dois velhos solitários recebem tratamentos textuais diferentes. Um, João Pastorinho, "cara dele sempre zangada", não interage com os meninos que sempre "estavam [...] a chatear o velho" (1980, p. 8). Por não se solidarizar com o novo, a personagem é punida com a morte, momento em que o narrador procura reforçar o peso de tal gesto solitário e sempre indesejável,

> Morreu esquecido *na cubata,* sozinho, sem os gritos dos monandengues *a mangar,* sem mesmo a voz bonita dos cabritos *que andava a tomar conta quando respondiam as mães.* Morreu sozinho numa noite preta como de Mariábu, sem só uma estrela na cara zangada do céu (1980, p. 8, grifos meus).

Ao contrário de João, seu substituto Zico Karibomo mantém-se integralmente solidário com as crianças. Ao lhes "[...] contar estórias engraçadas de bichos, dos sobas ricos, das viagens compridas que andavam fazer noutro tempo" (p. 9), revive o vivido e com isso religa as duas pontas do tempo, pela contação. Assim continua a viver narrativamente, pois não se pode matar Xerazade se ela tem ainda o que contar. Saindo do espaço urbano para o rural, vê-se que nas senzalas, aldeias e/ou quimbos, cabe aos velhos — sobas, macotas, quimbandas etc. — a função tutelar de preservação dos valores comunitários. Mesmo que acima da deles esteja a autoridade administrativa branca, no viver cotidiano de tais agrupamentos sociais, ao velho cabe a resolução dos conflitos do dia-a-dia. Sempre que se ameaça a estabilidade do grupo, o primeiro nível de poder convocado é o da autoridade autóctone, normalmente exercida por velhos, como mostra o trecho abaixo transcrito de narrativa de Uanhenga Xitu:

> Com a confissão do escândalo invulgar [...] houve uma manhã agitada. Todos aqueles que se dirigiam às lavras e a outras ocupações fincaram pé. Voltaram para assistir ao julgamento sumário que ia ter lugar nessa manhã, como prometera o soba (1984, p. 102).

Porque são os velhos, nesta forma de organização de mundo, aqueles que estão mais próximos dos ancestrais, sua palavra permanece tendo o peso que os grupos autóctones sempre lhes conferiram. Para um mais novo não há como contestar frontalmente a palavra do velho. Em *Manana*, do mesmo autor, quando a personagem sai de Luanda para se curar na casa do avô no campo, ela se vai despojando dos valores urbanos, imergindo no sistema simbólico do outro mundo regido pelos padrões culturais antigos:

> Poucos dias depois de a Manana estar na Funda, em casa do avô Mbengu, este mandou vir da sanzala de Banvu uma velha quimbanda para tratar a neta.
>
> Em primeiro lugar, a velha Kazola, a quimbanda, submeteu a doente a uns banhos de kifuku ou kifutu, acompanhados de [...] fricções com dikoso, com [...] drogas feiticistas, por todo o corpo (1978, p. 115).

Nesse espaço rural é plena a interação entre o velho e o novo, com aquele prolongando-se neste e vice-versa, e ambos se integrando plenamente à natureza, como se dá no conto "Vôvô Bartolomeu" de Jacinto, quando ao canto dos "pássaros da chuva" se junta a voz do velho: "e na cubata vôvô Bartolomeu contava na miudagem uma história que ele contava sempre todos os dias quando estava para vir chuva" (1979, p. 24).

Como nos missossos, é um(a) velho(a) que ajuda o novo, nos momentos em que este é ameaçado por um perigo qualquer. Isso explica por que, quando Mafuta — em *Maka na sanzala*, também de

Uanhenga — está sendo raptada e quase violentada por Kalutula, é uma velha que a salva, com seu "xinguilamento", pelo qual recebe o espírito que a fortalece:

> — HUÀA DIAAU!...
> Quantas pessoas eram precisas para darem um grito igual?!!!
> [...]. A velha, com o grito, atirou-se de catana na mão à moita e começou a urrar, batendo com a catana nos troncos, nas pedras, e buibuilava diabolicamente (1979, p. 118).

De outra parte, continuam a ser os mais novos os que dão sentido à vida dos mais velhos. Nada pode interromper a cadeia da força vital. Por isso, quando Tchitepo, de "Os regressados das ilhas" de Costa Andrade, volta do contrato e encontra a aldeia abandonada, com suas "casas mudas", imersas em "silêncio prepotente e imutável" (1980, p. 49), ele começa a sua desesperada busca de mais novos a quem *contar* as experiências vividas:

> A quem contar tudo isso? [...] Tudo o que aprendera. Que um homem deve falar com os outros das coisas de todos os homens [...] Onde estariam os mais novos? "Um homem não nasceu para obedecer", era isto que ele queria dizer (1980, p. 65).

Sem a presença desses mais novos, o velho estaria tão morto quanto estava a aldeia que revive pelo processo de sua rememoração. Tal processo é resgatado pelo narrador quando oferece ao velho angolar a página branca para que ele a preencha com sua memória restauradora da vida antiga, como fazia no contrato, quando

> o kissanje do Tchitepo chorava de noite, quando contava, estórias luimbes e tchokwes. E eram lindas as estórias que contava. Lindas. Como as lágrimas nos olhos das crianças (p. 61).

Ao se encontrarem neste conto o velho e seus mais novos, a vida repõe-se em seu lugar e o mundo ganha sentido. Por isso, a personagem

> Sentiu-se reviver. O sonho dos homens unidos com as mãos fechadas voltava-lhe aos olhos. Não era só imaginação. Via-os ali, mãos fechadas, mudos como sombras. Homens de pé, não cantavam (p. 71).

Também estes homens, restaurados pela palavra que é vida, entendem a mensagem e recebem a necessária "transfusão". Por isso, assim se encerra a narrativa, quando se separam de Tchitepo:

O grupo lentamente colocou as imbambas à cabeça e começou a andar. Aos poucos as vozes abriram-se. Quando se perderam na distância, cantavam. O velho, ao ouvi-los longe, sorria apenas (p. 75).

Mais uma vez, pelo "sopro" da palavra, o equilíbrio do cosmo se implanta e se vence a morte e o caos. Alquimia, pedra a fazer-se ouro. Algumas vezes, mesmo no espaço urbano, o velho tem a função de soba e/ou macota do mundo rural. Há um exemplo clássico que é o da velha Bebeca, de "Estória da galinha e do ovo", de Luandino Vieira, também em *Luanda*. Ela, com sua autoridade, resolve a maka das duas mulheres que disputavam o ovo, reinstaurando, como um soba, a ordem grupal ameaçada. Para isso expulsa os juízes convocados um a um — "sô Zé", "sô Vitalino", "Azulinho" e "sô Lemos" — que não falam sua linguagem de "sabedoria" (1982, p. 102). Por fim, decidindo-se, a velha

sorriu também. Segurando o ovo na mão dela, seca e cheia de riscos dos anos, entregou para Bina.

— Posso, Zefa?... (1982, p. 123)

Recebida a sentença, o musseque volta à calma. A vida, uma vez mais, se recompõe e só resta ao narrador, na velha tradição da maka, fechar assim seu relato:

Minha estória.

Se é bonita, se é feia, vocês é que sabem. Eu só juro que não falei mentira e estes casos passaram nesta nossa terra de Luanda (1982, p. 123).

Nem tudo, porém, se coloca no pólo positivo, quando se configuram imageticamente os velhos nos textos angolanos pós-1950. Eu diria que nem tudo é louvação, como se dá em *A última narrativa de Vavó Kiala*, de Aristides Van-Dúnem, ou em *A porta*, de Domingos Van-Dúnem, em que os velhos são louvados por sua resistência moral e/ou ideológica.

Contrariamente a tais velhos, há uma série de outros que negam essa faceta positiva. Eles tentam preservar práticas obsoletas que entravam o processo de transformação. É o que se ficcionaliza, por exemplo, em *As aventuras de Ngunga*, texto em que se quer a construção do homem novo, como o momento histórico exigia.

Na viagem que vai fazendo em busca de seu conhecimento, Ngunga se inter-relaciona com velhos como Kafuxi e Chipoya que, por terem capitalizado uma série de bens materiais, usam da exploração como forma de cada vez acumularem mais coisas e/ou dominarem pessoas. Ao lado das práticas comunitárias que se deveriam preservar — cf. hospitalidade dos quimbos: "Qualquer viajante que chega a um kimbo da nossa terra tem o direito de participar numa festa" (1983, p. 8) —, há outras que devem ser denunciadas, como a usura e o alembamento. Daí a reflexão de Ngunga, quase ao final da estória.

> *Por que o Mundo era assim? Tudo o que era bonito, bom, era oprimido, esmagado, pelo que era mau e feio. Não, não podia. Uassamba, tão nova, tão bonita, com aquele velho? Lá por que ele a comprara à família? Como um boi que se compra ou uma quinda de fuba?* (1980, p. 52)

Também em *Maka na sanzala* de Uanhenga se levanta uma voz contra o soba velho que deseja Mafuta para sua mulher:

> *Temos de ver que hoje as nossas filhas já não estão como no tempo antigo em que se dizia ao marido da mulher grávida: "Se desta barriga sair uma rapariga, será minha, e, se for rapaz, ficará meu amigo." Os tempos mudaram. Hoje, as filhas é que querem escolher* (1979, p. 56).

O texto narrativo se acumplicia com a denúncia de práticas arcaicas que precisam ser ultrapassadas, quando tudo no corpo social se mobiliza buscando a transformação. Por isso, mesmo chegada a independência, os textos procuram dialeticamente tecer as oposições, demonstrando que "é preciso vigilância" e obedecendo à convocatória feita pelo pioneiro do esquadrão Kwenha. Nesse sentido é que se devem ler textos como "Na *mbanza* do Miranda" e "O cesto de katandu", de Arnaldo Santos. Neles continuam a confrontar-se a tradição que ameaça cristalizar-se e a transformação que se deseja implantar.

Em "O cesto", o narrador conta a estória de um velho, Samuel João, que de repente se vê privado do sentido de sua vida e começa a questionar o mundo novo que não trouxe as respostas que se quer:

Aquela praça era mesmo igual àquela que ele sempre tinha pensado, mas ao mesmo tempo a mais diferente. Estavam ali as pessoas todas livres, mas mesmo quantas tinham liberdade de comprar, [...] o seu cargo que era toda a sua vida de trabalho não tinha qualquer valor. O valor realmente é o da boca, porque para quem tem dinheiro, onde há boi não há lonjura... já diziam os jissabu dos antigos (1986, p. 90-91).

Também em *O cão e os caluandas* o velho e o novo reaparecem. Ora se mostram tensionados — caso se pense que o cão tenta restabelecer as bases de um mundo em concerto (cf. "Carnaval com kianda", por exemplo, p. 93-101), denunciando os segmentos que se afastam da nova ordem — ora acumpliciados, quando o cão, o velho e a criança se unem para vencer a buganvília. No seu papel de consertador/ concertador, o cão se faz bissemicamente novo e velho, pois tem a força do novo à que se liga a sabedoria do velho. Ele é a intersecção de dois conjuntos que se querem suplementares. Por isso, na cena final é o velho que o ajuda a destruir a buganvília, mas é o menino quem pede que o faça. É então que a catana de novo se empunha, pois

O velho, num salto e num uivo de ódio ancestral, fez cintilar a catana na noite que caía, desferindo um único golpe no tronco da buganvília.

Fatal, o golpe razou o solo e cortou o tronco em dois. Os outros gritaram e avançaram para a raiz e arrancaram-na. Nela ficaram cravados os últimos dentes do pastor-alemão (1985, p. 185).

Outra vez se ligam o velho e o novo no espaço da representação simbólica. Já não é mais amanhecer, pois o *dia* já veio e ameaça ir embora — "noite que caía". Também a buganvília, extraordinariamente crescida, teve de ser cortada pela raiz. Renascerá um dia? Finalmente o cão, morto embora, teimosamente se põe à beira (margem?) do mar, para sempre imobilizado no lugar mágico onde avistara a possibilidade do sonho-encontro com uma "Toninha, algas como cabelos..."

Nas malhas do novo projeto ideológico pós-independência, recuperados pelos textos narrativos, continua a reter-se a teia antiga, com os fios significativos velho/novo retraçando-se em outros desenhos. Permanece viva a solidariedade entre os elementos do par simbólico e a interação se dá ainda em plenitude no plano imagético, assim como, no plano discursivo, as antigas marcas da oralidade buscarão tecer-se às da letra literária, construindo-se o fecundo entrelugar de voz e letra, como a seguir se verá.

4.2 OS CAMINHOS DE UMA FALA

> *A guitarra*
> *é o som antepassado.*
> *Partiram-se as cordas*
> *esticadas pela vida.*
> *Chorei fado.*
> *Que importa hoje*
> *se o recuso*
> *o ngoma é o som adivinhado.*
>
> Luandino Vieira[7]

Partindo do fato de que a linguagem é semiprópria e semi-alheia, dada a sua orientação para o dialogismo, como quer Bakhtin:

> *A palavra da linguagem é semi-alheia. Torna-se própria, quando o falante a impregna com sua intenção, com seu acento, quando a domina, relacionando-a com sua orientação semântica e expressiva* (1986, p. 105):

percebe-se que nos países colonizados tal fato genérico ganha outros complicadores. O processo colonizatório, como tantas vezes reiterei nesta leitura, traz para o falante colonizado a irreversibilidade da fratura lingüística. Com os movimentos de resistência e/ou libertação, esta questão aflora com maior violência e se acirra a luta pela afirmação da palavra própria *stricto* e *lato sensu*.

Ao se focalizar a ficção, vê-se que há nela espaço para que a cultura híbrida fale com maior força. Como observa o mesmo Bakhtin, o texto em prosa é mais atingido pelo dialogismo fundamental da linguagem, uma vez que o prosador utiliza palavras já pejadas de intenções sociais, obrigando-as a que se submetam a um "segundo dono" (1986, p. 128). Também pelo fato de abrigar outras consciên-

---

[7] Citado a partir de Manuel Ferreira. *No reino de Caliban* (II), Lisboa: Seara Nova, 1976, v. 2, p. 238. O nome do poema é "Sons".

cias falantes, além da do narrador, adensa-se a composição híbrida da fala ficcional.

Essas questões de caráter geral e mais a que diz respeito à formação da ficção angolana — nascida, como de resto toda a literatura, do encontro de duas culturas excludentes — fazem com que cada vez mais os textos se procurem reafirmar como um ato de radicalização plurilingüística que não é apenas própria de Angola, mas dos países africanos em geral. O enfrentamento de culturas e das duas línguas — às vezes até mais — se dá na territorialidade do texto. Percebe-se, então, que o colonizado se apropria da linguagem do outro, ao mesmo tempo em que mostra também ter sido por ela possuído.

Em Angola esse enfrentamento ganha maior força na década de 1950, adquirindo contornos mais definidos após o início do confronto armado em 1961. Pela recusa crescente de uma aceitação passiva da dominação, o escritor angolano busca criar uma fala literária própria, a fim de que possa enfrentar a do colonizador. A ficção de Luandino serve como bom exemplo disso.

Nessa minha travessia pelos caminhos da fala ficcional angolana moderna, tento agora surpreender como se afirma seu projeto estético. Para tanto, tomo como marco zero o ano de 1952. Nele encontro, pela primeira vez, a publicação de três textos que se podem tomar como primeiras realizações do amanhecer ficcional moderno de Angola. São eles:

- *A praga*, de Óscar Ribas, conto que faz parte de *Ecos da minha terra*, sendo republicado separadamente pela UEA, em 1978;
- *Náusea*, de Agostinho Neto, texto dado a público no número 3-4 de *Mensagem*, de Luanda, e republicado pelas Edições 70, em 1978;
- *Vôvô Bartolomeu*, de António Jacinto, que assina o conto, aparecido em *Itinerário* de Moçambique, com o nome de Orlando Távora. Em 1979, depois de ter sido republicado em *Contistas angolanos* (CEI, 1960), sai pelas Edições 70.

Desse marco, em consciente corte temporal, já que é impossível parar em todos os pontos do trajeto, elejo, nas décadas de 1970 e 1980, três outras narrativas: *Manana*, de Uanhenga Xitu; *O cão e os caluandas*, de Pepetela, e *João Vêncio: os seus amores*, de Luandino Vieira, publicados, respectivamente, em 1974, 1985 e 1979. Eles passarão a dialogar com os primeiros e, nesse jogo de pares, outras produções poderão também contribuir com sua fala, sempre que se fizer necessário.

Apesar de não serem os três últimos textos narrativas curtas, penso que, por sua organização discursiva, marcada pelo encadeamento de várias estórias, eles não fogem ao modelo que a leitura persegue. Por outro lado, convém notar que *Manana* e *João Vêncio* se escrevem antes da independência, embora a última obra só se publique depois dela. Já a de Pepetela é posterior à libertação. Isto não representa qualquer entrave à pesquisa que, nesse ponto, privilegiará a faceta estética do projeto ficcional e alguns de seus desdobramentos, sendo-lhe até conveniente buscar textos de tempos distintos cronologicamente.

Finalmente, muito embora não seja meu propósito datar fatos e/ou acontecimentos, julgo pertinente tecer algumas considerações sobre pontos que considero importantes, antes de me embrenhar pelos "discursos alheios" que tanto seduziram meu imaginário. Sei que tais discursos esperam uma "palavra-resposta", já que: "Toda palavra se dirige a uma resposta e não pode evitar a profunda influência da palavra-resposta antecipável", repetindo Bakhtin (1986, p. 106).

4.2.1 Sementes ao amanhecer

Só existe
o que amanheceu
Depois é fruto e é semente.
E, a semente de si, já não é nada
Só a semente de novo amanheceu.

Alexandre Dáskalos

O ano de 1948 representa o momento em que se lançam ao solo as *sementes da nova literatura* de Angola. A metáfora da semente está tão fortemente marcada no imaginário do intelectual de então que Carlos Ervedosa, em entrevista concedida em 1960 e publicada em *Mensagem* da CEI, assim se refere ao movimento dos Novos Intelectuais: "A semente foi lançada à terra e tal como o capim do nosso mato, renasce sempre bem verde por entre as cinzas das queimadas de setembro" (1960, p. 34-35).

O chamamento dos Novos Intelectuais será, mais que o boletim da CEI — pelo menos até 1957 — a pedra de toque instauradora da modernidade, sobretudo com os quatro números de *Mensagem* e a segunda fase do jornal *Cultura* (1957-1960), da Sociedade Cultural de Angola. O movimento "mensageiro" é eminentemente poético, mas a ficção também aparece em suas páginas. Já em *Cultura* se abre um espaço maior para a prosa, sem que no entanto os poetas deixem de nela colaborar.

A moderna produção ficcional, embora surja com força mais pujante na década de 1950, se consolidará nas subseqüentes, sobretudo em forma de textos curtos, conforme afirmei anteriormente. Tais textos atendem melhor ao anseio do coletivo plural e, ao mesmo tempo, mais se coadunam com os exemplos anteriores, percebidos como nacionais.

Este quadro justifica por que a década de 1960 traz uma série de publicações de narrativas curtas, seja em periódicos, seja em forma de antologias, como *Contistas angolanos*, policópia realizada pela CEI em 1960. Nesta se reúnem textos tradicionais, contistas de *Mensagem* e *Cultura*, além de produções de Soromenho e Ribas. Também as Publicações Imbondeiro editam, em 1961 e 1962, respectivamente, *Contos d'África* e *Novos contos d'África*, organizados por Garibaldino de Andrade e Leonel Cosme.

Tanto dentro como fora de Angola — conforme edições estrangeiras dos contos angolanos — surgem coletâneas e/ou obras isoladas pelas quais se vai firmando, clandestinamente muitas vezes, a produção ficcional. Vale resgatar o que diz Costa Andrade sobre a atividade clandestina de editoração da CEI, no prefácio a *Poemas*, de Jacinto:

> *A experiência desses dias, febril, entusiasmada, receosa, mas decidida, fez-nos viver intensamente momentos muito felizes. Estabelecemos uma rede considerada clandestina de distribuição nas faculdades e associações acadêmicas, e de portadores marítimos ou outros para Luanda. As edições de quinhentos exemplares — o máximo permitido pela nossa capacidade financeira — apareciam e esgotavam-se em poucas horas* (1958, p. 8).

Só com o advento da independência, os textos saem da clandestinidade. Exatamente quase um mês depois de ter sido promulgada esta mesma independência — 10 de dezembro de 1975 —, cria-se a União dos Escritores Angolanos, que procura reforçar o coletivo plural na atividade do escritor, manifestando, como afirma o mesmo Carlos Ervedosa:

> A necessidade e urgência de os escritores se organizarem coletivamente para prosseguirem nesta longa luta do nosso povo para a conquista de um futuro digno, liberto de todas as formas de alienação, exploração e dependência, numa sociedade democrática e progressista (1979, p. 155).

O trabalho editorial da UEA retoma e amplia os das décadas anteriores, inclusive pela atividade da gazeta *Lavra & Oficina*, órgão difusor não só da produção literária propriamente dita, mas de estudos e/ou reflexões críticas sobre a mesma. Nesse quadro geral observa-se que a produção ficcional, a princípio menos constante que a poética, vai-se fixando cada vez mais, sobretudo quanto às narrativas curtas, muito significativas no quadro mais abrangente das literaturas africanas de língua portuguesa.

Os três textos pelos quais começo a pensar tal ficção representam, no panorama descrito anteriormente, três formas possíveis de dicção literária em prosa. Eles mantêm certos traços por que se interseccionam e ao mesmo tempo se mostram como menos ou mais aproximados dos modelos nacionais anteriores. Deles, dois pertencem a autores da *Mensagem* — Neto e Jacinto —, na base poetas que representam um papel fundamental na história das idéias e no processo revolucionário angolanos. Já Ribas não participa diretamente da luta, mas é um dos sedimentadores da revitalização da cultura autóctone, seja por sua faceta de etnólogo, seja pela de produtor literário.

Quando o leitor atento começa a garimpagem dos textos, um fato lhe salta aos olhos: simbólica e sintomaticamente nesse momento de amanhecer ficcional, o tempo inaugural das estórias é a *manhã*:

> *Nessa* manhã, Mussoco, ao reentrar em casa noticia jubilosamente (AP, p. 7)

> Da sua cubata de Samba Kimôngua, velho João saiu com a família, de manhãzinha, *muito cedo* (Na, p. 21).

> Vôvô Bartolomeu desde manhãzinha *que olhava o pardacento céu* (VB, p. 19, grifos meus).

Este tempo-manhã, marca da abertura das narrativas, é um tempo de esperança, assinalado pela possibilidade de realização do prazer que toma a forma de "sonho". Mussoco, a jovem personagem de *A praga*, acha uma boa quantia de dinheiro e *sonha* o que fazer com ela — "Para que quero eu a casa? Vamos, mas é comprar uns panos bons... umas joiazinhas... e, se o dinheiro chegar, uma máquina de mão..." (p. 8). O velho João *sonha* em descansar, fugindo à miséria de sua exígua cubata no musseque de Samba Kimôngua: "Queria escapar por algum tempo ao calor da cubata de latas de petróleo. A ilha é fresca quando se repousa à sombra dos coqueiros" (p. 21). O jovem narrador de *Vôvô sonha* com o que poderá realizar com o resultado da colheita: "Aquele milho bonito que devia dar para pagar as contas e o alembamento. Ainda devia chegar pro imposto e escapar de ir no contrato" (p. 22).

A idéia básica é sempre a mesma: há uma expectativa de escapar à sorte adversa, realizando-se um desejo pelo qual uma mudança de estado se faz possível. Anuncia-se, simbolicamente, a tese da possibilidade de um viver outro, sem repressão.

Contrariamente a esta tese, o narrado demonstrará a antítese, com a sorte sonhada se esfacelando pouco a pouco pela comprovação de que se está irremediavelmente preso à condição sócio-humana negativa. Os textos ficcionalizam, pois, a "sorte de preto", mostrada como azar: Mussoco morre; o velho João não descansa frente ao mar, mas acaba por odiá-lo, vomitando e perdendo as forças; finalmente, um raio cai sobre a cubata, queimando a colheita. O negro se mostra como um títere nas mãos de um destino adverso, com exceção do narrador de *Vôvô Bartolomeu* que revela um desejo nascente de lutar contra o atavismo daquela condição:

> Então! Somos netos de Gola Quiluanji quiá Samba, tudo para nós é azarento... (AP, p. 25)

> E Kalunga não conhece os homens. Não sabe que o povo sofre. Só sabe fazer sofrer (Na, p. 29).

> Não eu não ia ficar assim parado a pensar na sorte de preto que vôvô falou. Não. Aquela terra tinha força. Eu também.
> Amanhã eu ia mesmo, com a minha força toda, limpar a lavra de café (VB, p. 31).

Assim como esses, quase todos os textos ficcionais representam, por diversas figurações imagísticas, a sorte negativa do homem angolano, acirrada pelo processo colonizatório. Para tanto busca-se a cenarização dos espaços periféricos urbanos chamados musseques, dos quimbos e senzalas da terra que sofrem um processo anômico de desfiguração social. Os produtores textuais, ao resgatarem tal processo, se acumpliciam com a necessidade de denunciar o estado de reificação do colonizado, plasmado narrativamente quase sempre como objeto da História. Algumas de suas obras mostram também um movimento para a mudança e então trazem para a cena ficcional o homem angolano empenhado na luta pela qual se procura fazer sujeito daquela mesma História. Domingos Xavier, personagem de Luandino, serve como exemplo daqueles que, como a personagem de *Vôvô Bartolomeu*, querem "limpar, com *sua* força, a *sua* terra".

O momento de amanhecer ficcional traz, para o centro dos textos, narradores intra ou extradiegéticos que sob a capa das palavras escondem, como ensina Bakhtin, a pele dos "autores verdadeiros" (1986, p. 146). Sob a fala daqueles está o ponto de vista destes, mesmo que tal ponto de vista seja discordantemente indiciado por pistas que o leitor deve levantar. Com relação a tal leitor, é preciso não esquecer que o autor o tem em mente ao criar o horizonte de expectativa de sua obra. Este espera uma "palavra-resposta" do primeiro, que se lhe configura em virtualidade, pois, em qualquer ato de fala, a orientação do falante ao ouvinte

> é uma orientação ao horizonte particular, ao mundo especial deste: ela introduz momentos novos por completo em sua palavra, pois durante isto [o processo da fala] tem lugar uma interação de contextos, pontos de vista e horizontes diferentes, de sistemas de acentos expressivos distintos e de "linguagens sociais" também diferentes (Bakhtin, 1986, p. 109).

O que a seguir se verá é como o horizonte de expectativa dos três autores, inicialmente considerados, se liga a três possibilidades angolanas de pensar/dizer o texto, que se vão firmar — dentre outras igualmente possíveis — no panorama ficcional, abrindo-se três vias narrativas muito exploradas pelos produtores nas décadas subseqüentes. Tais vertentes se ligam a formas arquetípicas de pensar a relação do texto com a realidade, sua matriz, assim como à sua maior ou menor proximidade dos exemplos discursivos anteriores, sobretudo da tradição narrativa oral.

Curiosamente se verá que a obra de três autores expressivos no quadro geral da ficção angolana — Uanhenga, Pepetela e Luandino — retoma e/ou amplia o projeto ficcional esboçado naquele momento de 1952. Por isso escolhi as obras referidas anteriormente, que passarão a dialogar com as três primeiras, criando-se a rede intertextual pretendida pela qual o leitor pode comprovar como se reafirma, cada vez mais, a eficácia de um projeto que tem como pilar de sustentação a tensão entre a magia da voz e a artesania da letra.

4.2.2 De voz e de letra: um trançado possível

> *Ouviremos o povo das sanzalas*
> *dos dongos dos rios e do mar*
> *nos muceques*
> *as velhas contam coisas doutras eras*
> *Ensinaram-nos a linguagem de Voltaire*
> *de Goethe e Shakespeare*
> *e para nós ficou silenciosa*
> *a linguagem das lavras*
> *quando entramos calados pelos quimbos*
>
> Henrique Guerra

O movimento de revitalização, pela escrita, de normas e procedimentos estéticos da oralidade acirra-se, quando a cultura toma consciência de seu hibridismo e busca formas de equilibrar as duas forças quando os imaginários artísticos percebem que se faz necessário subverter o discurso hegemônico, encontrando um caminho de expressão pelo qual possam falar Angola e seu povo. Como diz Henrique Guerra, é preciso ouvir "o povo das senzalas/dos dongos dos rios e do mar", rompendo-se o grande silêncio histórico e ouvindo-se as vozes que "contam coisas doutras eras". Só então os intelectuais podem falar com seu povo, não mais entrando "calados pelos quimbos".[8]

De outra parte, não se trata de abandonar o legado do colonizador, sobretudo no que se refere ao uso de sua língua que, de acordo com Amílcar Cabral,

---

[8] O poema é "Cultura nacional" e é citado a partir de *Textos africanos de expressão portuguesa* [Angola]: Ministério da Educação, [19--]. v.1, p. 134.

é uma das melhores coisas que os tugas [...] deixaram, porque a língua não é a prova de nada mais senão um instrumento para os homens se relacionarem uns com os outros (p. 139).

Fazia-se necessário, ainda segundo ele, mobilizar o povo naquele momento histórico de transformação, tentando impedir que a cultura nacional se cristalizasse:

A nossa cultura deve desenvolver-se ao nível nacional, da nossa terra. Mas sem desprezar, nem considerar menos a cultura dos outros, e com inteligência, aproveitando da cultura dos outros tudo quanto é bom para nós, tudo quanto pode ser adaptado às nossas condições de vida (idem p. 139).

Não se pretendia então o abandono do discurso cultural alheio, parte integrante já do universo do colonizado, mas sua adaptação às condições históricas dos povos de África, visando ao "avanço cultural", ainda segundo o líder. Por isso, sendo a literatura uma das formas simbólicas por que mais se manifestavam os projetos históricos em formação, é natural que ela respondesse à palavra de ordem dos dirigentes (cf. textos de Agostinho Neto, o mesmo Amílcar Cabral e Samora Michel), aprofundando o nacional e adaptando o que não o era.

As narrativas em prosa, no afã de radicalizar-se como ato cultural de resistência, vão estabelecer pontes explícitas com uma narratividade angolana que tem, na oralidade, seu modelo. Ao mesmo tempo não abandonarão a expressão em língua portuguesa que, no entanto, cada vez mais procurarão modificar. No quadro geral desse jogo simbólico, parece-me importante lembrar as estórias de mulheres cuja cenarização era o cotidiano urbano de Angola e que o folhetim consagrara a partir do século XIX. Quando se intertextualizam as produções ficcionais modernas, perseguindo-se a tensão entre *voz* e *letra*, chega-se a três vertentes, conforme foi dito anteriormente. Por outro lado, vê-se que o enfrentamento da tradição e da transformação ganha contornos definidos, com os autores cada vez mais conscientizados de que é preciso reafirmar o primado do gozo estético sobre a contextualização, marca dos textos populares orais. A estratégia que leva a uma opacidade cada vez mais significativa do signo artístico passa a ser um dos traços da produção ficcional, sobretudo das últimas décadas do século XX.

Para começar a estabelecer a rede intertextual, devo marcar que a primeira vertente, na qual privilegiarei os textos já referidos de Ribas e Uanhenga (ou Agostinho Mendes de Carvalho), liga-se à resistência narrativa, trazendo para a cena discursiva usos, costumes e tradições do povo que ganham nela um lugar de precedência absoluta. As obras dessa vertente se caracterizam por um certo acriticismo, sobretudo quando práticas culturais arcaicas são mostradas como desejáveis pela ideologia do texto, em determinado sentido bastante conservadora.

A segunda vertente, no caso representada pelos textos de Neto e Pepetela (ou Arthur Pestana), se caracteriza pelo adensamento do olhar, sobretudo pela discussão do papel histórico do oprimido e das formas arbitrárias de exercício das várias facetas do poder. A base continua sendo a tradição — lembremo-nos, por exemplo, do mar, Kalunga, alegorizado no texto de Neto —, mas essa tradição é ultrapassada, retornando em nova dimensão ao universo do texto que se quer um interpretante crítico do contexto, mobilizando ideologicamente o receptor, sem que se minimize também — ou principalmente — sua qualidade de objeto estético. De modo claro há um diálogo entre a ficção e a história.

Finalmente, a terceira — em que se encontram as estórias de Jacinto e Luandino (ou José Mateus Vieira da Graça) — privilegia o gozo estético, sem que se perca de vista a capacidade de mobilização ideológica do texto. Busca-se um meio de desalienação da forma artística, a qual deve corresponder ao conteúdo novo que se quer disseminar. A peleja entre a voz e a letra ganha vulto e, ao fim e ao cabo, ambas se entrelaçam, formando o entrelugar onde a palavra ao mesmo tempo faz sua revolução e sua festa.

4.2.2.1 Elos de uma cadeia

> *Ter África no sangue*
> *é compreender a voz dos quimbos;*
> *senti-la como reza em noites de kazumbi,*
> *noites de óbito e batuque nas sanzalas.*
> Cândido da Velha[9]

---

[9] Citado a partir de Manuel Ferreira, *No reino de Caliban* (II) Lisboa: Seara Nova, 1976. v. 2, p. 302.

Tanto *A praga* quanto *Manana*, em dois tempos históricos distintos, recuperam dialogicamente a tradição narrativa de Angola, estabelecendo explícitos elos textuais com obras anteriores como, por exemplo, *Nga Mutúri*, de Alfredo Troni, e *O segredo da morta*, de Assis Júnior. Também pelo aspecto mágico e/ou sobrenatural do relato elas se interseccionam com os missossos da oralidade, além de estabelecerem interfaces com as makas, pelo caráter de veracidade que se atribui ao contado. O leitor percebe que os dois produtores buscam "a preservação [...] da carga psicológica, do caráter vital próprio de uma cultura e de um modo de ser", citando Mário António (1968, p. 156). Tentam fazer de seus textos veículos dos valores grupais, uma vez que tiram sua matéria narrativa do patrimônio cultural autóctone.

De outra parte, a ideologia assumida explicitamente pelos textos — não obstante diferentes tentativas de explicação para os eventos narrados — é conservadora, reforçando-se ao fim do relato a lição contextualmente edificante. Há um nítido desejo de adensar o suporte ético das ações narrativas, daí porque, como nos missossos, se punem os transgressores. Mussoco morre e Felito, ao final, sofre um desvario, contando a verdade do adultério à mulher.

Também o narrador de *A praga* é um reforçador da ideologia propriamente angolana, pintando com cores mais vivas os modos de vida autojustificativos daquele povo. Isso se explica por que naquele momento histórico, como se dera com a obra de Assis Júnior, havia uma tentativa de recuperação dos traços da diferença da angolanidade como forma de resistir à ideologia do colonizador, por sua vez recuperada pelo texto, como vimos.

Voltando ao caráter conservador de reforço ético do contado, percebe o leitor que as duas estórias são de moral e exemplo, com a sua intenção lúdica juntando-se à edificante. Por esta, o mundo retorna à ordem "desejável", punindo-se os transgressores, geralmente com a morte ou a ameaça dela. O agente de tal morte não é a natureza, mas um fato provocado por elementos sobrenaturais convocados pelos homens de modo direto. Os feiticeiros têm, nesse quadro punitivo, um papel fundamental, como se dava nos missossos. Veja-se, a propósito, a praga rogada pela dona do dinheiro perdido e que vai determinar uma série de mortes em cadeia:

— *A vós, Honji e Vonji, Muene Congo e Deus, Deus e Além, venho rogar a Vossa justiça [...] morra quem achou o dinheiro e quem o ajudou a comer!*

> *Também morra quem lavar o seu cadáver, quem lhe cortar as unhas, quem lhe cortar o cabelo, quem o vestir, quem disser* aiué! (AP, p. 17)

Outras vezes, é o caso de Manana, as mortes são provocadas por fatores não terrenos, como espíritos. Como no romance, de Assis Júnior, os sinais de perigo são descodificados por velhos, ainda dentro da ótica da tradição:

> — *Estes [...] nossos parentes da Ilha já adivinharam o que matou a mãe, que morreu sem nada!!! [...] Portanto, a única forma de a gente salvar as filhas que ficaram é tratar com os doutores da terra. Depois, então, é que a gente vamos no hospital* (p. 159).

As duas estórias se ligam, ainda, pelo fato de serem basicamente narrativas centradas em mulheres. Mesmo *Manana*, que tem Felito como narrador-personagem, se desenvolve em torno do relacionamento deste com as mulheres que marcam sua vida: a esposa Bia, a sogra, Manana, a mãe, a irmã e a tia desta, as velhas quimbandas. Como sabemos, desde os missossos, as transgressões femininas, mais que as masculinas, se devem pagar com a morte, dado o caráter conservador das camadas populares.

Na ficcionalização dessas estórias de mulheres, reforça-se a pintura do cotidiano e dos usos e costumes do grupo. Assim se justifica por que se tornam ainda mais populares narrativas como as de Assis Júnior, Ribas e Uanhenga. No caso deste último, não é apenas em *Manana* que há uma personagem masculina principal a encobrir, a uma primeira vista, a atenção dada pelo ficcionista às estórias de mulheres. Por exemplo, Kahitu tem seu destino selado pelas várias figuras femininas com que se relaciona do nascimento — e até antes dele — à morte.

Algumas vezes, embora o primado seja da mundivisão do colonizado, se discutem criticamente as práticas da terra, como se dá com Felito, que quer ver a ciência prevalecendo sobre a magia:

> *a Ana está muito magra. Não tem sangue no corpo [...] Eu achava que ela fosse primeiro à consulta médica [...] e depois fará os tratamentos dos nossos quimbandas* (p. 161).

Em *A praga* aparece outra explicação possível para as mortes em cadeia, marcada pelo racional e científico. Os naturais da terra, porém, a afastam, no que são seguidos de perto pelo narrador:

— *É epidemia!* — *Declaram os médicos.*
Mas o povo não ia nessa, com os ocultistas contrapunham:
— *Auá! Qual epidemia. São mas é os* jimbambi (p. 24).

Mais uma vez se enfrentam, como nos missossos e em *O segredo da morta*, as mundivisões branca e negra, com o narrador fazendo-se cúmplice desta.

Ainda seguindo a tradição narrativa, a morte ocupa o centro da cena ficcional, sendo mostrada africanamente como um fato não natural que se pode provocar e/ou exorcizar. Tal morte não se representa, de acordo com os exemplos anteriores, como um fato isolado, mas é um acontecimento em cadeia, o que faz dela algo mais perigoso ainda, pois ameaça o grupo de dissolução. Acionam-se, por isso, os mecanismos de controle, mesmo que no plano do mágico e/ou sobrenatural.

— *Vejam lá! Então a senhora Isabel não morreu!*
— *Hela! Outro dia morreu a sobrinha, hoje morre a tia! É azar! [...]*
— *Mas o que está a estranhar é as pessoas que estiveram nos óbitos da falecida senhora Donana, sentirem o mesmo mal que as comeu* (AP, p. 21).

Esperar até que nos venha "comer" e a gente vai buikilâ!!! [...] agora avô António já sabe quem anda "comer", a gente vai esperar mais qu'é? (M, p. 163)

Pela estratégia da ficcionalização da morte e pela importância que se atribui à mulher no corpo do narrado, as obras de Ribas e Uanhenga estabelecem laços explícitos com a de Assis Júnior, que, por sua vez, se liga a *Nga Mutúri*, narrativa do século XIX que tem na técnica do folhetim uma de suas principais marcas discursivas. Por outro lado, ligam-se aos textos da oralidade, com os quais mantêm as interfaces já referidas. São elas, pois, narrativas "tributárias do griotismo", usando uma expressão de Salvato Trigo, para quem este mesmo griotismo é uma técnica que as literaturas africanas modernas usam e que consiste na construção do texto literário com base no molde da literatura oral, ou seja, da oratura.

Nessa oralização da escrita angolana moderna, que não é apenas própria das literaturas africanas — cf. Guimarães Rosa e José Saramago — mas nelas ganha um caráter suplementar de resistência, tudo se faz para que o receptor possa visualizar as ações, memorizando-as e transformando-se em um potencial contador. Vejamos um pouco mais detidamente alguns desses procedimentos, encontrados não só nas obras em questão, mas também nas de Boaventura Cardoso, Arnaldo Santos, Jofre Rocha, Manuel Pacavira, Aristides Van-Dúnem, Domingos Van-Dúnem etc.

O primeiro fato a destacar é o predomínio da narração sobre a descrição e do discurso direto — às vezes até indireto livre — sobre os dois. O primado do plano dialogal faz com que o texto se coloque em uma intersecção entre o dramático e o propriamente narrativo, o que lhe reforça a expressão griótica:

— *Aca! Tu também! O dinheiro está-te a queimar as mãos? Deixa-a lá falar, isso é para meter medo! Eu não nasci hoje!*
— *Mas vavó!...[...]*
— *Aquilo é boca dela só! É mentira dela, não vai fazer nada! Vai cubar, vai cubar, onde é que ela vai cubar?* (AP, p. 14)

— *E por quê estás a chorar, Bia? Mas, ó mãe, além do que me disse a Bia, passou mais alguma coisa cá em casa?*
— *O caso não é bocado, senhor...*
— *Ó mãe! Por amor de Deus não me trate por senhor! Assim não [...]*
(M, p. 105)

Este movimento dramático se liga diretamente à performance do griot, que representa o contado para o público, funcionando como um único ator de vários papéis.

Também a recuperação dos ruídos é um procedimento importante, quando se usa a técnica do griotismo. A presença do plano onomatopaico é um dos elementos que garantem a eficácia do processo.

— *'Kia ngi kola... a ngi kuata. bu dibele... dia nguari!...*[10]
— *Tuturinava de moradia próxima uma rola* (AP, p. 7).

Ameaçava [o homem], fazendo ecoar o chicote no cão: Táu-táu (M, p. 52).

---

[10] Em nota de pé de página o autor traduz o canto: "Sou azarenta... apanharam-me... numa armadilha... de perdiz!...".

Essa tentativa de recuperação griótica dos ruídos é um dos principais traços das narrativas de Uanhenga, que, como escritor, usa vários procedimentos gráficos para conseguir tornar "ruidoso" o seu texto, recuperando o barulho do real matricial:

> As duas mulheres encontram-se [...] exclamaram ao mesmo tempo: ka-ia-aaááá. E seguem-se as pancadas (pá-pá-pá) nas costas. [...] Uouooóolo!!! E ouvir dela uooolo! E cairmos aos abraços, com uma expressão única. Kâ-iaaa! (M, p. 123)

Também o plano de repetições é outra marca da interseccionalidade de voz e letra. No texto de Ribas um dos elementos repetidos é a praga, o que intensifica o seu peso noturno — cf.p. 12,15 e 17. No de Uanhenga, aparece o procedimento da repetição aliada ao ritmo ternário, como vimos com relação aos missossos:

> Eram mais de três mulheres [...] para atrair o espírito e dar o sinal de hanhi- hanhi- hanhi... (p. 116)
>
> E entrava no meio do povo, [...] como um monstro que vinha lutar e engolir os cristãos que cantavam!... Cantavam!... e cantavam com saudades!!! (p. 139-140, grifos meus).

Tanto em *A praga* quanto em *Manana* percebe o leitor uma tentativa de prolongamento do gozo narrativo, pelo encaixe de outras estórias ou cantos. Na segunda obra são várias as narrativas encadeadas a mostrarem que sempre há mais a dizer e que a contação não tem fim — conforme encaixes das páginas 35-36 e 115-118, da segunda edição do texto aqui utilizada.

Quanto aos cantos, vemos que *A praga* se fecha com a promessa de nova estória indiciada pela canção que o narrador transcreve:

> Com a chuva, com a chuva, com a chuva
> que choveu,
> Pela armadilha que fizeram
> Puseram as costelas nas Mabubas
> historia o povo em amarga canção — a canção da
> Quitanda do Xamavo (p. 25).

Esses cantos encaixados servem como suporte ou ilustração do contado, quando não como pistas de enigmas que se propõem, e/

ou simplesmente como reforço do jogo lúdico ou prazeroso. Um dos cantos encontrados em *Manana* faz parte do *corpus* da música popular brasileira e serve como índice do estado de espírito da personagem, aparecendo modificado com relação aos versos originais —

O orvalho vem caindo
vai molhar o meu chapéu
E também se vão sumindo
As estrelas lá no céu
[...]
Tenho passado tão mal:
A minha cama é um pedaço de jornal
O meu despertador é um guarda civil
Que o Senado ainda não viu (p. 166-167).

No plano dos encaixes deve-se notar, ainda, a presença de provérbios que servem, via de regra, como reforço da ideologia vigente — como uma tentativa de manutenção das "tábuas da lei" que regem o grupo:

Deus é pessoa grande, não se esquece de seus pecadores! (AP, p. 8)

Pareço pão por fora, mas por dentro só tenho algodão (AP, p. 15).

Holomé kadilé masoxi, udila vinho' é.[11] (M, p. 111)

Um outro traço é o adensamento da função apelativa da linguagem, com o narrador procurando a cumplicidade dos leitores:

Luanda [...] sentia vivamente a tortura daquele brado. Filhos da mesma dor, como podiam guardar no peito a brasa de tal vileza? [...] Não, não fariam semelhante coisa, o pobre compreende outro pobre! (AP, p. 9)

No texto de Uanhenga Xitu o narrador-contador tudo faz para que haja o acumpliciamento, procurando, outrossim, pelo apelo, reforçar a veracidade do que conta, às vezes lançando mão da solução do humor,

— *O que há com o senhor Filito? Houve azar?*
— *Sim, vim dizer que a sogra dele morreu.*
(Sarilho, meus senhores!) (p. 96)

---

[11] A tradução aparece adiante apontada: "O que se deve lagrimar é vinho".

Finalmente, vale notar que a base da expressão literária, nessa primeira vertente ficcional, é a língua portuguesa, procedimento normal entre os contadores urbanos letrados. O quimbundo aparece marcado, sendo que, no texto de Ribas, são poucas as intervenções nesta língua — cf. os cantos dos pássaros, sempre traduzidos em notas de rodapé.

Já em *Manana* marcam-se as línguas nacionais — umbundo e/ ou quimbundo — pelo grifo, além de se dicionarizarem em forma de glossário final. Tais línguas caracterizam o discurso dos não assimilados, sobretudo dos velhos, mostrados como mais arraigados ao mundo de origem. No trilingüismo de seu texto, Uanhenga, citando Salvato Trigo:

> visa a uma homologia entre o texto e o contexto, isto é, o narrador, embora se exprima quase sempre em português lexical ou lexicalizado, não deixa de atribuir a cada personagem a sua fala própria (1982, p. 80).

O autor angolano mostra não só nessa, mas em outras obras, a sua preocupação com a expressão lingüística e a sua correção, o que, via de regra, é revelado nas dedicatórias e/ou textos introdutórios:

> Vocês vão ver: este livrário não tem português caro, não. Português do liceu, não. Do Dr., não. Do funcionário, não. De escritório, não. Só tem mesmo português d'agente, lá do bairro, lá da sanzala, lá do quimbo (M, p. 15).

Tal português geralmente modificado pelo uso angolano é uma das marcas principais desse primeiro conjunto de obras em que o narrador, sobretudo se é heterodiegético, se procura manter o mais próximo possível do "português caro" a que se refere Uanhenga. Por ele se captam os dados da vida vivida pelo povo de Angola, vida que é retecida pelas malhas da ficção, feita do jeito que o povo gosta. Por isso termino com o autor, reforçando o que seria o projeto de uma futura produção ficcional angolana:

> Os meus leitores ficam aqui especificados ou identificados; somos muitos, não fazemos literatura, apenas apanhamos dados, e daí talvez a verdadeira literatura no futuro venha a encontrar caminhos facilitados (SOBREVIVENTES, 1980, p. 14).

4.2.2.2 Por uma causa

> *Não basta que seja pura e justa*
> *a nossa causa*
> *É necessário que a pureza e a justiça*
> *existam dentro de nós*
>
> Agostinho Neto

Os textos que aqui se tomam para representar a segunda vertente ficcional — *Náusea*, de Neto, e *O cão e os caluandas*, de Pepetela — logo a uma primeira leitura revelam o seu profundo compromisso com o suporte ideológico-crítico que os estatui. Por ele, como diz a epígrafe, se percebe que os narradores, e sob sua pele os próprios autores, se comprometem com a luta por condições humanas mais justas e dignas, colocando seus textos como vozes avançadas de um processo social que pugna pela transformação. As obras apresentam uma temática desenvolvida a partir do adensamento de sua faceta ideológica, ao mesmo tempo em que os seus produtores revelam uma consciência plena da literariedade sígnica, na melhor tradição da ocidentalidade.

A primeira observação que me permito fazer é sobre a dupla articulação dos textos que tanto se ligam à tradição narrativa autóctone, quanto retomam modelos consagrados pela ficção do ocidente, manipulados com artesania. Ao se articularem ao eixo da tradição, tomando como ponto de partida o imaginário angolano, ambas estabelecem explícitos elos com a ficção popular. Assim, por exemplo, *Náusea* traz de volta Kalunga, representação constante dos missossos e significante que indica bissemicamente, no conto moderno, mar e morte.

> Kalunga é mesmo a morte [...] Kalunga brilha à superfície, mas no fundo o que há? Ninguém sabe. [...] E Kalunga não conhece os homens. Não sabe que o povo sofre (p. 28-29).

Em *O cão* o legado aparece, por exemplo, na forma da quianda — conforme "Carnaval com kianda", p. 93-101, em que a representação se transfere ironicamente, para o nome do grupo carnavalesco "União Kianda da Corimba", assim descrito:

> *pescadores, dos mais pobremente trajados, um menino à frente descalço, a comandar, nem rei nem rainha, muito menos enfermeiras, só*

homens com redes, panos na cabeça e mulheres com quindas de peixe. As puítas, as dicanzas, os kissanjes, misturados aos búzios gigantes, criavam e recriavam o ritmo do mar. A canção falava da kianda, da jamanta, da calema, do oceano (p. 99).

Aliás, é comum nas narrativas de Pepetela a retomada de modelos da tradição oral que ele procura não apenas resgatar passivamente, mas ultrapassar pela reoperacionalização dos elementos simbólicos. As *aventuras de Ngunga*, como vimos, é obra que dialoga com "O rei dos bichos" e outros missossos nos quais se ficcionalizaram ritos iniciáticos; também a personificação da floresta do Mayombe nos lembra um procedimento comum aos textos da tradição.

Ligada à questão da recuperação de elementos do imaginário autóctone está a do sentimento/sentido da nacionalidade que os textos levantam em momentos históricos totalmente distintos. No de Neto, o que se busca é justamente um novo alicerce para o edifício da angolanidade; para isso, o texto mostra o processo de conscientização da diferença, embora com deslocamentos metonímicos, em face do momento histórico vivido. Há uma avaliação do papel do mar no processo da colonização e, até nesse ponto, o autor reforça a tradição, cujos textos com freqüência mostram o mar como o caminho por onde veio o grande inimigo:

> Kalunga. Depois vieram os navios, saíram navios. E o mar é sempre Kalunga. A morte. O mar tinha levado o avô para outros continentes. O trabalho escravo é Kalunga. O inimigo é o mar (p. 25).

Já o de Pepetela, em momento histórico posterior à libertação, discute, pela via da ironia e do humor, questões fundamentais no projeto de reconstrução da nacionalidade. Confronte-se, a propósito, o segmento "Luanda assim, nossa", em que algumas de tais questões são levantadas sob a capa da ironia, forma de se dizer mais do que se diz,

> Mas nós, os genuínos, sabemos o problema reside na diversidade da população. Não é possível: malanjino com ambaca e bailundo não dá (p. 31).
>
> Esses cães são os que os policiais usavam para nos caçar antes de 61 e sobretudo depois. [...]
>
> — Este não. Já é filho de Angola independente.

[...] Repito: filho de cobra é cobra [...] Até filho de colono já aceitamos como nosso! (p. 32)

O texto de Pepetela dialoga com o de Neto, com o sonho não nomeado do narrador de *Náusea* contrapondo-se à realidade vivida pelo de *O cão*, ao mesmo tempo em que ambos tecem os fios de sua ficção, usando os arremates da ironia.

Quanto ao eixo da literariedade ocidental, vê-se que as duas obras reoperacionalizam modelos consagrados pela modernidade. Tal procedimento estético não faz delas produções menos nacionais, do contrário, representa um passo decisivo no processo que Amílcar Cabral chama de "avanço cultural".

Náusea estabelece uma nítida interface com a dicção neo-realista que teve em Castro Soromenho uma voz angolana. Fica clara a opção pelo olhar crítico cuja perspectiva adensa as cores da miséria e da desvalia:

> *Da sua cubata de Samba Kimôngua, velho João saiu com a família [...] atravessou a cidade, toda a cidade mesmo, até os confins da baixa [...] Velho João [...] queria escapar por algum tempo ao calor da cubata de latas de petróleo* (p. 21).

Por outro lado, a obra recupera algumas marcas do existencialismo na sua versão sartriana, desde o título até ao fato de representar como agente direto da náusea, mais psíquica do que física, um elemento do real concreto, no caso o mar e seu cheiro nauseabundo.

> *Olhou para Kalunga e sentiu-se mal. Uma coisa subia-lhe da barriga ao peito. O cheiro do mar fazia-lhe mal, agora. Enjoava. [...]. Sentiu náuseas. Não podia mais. Vomitou todo o almoço* (p. 29-30).

A obra de Pepetela, aprofundando a técnica do multifoco narrativo, procura romper a imobilidade de um único ponto de vista — conforme *Mayombe*, primeira tentativa, e muito bem-sucedida nesse sentido — fracionando as visões e desimobilizando dialeticamente o contado. Desse modo, procura atingir o cerne da unidade narrativa, fazendo com que se fragmente o corpo ficcional. As partes fracionadas, no entanto, têm um elo que as une, ou seja, a estória do pastor-alemão de muitas identidades. Contracenando com esse núcleo narrativo há um segundo, mais lírico, que ganha outro narrador e outra organização gráfica: tipo, ocupação e/ou espaçamento da página branca etc. De novo o recurso da ironia é convocado, quando o sujeito da grande enunciação se esconde outra vez. Trata-se do diário da menina — texto em sua aparência "inocente" — pelo qual se mostra o incontrolável crescimento da buganvília.

Também o próprio núcleo narrativo se fragmenta, quando cada um dos narradores convocados pelo principal traz à luz o seu texto, sempre contextualizado e/ou genericamente marcado. Há, assim, por exemplo, a informação jornalística (cf. p. 41 e 77-79); o estilo epistolar (p. 83); o texto dramático (p. 65-76); o discurso burocrático (p. 35-39 e 131-138) etc.

Nessa plurinarratividade ressalta a marcação do coletivo, acirrando-se ao mesmo tempo o jogo dialético dos contrários. Na leitura que faz de *Mayombe*, afirma Rita de Cássia Natal Chaves:

> A mudança do foco narrativo, desdobrado pelas vozes dos muitos narradores que o texto nos vai apresentar, é bem um indicador de que a verdade não pode ser vista como um bem absoluto, [...] Ela, a verdade, surge então do coletivo, da integração de pontos que se podem tocar e afastar, a um só tempo (1984, p. 94).

Em *O cão* o processo é radicalizado; a encenação griótica do narrador principal chega às últimas conseqüências, com as vozes se multiplicando na letra que tudo recolhe e torna cada vez mais denso o fingimento, base de todo o processo figurativo:

> Aqui tem de entrar novamente o autor.
> Vocês são testemunhas, eu não queria aparecer mais. Os que viveram os acontecimentos é que deviam contar.
> [...] Os muitos possíveis contadores descrevem a seu modo, conforme a posição da sua bunda no caso. [...]
> É mais cômodo e prudente deixar cada um contar, ele é que se torna responsável pelas suas palavras. Eu limito-me a copiar, a juntar num livro, discutir com o editor mais ganancioso as condições, arrecadar uns kwanzas (p. 93-94).

A ironia romântica, como na obra de Assis Júnior, continua a tecer seu trançado, ao mesmo tempo em que o desvelamento do processo reitera o caráter de veracidade do relato que se apresenta ao imaginário do autor e do leitor angolanos como uma maka da tradição. Tanto o narrador de *Náusea*, quanto o de *O cão* passam uma visão fragmentada do mundo, sendo que, no de Pepetela, a narração acompanha o jogo da diegese e ela própria se fragmenta estelarmente, não permitindo a hipótese de ordenação em um centro.

No núcleo lírico do diário da menina, aparece invertida a alegoria da buganvília que deve ser lida em uma relação direta com os textos das décadas imediatamente anteriores. O olhar "inocente" da nova narradora vai deixando passar sinais também aparentemente inocentes que crescem e se trançam com(o) a buganvília que, no final, tem de ser extirpada pelo cão em sua luta mortal contra ela, no que é ajudado pelos trabalhadores, sempre bailundos, uma das fortes presenças naquele diário.

> Os trabalhadores bailundos cantam no seu sítio e agora são mais vozes e é mais triste o canto. Dois kissanjes acompanham. O luar permite ver a cara deles à volta da fogueira. Mais homens cantam mais mulheres ausentes, por isso mais triste é o canto (p. 165).

Por outro lado, em ambas as obras é a memória o elemento de recomposição do vivido, seguindo a tradição básica da narrativa. Em *Náusea*, a memória individual do velho tudo recupera, fazendo com que o espaço e o tempo se alarguem na pouca extensão discursiva do conto. Pelo lembrar de João tanto retorna o seu passado individual — o pai, o avô, o tio, sua própria infância — quanto o coletivo — primeiros navios do colonizador, a escravatura, o progresso descaracterizante trazido pelo opressor etc. O mesmo se dá com o espaço alargado na viagem imaginária da memória:

> O mar vai muito longe, por aí afora. Até tocar o céu. Vai até a América [...] O primo Xico tinha morrido sobre o mar quando a canoa se virou ali no mar grande. Morreu a engolir água (p. 25).

Também a estória do cão é montada a partir das recordações dos que com ele conviveram. Mais importante do que a recuperação do vivido no plano individual é o contraponto histórico que se faz entre o tempo da colonização e o presente pós-independência, com o narrador a levantar algumas questões, sempre a partir do jogo irônico e da solução do humor:

> No tempo do colono não era assim, távamos mesmo lixados, era a exploração capitalista. Agora não é nada o salário, esse é melhor esquecer. Mas as latitas que cada um tem direito por dia e mais aquelas que cada um faz sair mesmo sem ter direito, essas é que dão. Vou com uma lata ao talho e troco por meio quilo de carne (p. 106).

A língua da expressão literária é o português já modificado pelo uso angolano, sobretudo no texto de Pepetela, em que há a adequação da linguagem aos vários sujeitos dos relatos. Confronte-se, a propósito, "O mal e da televisão" (p. 43-50), em que o texto é atribuído a um menino. De uma forma ou de outra, não há preocupação dos dois autores com a recuperação das línguas nacionais que não disputam um espaço de fala com a língua do colonizador, soberanamente dominante na cartografia do texto. Quanto ao procedimento estilístico usado, tanto Neto quanto Pepetela procuram tornar mais opaco o signo literário, utilizando-se do recurso da ironia que se adensa pela alegorização dos elementos da semântica textual, como afirmei várias vezes. Em *Náusea*, o autor propõe a releitura da alegoria tradicional de Kalunga, presença constante nos missossos. Representa a fábula (e o missosso é uma forma fabular *stricto sensu*) uma "alegoria desenvolvida" que procura, segundo Flávio Kothe, "escamotear suas raízes sociais e históricas para alcançar maior eficácia apresentando-se como a própria voz da transcendência" (1986, p. 13).

Se referenciarmos o texto de Neto às fábulas da tradição, evidencia-se seu aspecto crítico, quando o leitor percebe que ele procura descristalizar o estabelecido pela tradição. Propõe, assim, uma nova leitura para o mar angolano que, ao mesmo tempo, retoma o que a tradição já deixava implícito, mas o ultrapassa. Desse modo, o autor alegoriza a alegoria anteriormente estratificada de Kalunga, dando-lhe outra dimensão sociocultural. Para criticar a antropofagia do processo colonizatório e também a passividade do oprimido, Neto busca o inocente disfarce do mar, personificando-o como Kalunga, também nome da morte. Procura, assim, incluir um dado novo, um outro que se escamoteia sob a capa do já dito, desvestindo e revestindo o sinal que usa. O mar é pessoa — pela prosopopéia — e a ele se atribui o papel de agente de um processo de que na verdade foi tão paciente quanto toda a terra angolana.

Por esse procedimento, o autor obriga a que seu receptor faça também ele uma leitura alegórica, que vai revelando outros significados subjacentes à capa do que explicitamente foi dito. Fecho com Kothe:

> Assim como é necessário discernir o lado camuflado da aparência social para poder formular alegorias que não sejam mera repetição automatizada, a leitura da alegoria precisa conseguir transformar-se numa leitura alegórica, na leitura desses elementos tensionais aparentemente suprimidos, mas decifráveis nos rastros e nas cicatrizes deixadas pelo próprio processo de supressão (1986, p. 39-40).

Nessa linha se percebe interagir o texto de Pepetela com o de Neto, pela ironia e pela desautomação de alegorias já cristalizadas que se deixam ler de forma crítica e renovadora. Basta que se veja como se recupera a alegoria da buganvília na obra em questão. Desautomatiza-se a leitura mito-poética do vegetal, consagrada na série literária pós-1950, quando aquele significante representava a esperança/certeza de um tempo que, como ela, floriria em esplendor. Volto a lembrar o poema "O grande desafio", de Jacinto, citado neste segmento. O trecho abaixo mostra a nova leitura dos elementos simbólicos reoperacionalizados por Pepetela:

> O Lucapa está desesperado, mal *consegue dormir no alpendre porque a* buganvília invadiu tudo.
>
> *Com uma* catana *cortei dois ou três ramos para fazer espaço para o* pastor-alemão *dormir. Quando cortei os ramos [...] até me pareceu que estava a cortar-lhe [ao pai] um braço. Será* cazumbi *como dizem* os *trabalhadores bailundos?* (p. 151-152, grifos meus)

Não há qualquer traço de ingenuidade nas alegorizações dos textos de Neto e Pepetela que operam com "reais alegorias", no sentido que dá à expressão Northrop Frye (1973, p. 93).

Em *O cão*, o registro irônico é a marca principal da semântica do texto. Recupero o sentido em que tomo a palavra ironia, ou seja — ainda segundo Frye — como uma

> técnica de dizer o mínimo e significar o máximo possível [...] configuração de palavras que se afasta da afirmação direta ou de seu próprio e óbvio sentido (1973, p. 46).

Como nota Maria de Lourdes A. Ferraz, a ironia "dizendo o contrário do que afirma, diz sobretudo mais do que fica expresso" (1987,p. 16). Por esse recurso, Pepetela deixa o puramente romanesco que caracterizava obras como *Ngunga* e/ou *Mayombe*, procurando ocupar-se ainda mais "com um plano realístico da experiência" (FRYE, 1973, p. 360). No caso de *O cão*, também se encontram características do romanesco na construção da personagem alegorizada como animal. O pastor-alemão, como verdadeiro herói, empenha-se na procura aventurosa de um mundo melhor, enfrentando no final o inimigo, isto é, a buganvília. Neste momento, de acordo com a norma do gênero, ambos morrem. Observemos como a trajetória do cão heroicizado se adapta aos estágios descritos por Frye:

> estádio da jornada perigosa e das aventuras menores preliminares; a luta crucial, comumente algum tipo de batalha, na qual o herói ou o seu adversário, ou ambos, devem morrer; e a exaltação do herói (1973, p. 185-186).

O narrador, no jogo do fingimento de seu texto, procura, pelas várias estórias que "recolhe", resgatar as aventuras menores do cão, sempre em busca do concerto/conserto do mundo, até chegar o momento maior do enfrentamento mortal. Não falta nem mesmo a simbologia da "noiva do herói", no caso, a toninha. O instante narrativo em que se descreve a batalha revela a força exercida pelo romanesco sobre o imaginário do autor da grande enunciação:

> O cão-pastor continuava o seu combate contra a planta. Tinha perdido a cor do pêlo, pois as feridas dos espinhos faziam jorrar sangue por todos os lados. Vários ramos tinham caído sobre ele e, para chegar ao tronco, ficava enredado nos tentáculos aguçados da buganvília. E o sangue saía do corpo, da boca, das patas, da garganta. Deixara de ser um cão: era uma idéia envolta em sangue (p. 184).

Finalmente, ao narrador da macroestória, ser também à procura do conserto do mundo, só resta recuperar a imagem do seu herói morto, para fechar o seu contado que organiza como se fora um coro de várias vozes:

> deitado de vez na areia do ancoradouro do Kapossoka, as patas na água do mar, os olhos fixos na língua verdamarela dos coqueiros do Mussulo. Procurando, num gesto derradeiro para lá do mar, o vulto duma toninha, algas como cabelos? (p. 186)

Só a morte pode interromper a procura do herói romanesco... Depois do resgate de tantas vozes, só resta ao narrador principal convocar várias falas que recuperem o plural de seu texto, dirigindo-se, por isso, a seus virtuais leitores a quem propusera o jogo de mostra-esconde: "E o meu sonho... se foi. Com ele começa a vossa fala" (PEPETELA, 1985, p. 186). Outras vozes, então, se farão ouvir na ciranda que vai da escritura à leitura.

Há, por isso, o explícito convite para que os leitores participem da festa desviante em que o texto, não dizendo o que diz, espera que sejam decifrados seus enigmas e se enuncie, então, o que ele escamoteou. No texto irônico, essa fala do outro é parte fundamental do processo, já que ela recupera o que se calou. Isso explica por que se faz tão necessário que o narrador capte a "compreensão e simpatia" do leitor, repetindo Ferraz (1987, p. 33).

Nessa linha de ironia crítica por que passa Neto e que acaba por ser aprofundada por Pepetela, encontramos também outras obras ficcionais angolanas. Cito, a propósito, *Memórias de mar* e *Quem me dera ser onda*, de Manuel Rui. Fica bastante claro para o leitor que os autores em questão lutam com as armas da palavra literária por uma causa que lhes parece a mais justa. Para tanto, reinventam fabularmente a vida, pois, como ensina Gabriel García Márquez: "O trabalho de criar é como inventar a vida. E não é arbitrário."[12]

4.2.2.3 A festa da palavra marginal

> — *mas a arte não é menos o artista ou é a ferramenta de trabalhar com ela?*
>
> Luandino Vieira

> *A palavra é para possuir em todas as ramagens da chama.*
>
> *É para ficar: vertiginoso colorido resistindo na fusão incendiária desse poiso despanto breve.*
>
> Monteiro dos Santos[13]

---

[12] Entrevista concedida pelo autor a *O Globo*, Rio de Janeiro, 13 fev. 1987. Segundo Caderno, p. 10.

[13] Citado a partir de FERREIRA, Manuel. *No reino de Caliban* (II) Lisboa: Seara Nova, 1976. v. 2, p. 412.

A palavra a criar sua festa, chama em combustão, momento breve, único verdadeiramente possível entre tantas possibilidades que jaziam adormecidas no dicionário. O mundo recriado pela ferramenta manipulada pelo artesão. Cada palavra, sua lei, às vezes vício. Que fale João Vêncio:

Mas o meu pai é que me pôs o vício: ele me deu o dicionário aberto e fechado, estudei de cor. E depois meu musseque, as mil cores de gentes, mil vozes — eu gramo dos putos "verdianos", palavrinhas tchêu! (p. 64).

É essa festa da palavra marginal — palavra sempre deixada fora do centro onde a cultura do dominante ditava suas leis — que o leitor reencontra na literatura angolana moderna que começa a gritar sua diferença mais sistematicamente, no início dos anos 1950. Para falar dessa mesma festa cheia de erotismo e sabor, escolhi os textos *Vôvô Bartolomeu*, de Jacinto, e *João Vêncio: os seus amores*, de Luandino, dentre outros que se me afiguram possíveis. Chego, assim, a uma terceira vertente da moderna ficção de Angola, que se caracteriza, sobretudo, pelo fato de nela se observar a luta do escritor contra a "palavra alheia", de cujo domínio absoluto ele se procura libertar. Há um movimento de apropriação daquilo que ao produtor convém aproveitar e uma superação do que não lhe interessa esteticamente. Lembro não ser a libertação da língua do colonizador nem possível, nem desejável, já que ela, a partir de certo momento, é tão "angolana" quanto as propriamente nacionais.

Intensifica-se, isso sim, nessa busca genesíaca, a consciência do ferramental usado e a forma nova é encontrada em plena *festa de prazer do texto*. O poema "Alienação" de Jacinto revela a necessidade do encontro da nova forma, assim como no vídeo já referido a frase dita pelo poeta a reitera: é preciso encontrar uma nova forma de expressão para um conteúdo também novo.

Os estudos críticos sobre a obra de Luandino com freqüência assinalam a importância que a força da palavra e o prazer da escritura têm nela. A palavra nova se faz um instrumento de dessacralização e/ou ressacralização das línguas que servem de base à expressão artística — o português e o quimbundo — que se mesclam, fundem e refundem, em gozo erótico.

Em *Vôvô Bartolomeu* essa mudança de eixo da semântica discursiva — que se volta para o cerne da palavra — começa a configurar-se.

E tal se dá na estória que se guarda na estória, portanto, em um texto aparentemente apenas lúdico e inocente em que se dá o salto. Trata-se da narrativa do velho, pela qual se critica a assimilação e, mais que esta, a alienação dos que rejeitam os traços da sua cultura para macaquearem a da dominação.

Tal crítica se obtém pelo traço desviante, pela troca operada na palavra *chover*. A linguagem não procura captar o mundo de conceitos e idéias, refletindo-o, mas é por ela, como materialidade, que aquele se plasma. A estória que o velho "contava sempre todos os dias quando estava para vir chuva" (p. 24) é a da "tia Mariquinhas" que, depois de ter vivido em Luanda,

> *veio para a sanzala com a mania de pessoa fina e a dizer que já não sabia kimbundo.*
>
> *Uma vez começou de chover e a tia Anica disse:*
>
> *— Eué! Nvula uiza! — e a tia Mariquinhas repreendeu:*
>
> *— Ai dona! Não fala assim, na língua de pessoa se diz assim: está chovar!* (p. 25)

O chiste, o humor que fura a carapaça da realidade, a corrosão, a piscadela cúmplice. Com o traço desviantemente caricatural se intensifica a denúncia do ridículo da tentativa de assimilação e ao mesmo tempo se assegura uma fonte de prazer verbal, pelo chiste. O texto de Jacinto assume este prazer, tanto no nível da voz quanto no da letra. O gosto pela contação, o ruído das vozes grióticas, os encaixes, os cantos, enfim, quase tudo o que forma a cadeia da oralidade regressa pela letra. Por outro lado, também se depara o leitor com a justeza das imagens auditivas, visuais e até olfativas. Com o traço econômico da descrição e, sobretudo, com o gozo da palavra pela qual se recompõe o vivido no plano da representação:

> *Olhei o meu arimbo. Meus pés descalços pisaram bem aquele chão, aquela terra que cheirava a chuva e era toda minha. No meu nariz entrou a força toda que vinha da terra grande. A chuva corria como rio lá ao fundo naquela baixa. E os paus de café estavam lavados, estavam verdes, estavam bonitos, bonitos e novos como a filha do velho Gonga* (p. 30-31).

Observe-se que o narrador continua a manejar a língua portuguesa, mas recupera-se uma visão angolana do mundo e já agora também uma consciência maior da literariedade sígnica, pois a função predominante é a estética. Por ela o autor procura "renovar o sistema simbólico, criar novos recursos expressivos", voltando a Candido (1976, p. 23). Um deles é a utilização da língua nacional que não mais aparece dicionarizada:

> E vôvô Bartolomeu entrou arrastadamente na cubata, donde saía um fumo bom de fogueira quente. Ainda o ouvi cantar:
> Mano Santo iá kifumbe
> Eh! Eh! Eh! Eh! (p. 20)

O conto e/ou a maka de Jacinto ficcionaliza a existência em um quimbo, dele recuperando as vozes e os ruídos que o fazem representar-se com a força de algo extraordinária e cotidianamente vivo:

> O pessoal cantava:
> Trr... Trr... Trr...
> Tuá... Tuá...
> Vai ou não vai?
> Vaaiii...
> e o Kassul, quando carregava a quinda, respondia:
> Rimbuim, pim, pim, pim...
> para puxar as forças (p. 23-24).

A voz, no texto de Jacinto, se encontra com a letra e ambas vão criar o lugar interseccional da fala narrativa angolana: *Entre voz e letra*. Nesse lugar se recria o mundo antigo onde as práticas ancestrais continuam a tecer a história de sua resistência: "O pessoal tirou a camisa e começou a trabalhar com força. Bom pessoal. Tudo família de casa e vizinho. Ali não tinha monangamba" (p. 26).

Nesse lugar o velho e o novo se encontram, em certo sentido se enfrentam e solidariamente se alimentam, sobretudo pelos caminhos do imaginário. No plano do discurso, a língua do colonizador vai tendo mais sérios embates com as nacionais, enfrentando-a pela recusa à dicionarização. Aquela língua se configura também como um objeto cultural já modificado pelo uso angolano:

> — Vôvô, que é que você está a ver no céu?
> — Estou vendo uma coisa que você vai ver só, logo no meio-dia, e a que a estas horas já chegou lá no sô Luca.
> — Que é que tem lá no sô Luca?

— *Diga nos homens para trabalhar com pressas, senão você vai ver só: ninguém que pára com chuva* (p. 19-20).

De todos os ângulos por que se observe, a narrativa de Jacinto intensifica a procura de um lugar novo, criando a resistência estética de um discurso que corresponde à busca da angolanidade no nível ideológico. Diz o crítico Manuel Ferreira, na apresentação da obra, ser esta

> *a primeira experiência ficcional em que a representação da realidade angolana se faz num corte vertical com a literatura colonial [...] A manipulação dos ingredientes sociais e humanos opera-se numa linguagem que contém já em si os sinais transgressivos da norma* (p. 12).

Seguindo o trajeto de *Vôvô Bartolomeu*, o texto de Luandino vai aprofundar, nas décadas subseqüentes, o mergulho nas águas da angolanidade, sobretudo a partir de *Luanda*, escrita em 1963. Estes dois autores, assim como Pepetela, Manuel Rui, Boaventura Cardoso — para só citar alguns —, atingem, pelo salto estético, a outra margem cheia de significações na qual se constrói a diferença daquela fala literária.

Aliás, a ficção luandina aposta na eficácia da margem como um dos elementos significantes da estrutura semântica dos textos. Há toda uma preocupação de que se resgate aquilo que a cultura ocidental deixara emudecido, quando violentamente calara as vozes autóctones, transformando em ruínas o mundo original. Lembro Virgínia Maria Gonçalves, que assim se refere à obra do autor:

> *A necessidade de recriação do mundo (em ruínas) acompanha a necessidade de criar formas destinadas a compreender e expressar este mundo que renasce. Desta forma surge a necessidade de opor ao discurso legitimado a "língua da tribo", formulada pelos signos de identificação do grupo silenciado ou levado a reproduzir os estereótipos comprometidos com os valores de uma classe dominante* (1986, p. 129).

Nesse movimento de construção do lugar da "língua da tribo", pelo qual se reforça a identidade esfacelada, surge a festa da palavra marginal, por meio de que se busca a reafirmação do que a cultura dominante estigmatizara por um sinal menos. A ficção de Luandino procura, com todas as suas forças, vencer a luta contra a palavra "leia" — e aqui parodio João Vêncio.

No afã de criar de modo genesíaco o mundo novo, plasmando-o imagisticamente pela linguagem, o autor engravida fono-morfo-sintática e semanticamente a língua de seu texto. Assim como Vêncio, que diz: "eu gravido, gero, dou o felizparto na minha vida" (p. 62), as narrativas luandinas "gravidam, geram, dão o felizparto" de uma angolanidade que ele quer fazer renascer — sobretudo depois de 1961 — pelo sêmen de uma nova linguagem artística. Daí a pergunta de João Vêncio tomada como epígrafe.

O novo ferramental criado por Luandino, mesmo que se possa pensar em alguns modelos anteriores — cf. a linguagem rosiana — corresponde à "sede de belezice" estética e faz com que suas palavras funcionem "como um búzio ressoando [...] nos ouvidos" (JV, p. 77) do leitor atento.

> Agora eu rimembro!: o camarada companheiro é do mar, é da terra, é do ar, barco, pés e pássaros! Então, embora vamos. Senhor gosta mar numa só cor? Ou ele mesmo é que tem a cor só, únicã, de azul-azulão ou marelo da costa [...] O mar é diverso, vário — é a beleza (JV, p. 102).

Apostando na força da margem enfim alcançada, Luandino aprofunda cada vez mais seu mergulho como se em um mar estivesse. Em *João Vêncio e Kinaxixi kiami*, ele solta por completo a fala marginal de suas personagens que simbolicamente estão presas. Na composição desta fala nada falta. Tudo se pode fazer festa da palavra, como nos missossos em que o prazer se desloca para o ato em si de dizer.

As falas de Vêncio e Lourentinho parecem nunca querer chegar ao fim e se desdobram, multiplicam, sendo cheiro, cor, tato, gosto, além de voz e, na "arrumação" do narrador, letra. Vem daí a importância da metáfora tão repetida do arco-íris, percebida como uma imagem em que todos elementos composicionais combinam, formando uma completude:

> A beleza daquela serpente dava vontade de usar ao pescoço, colar multicolorido [...] vestia as todas as cores do arco-íris da chuva, todas — sete vezes sete, e sete, sete... (LOURENTINHO, p. 50)

> cada cor é o ar com is... (JV, p. 39)
> Cada coisa que ele faz é ele todo — cada cor é o arco-íris (JV, p. 118).

A força dessa representação é tão intensa que a palavra fecha João Vêncio, fazendo-se o último som de búzio nos ouvidos do leitor — cf. citação anterior. Daí também ser Angola comparada, por sua beleza, à serpente de que fala Lourentinho: "Irmão: Angola é assim, aquela nossa serpente arco-íris" (p. 50).

Para falar dessa Angola que resiste, assim como resistiram em seus textos personagens como Domingos Xavier, a velha Xíxi Hengele, Lucas Matesso, João Vêncio, Lourentinho e tantos mais, o ficcionista vai construindo seu colar de casos, na melhor tradição da oralidade. Por eles o leitor consegue recuperar os sinais de uma cosmogonia angolana ou, como diz Lourentinho: "Os máximos sinais" (p. 23). Angola então se recompõe, sobretudo em sua forma de ser Luanda:

> Muadié: *eu gramo de Luanda — casas, ruas, paus, céu e nuvias, ilhinha pescadórica. Beleza toda eu não escoiço. Eu digo: Luanda — e meu coração ri, meus olhos fecham sôdade. Porque eu só estou cá, quando estou longe. De longe é que se ama* (JV, p. 108).

O sinal que é Luanda, aliás um dos mais fortes referentes da ficção angolana pós-1950, se adensa nos textos de Luandino, em que tudo é pretexto para dizer da cidade. Lembro Lourentinho, voz em duo com a de Vêncio: "Saí; aprendi; vivi terras e serras [...] Luanda ficando longe, mais perto do coração. Amor maior é sempre para lá" (L, p. 23).

Outro sinal bastante angolano, porque africano, é a tentativa de exorcizar a morte, maior das ameaças. Todo o movimento de João Vêncio é para negar essa morte que ele paradoxalmente, a cada instante, reafirma com suas palavras que "Mentem, mentem, mas são a mãe da verdade" (p. 112). Daí as suas freqüentes interrogações

> *Se a morte existe? O muadié tem cada pergunta!... Morte? O que é isso? Cagaço de macuta-e-meia! Dona morte quiatumbandala é maca de missosso* (JV, p.112).

Só o amor e a beleza têm um poder maior que a morte, daí Vêncio buscá-los incessantemente em sua fala que é uma forma de recuperação daquilo que a morte levou, como se dá com a lembrança viva de Mimi: "Ele mora comigo nas meninas-dos-olhos" (p. 111)

A beleza e o amor se fazem, desse modo, os elementos transformadores da vida ameaçada pela morte. Vale notar que, na estória de

Vêncio, o amor forma uma estrela de três pontas, em cujo centro está a imagem da mãe, em outra refletida: Florinha. O centro guarda, pois, o amor interdito, a fazer de todos os outros amores uma incompletude, *Florinha, o centro de minha estrela. A beleza de nome na feiúra da gente* (p. 87).
Tive muitas mães e mãe não lhe conheci. A Florinha — eu falo o nome bonito dela e vejo a minha mãe, desconhecida madre (p. 108).

E outros sinais se vão revelando em *João Vêncio* que, como de resto toda a ficção luandina, não se faz mais um exercício de sabedoria africana — cf. missossos —, mas vai além, procurando atingir o próprio cerne da angolanidade, a sua fala. Abro aqui um rápido parêntese para dizer que o missosso e outras formas da tradição oral exercem um grande fascínio sobre o imaginário de Luandino. Remeto, a propósito, à leitura de "O último quinzar do Makulusu", de *Velhas estórias*, em que tal fascínio se revela por inteiro.

Voltando ao *exercício de angolanidade* das obras do autor, observo que estas tentam recompor o fio histórico que o colonialismo partira, sobretudo pela radicalização da expressão artística que nega qualquer possibilidade de pacto com a ordem dominante. O signo lingüístico, por isso mesmo, se adensa e assim reafirma a força da opacidade como forma de subversão do estabelecido pela cultura do dominador. Repare-se, por exemplo, a passagem seguinte em que Vêncio fala das noites de óbito:

A noite corre, o sol não estraga, muita luz é pouca só — e tem as histórias missossas de noites e noites, quimalauezos; jinongonongos de reviengas para desadormecer inteligência. Ninguém que afirma sentença sua, vida ou morte ou felicidade, sem lhe acompanhar de cipaio de jissabo. Um bom sabo é um livro tratado, muadiê! (p. 69-70)

Em *João Vêncio e Lourentinho* se recupera a fala griótica que a letra, por sua vez, recria em gozo erótico. É interessante observar ainda que, embora ambas as personagens sejam os sujeitos do nível diegético, pois funcionam como os contadores que são senhores da fala, tanto Vêncio quanto Lourentinho se fazem objeto do discurso dos narradores, estes, sim, os verdadeiros *senhores* do espaço letrado, daí a simbologia do tratamento reverente por que são nomeados: "*Muadiê*". Nos dois textos se encena com perfeição o jogo da voz e da letra. A voz precisa desta para "sacralizar-se" em "belezice". Com essa cenarização, Luandino Vieira, o grande encenador, aponta a solução estética da literatura angolana:

> Necessito sua água, minha sede é ignorância... Tem a quinda, tem a missanga. Veja: solta, mistura-se; não posso arrumar a beleza que eu queria. Por isso aceito a sua ajuda. Acamaradamos. Dou o fio, o camarada companheiro dá a missanga — adiantamos fazer nosso colar de cores amigadas (p. 33).

Aí está manifesto o que o mais das vezes as obras de Luandino e de outros ficcionistas revelam de forma latente: o "fio" da voz se sedimentando, ganhando consistência e colorido pela disposição da letra (miçanga). De voz e letra se faz o colar da obra pronta, cuja possibilidade de realização está sempre entre uma e outra. O contador e o escritor se "acamaradam" e nasce assim o texto ficcional angolano. João Vêncio é ainda quem dá a lição: é preciso evitar as "palavras podres" — cf. p. 39, 47, 84, 99 — para que se possa criar a beleza, ou seja, o gozo estético:

> Se eu fosse defensor tribuno eu só ia usar belas palavras: se não é crime feio, então elas acasalam; se é crime feionga, elas servem para absolver a humana natura (p. 101).

Eis, pois, o projeto luandino anunciado: o poder das palavras como forma de consertar o próprio mundo. Elas se apresentam em estado de prenhez absoluta, como forma de gerar a vida, pela invenção artística. Que fale João Vêncio: "eu corrijo a vida, invento tudo" (p. 103).

Cabe ao leitor, então, convidado que é a participar dessa festa genesíaca — cf. as referências ao Gênesis bíblico na obra de Luandino — descobrir a pele dessas palavras, descascá-las, para provar sua macia carne, seu sumo, seu mel, seus cheiros, deitando-se à sua boa sombra. Que agora fale Lourentinho, renovando a imagem das miçangas, aqui mostradas como peças de seu *rosário de contar*.

> E aqui, as miçangas de um rosário dos católicos: meus padres-nossos, suas avé-marias. Mas o credo primeiro: não troco nomes; não invento cenas, casos (p. 21).

Por isso, o cuidado extremo de não partir o fio, pois Lourentinho/Vêncio/Luandino são artesãos cuidadosos na execução de sua tarefa criadora. Nada pode colocar em risco a beleza do produto. De novo a vez é da fala de Vêncio. Por ela se mostram as duas fontes da arte verbal angolana — oralidade e escrita:

> *Ia rebentando o fio — a missanga espalhava, prejuizão. Que eu não dou mais encontro com um* muadié *como o senhoro para orquestrar as cores. Comigo era a mistura escrava; no senhoro é a beleza forra* (p. 109)

A arte assim produzida se faz ela também, como a estrela de Vêncio, fragmentos de um discurso de amor — lição de Barthes. É prazer, é forma de em festa dizer Angola em seus "máximos sinais". A letra tudo reconstrói, colocando cada miçanga em seu justo lugar, único que lhe compete ocupar. Tudo se orquestra como na vida — arco-íris — que, partida, espalha seus fragmentos, cada um deles se fazendo dela um pedaço. Também assim com o homem sujeito dessa vida, e com a arte. Tudo fragmentos de um discurso de puro amor:

> *missangas separadas no fio, a vida do homem? Da de maria-segunda, de cada cor, cores?* Kana, ngana! *Cada coisa que ele faz é ele todo — cada cor é o arco-íris* (p. 118).

♣

A fala literária angolana, com a consciência que cada vez mais passa a ter de si própria, acende o fogo de sua pira e continua a brilhar como nas longas noites em que, ao redor das fogueiras, mais velhos contavam estórias que contavam estórias que CONTAVAM ESTÓRIAS. Pela letra que tudo eterniza, tais estórias, em vez de circularem apenas pela voz, muitas vezes se perdendo nos desvãos da noite, ganham a claridade do texto e um corpo — o do livro — que se lhes oferece como espaço de iniciação.

Voz e letra finalmente entretecidas.

Obras de
JOSÉ LUANDINO VIEIRA

JOÃO VÊNCIO: os seus amores

edições 70

Pepetela

AS AVENTURAS DE NGUNGA

UNIÃO DOS ESCRITORES ANGOLANOS

UANHENGA XITU

MAKA NA SANZALA

(MAFUTA)

edições 70

FONTES CONSULTADAS

I OBRAS LITERÁRIAS

5 *estórias do cágado*: contos tradicionais angolanos na versão em umbundo e português. Luanda: União dos Escritores Angolanos, 1979. (Cadernos Lavra & Oficina, 23).
ABRANCHES, Henrique, KALUNGO-LUNGO, Mwene. Nós somos o vendaval. *Mensagem*, Lisboa, v.14, n.4, p.49-55, 1962.
_____. *A Konkhava de Feti*. Luanda: União dos Escritores Angolanos, 1981.
_____. *Diálogo*. Luanda: União dos Escritores Angolanos, 1987.
ANDRADE, Fernando Costa. *Estórias de contratados*. Lisboa: Edições 70, 1980. (Autores Africanos, 31)
_____. *Lenha seca*: fábulas recontadas na noite. Lisboa: Sá da Costa: União dos Escritores Angolanos, 1986.
ANDRADE, Mário Pinto de. *Antologia temática da poesia africana*, 1: na noite grávida de punhais. 2. ed. Lisboa: Sá da Costa, 1977. (Vozes do Mundo).
ANTUNES, Gabriela. *A abelha e o pássaro*. Ilustrações de Henrique Arede. Luanda: Lito-Tipo, [s.d]
_____. *A águia, a rola, as galinhas e os 50 lwei*. Capa e ilustrações de António P. Domingues. Luanda: Instituto Nacional do Livro e do Disco, 1982. (Coleção *Piô...Piô...*).
_____. *Kibala, o rei Leão*. Capa e ilustrações de António P. Domingues. Luanda: Instituto Nacional do Livro e do Disco, 1982 (Coleção *Piô...Piô...*).
_____. *O castigo do dragão glutão*. Ilustração e capa de H. Arede. Luanda: Instituto Nacional do Livro e do Disco, [s.d]. (Coleção Miruí, n.1).
ASSIS JÚNIOR, António de. *O segredo da morta*: romance de costumes angolenses. 2. ed. Lisboa: Edições 70,[1979]. (Autores Angolanos, 21).

BOBELA, Motta A. [VILELA, Luis]. *Não adianta chorar*. Lisboa: África Editora, 1977. (Tempo Africano)
CARDOSO, António. *Chão de exílio*. Lisboa: África Editora, 1980. (Cântico Geral).
CARDOSO, Boaventura. *O fogo da fala*: exercícios de estilo. Lisboa: Edições 70, 1980. (Autores Angolanos, 32)
_____. *Dizanga dia muenhu* (A lagoa da vida). São Paulo: Ática, 1982. (Autores Africanos, 16).
CARVALHO, Ruy Duarte de. *Ondula, savana branca*. Expressão oral africana: versões, derivações, reconversões. Lisboa: Livraria Sá da Costa: União dos Escritores Angolanos, [s.d]
_____. *Como se o mundo não tivesse leste*. 2 ed. Porto: Limiar: União dos Escritores Angolanos, 1980.
CÉSAIRE, Aimé. *Cahier d'un retour au pays natal*. Paris: Présence Africaine, 1971.
CONTOS *populares de Angola*: cinqüenta contos em quimbundo coligidos e anotados por Héli Chatelain. Ed. portuguesa dirigida e orientada pelo Dr. Fernando de Castro Pires de Lima. Lisboa: Agência-geral do Ultramar, 1964.
CORREIA, Octaviano. *Fizeste fogo à viuvinha*. Luanda: Lito-Tipo: União dos Escritores Angolanos, 1980 (Cadernos Lavra & Oficina, 29).
_____. *Gali, o pássaro de fogo*. Ilustração de Vino Morais. Luanda: Lito-Tipo, [s.d.].
_____. *O esquilo de cauda fofinha e o dendém apetitoso*. Ilustrações de Zépaulo. Lisboa: Plátano: Instituto Nacional do Livro e do Disco, [s.d.].
_____. *O país das mil cores*. Ilustrações de António P. Domingues. Lisboa: Sá da Costa: Instituto Nacional do Livro e do Disco, [s.d.].
_____. *O reino das rosas libertas*. Ilustrações de José Maria. Lisboa: Livraria Sá da Costa: Instituto Nacional do Livro e do Disco, [s.d.].
DÁSKALOS, Alexandre. Buscando o futuro. *Mensagem*. Lisboa, n.7, p.16-17, 1949.
DAVID, Raul. *Contos tradicionais da nossa terra*. Luanda: União dos Escritores Angolanos, 1979. (Cadernos Lavra & Oficina, 22).
EVERDOSA, Carlos. *Saudades de Luanda*. Vila Real: Edição do Autor, 1986.
FERREIRA, Manuel. *No reino de Caliban*. Lisboa: Seara Nova: Plátano, 1975-1976,3v.
GUERRA, Henrique. *Alguns poemas*. Luanda: União dos Escritores Angolanos, 1978. (Cadernos Lavra & Oficina, 12).
_____. Cultura nacional. *In*: TEXTOS africanos de expressão portuguesa. [Angola]: Ministério da Educação, [s.d.], v.1, p.134.

JACINTO, António. *Vôvô Bartolomeu*: conto. Lisboa: Edições 70, [1979]. (Autores Angolanos, 17).

_____. *Poemas*. 2. ed. Luanda: Instituto Nacional do Livro e do Disco, 1985.

_____. *Sobreviver em Tarrafal de Santiago*. Luanda: Instituto Nacional do Livro e do Disco, [s.d.].

LARA, Alda. *Poesia*. Luanda: União dos Escritores Angolanos, 1979. (Cadernos Lavra & Oficina, 18).

MACEDO, Jorge. *Geografia da coragem*. Lisboa: Edições 70, 1980. (Autores Angolanos, 23).

MARCELINO, Rosário. *Jisabhu*: contos tradicionais (kimbunduportuguês). Lisboa: Edições 70: União dos Escritores Angolanos, 1984.

MELO, Dario de. *Estórias do leão velho*: dramatizações infantis. Luanda: União dos Escritores Angolanos, 1985. (Cadernos Lavra & Oficina, 48).

_____. *Quem se gaba sempre acaba*. Ilustrações de António P. Domingues. Luanda: Instituto Nacional do Livro e do Disco, 1982. (Coleção Piô...Piô...).

_____. *Quem vai buscar o futuro?* Ilustrações de Carmelo Gonzales. [Cuba]: José Martí, 1986.

MESTRE, David. *O relógio de cafucôlo*. Luanda: Lito-Tipo: União dos Escritores Angolanos, 1987. (Cadernos Lavra & Oficina, 62).

NETO, Agostinho. *Poemas de Angola*. Rio de Janeiro: Codecri, 1976.

_____. *Sagrada esperança*: poemas. 9. ed. Lisboa: Livraria Sá da Costa, 1979 (Vozes do Mundo).

_____. *Náusea*: conto/ *O artista*: desenho. Ilustração de António P. Domingues. [Lisboa]: Edições 70, 1980. (Autores Angolanos, 2. Série especial).

NETO, Eugénia. *A formação de uma estrela* e outras histórias na Terra. [Lisboa]: Edições 70, 1979.

_____. *As nossas mãos constroem a liberdade*. [Lisboa]: Edições 70, 1979.

NETO, João Cabral de Melo. *Poesias completas* (1940-1965). Rio de Janeiro: Sabiá, 1968.

PACAVIRA, Manuel Pedro. *Gentes do mato*. Lisboa: Edições 70, 1981. (Autores Angolanos, 35)

_____. *Nzinga Mbandi*: romance. 2. ed. Lisboa: Edições 70, [1979]. (Autores Angolanos, 15).

PEPETELA (PESTANA, Arthur). *As aventuras de Ngunga*. São Paulo: Ática, 1980. (Autores Africanos,3).

_____. *Mayombe*. São Paulo: Ática, 1982. (Autores Africanos, 14).

_____. *Yaka*: romance. São Paulo: Ática, 1984. (Autores Africanos, 23).

_____. *O cão e os caluandas*. Lisboa: D. Quixote, 1985. (Autores de Língua Portuguesa).

RIBAS, Óscar. *Missosso*: literatura tradicional angolana. Luanda: Tipografia Angolana, 1961. v.1

_____. *A praga*. Luanda: União dos Escritores Angolanos, 1978. (Cadernos Lavra & Oficina, 9).

_____. *Uanga (Feitiço)*. 4. ed. [Cuba]: [Ediciones Cubanas]: União dos Escritores Angolanos, 1985 (conforme a 1. ed. de 1951).

ROCHA, Jofre [ALMEIDA, Roberto de]. *Estórias do musseque*. São Paulo: Ática, 1980. (Autores Africanos, 5).

_____. *Crônicas de ontem e de sempre*. Luanda: Lito-Tipo: União dos Escritores Angolanos, 1985. (Cadernos Lavra & Oficina, 47).

_____. *Estória completa*. Luanda: Makutanga U.E.E.: União dos Escritores Angolanos, 1985. (Cadernos Lavra & Oficina, 56).

RUI, Manuel. *Quem me dera ser onda*. 2. ed. Ilustrações de Alceu Saldanha Coutinho. Luanda: Instituto Nacional do Livro e do Disco, [1984]

_____. *Memória de mar*. Lisboa: Edições 70,1985.

_____. *Sim, camarada*. 2. ed. [Cuba]: Ediciones Cubanas: União dos Escritores Angolanos, 1985.

SANTILLI, Maria Aparecida (org.). *Estórias africanas*: história e antologia. São Paulo: Ática, 1985. (Fundamentos).

SANTOS, Arnaldo. *Kinaxixe e outras prosas*. São Paulo: Ática, 1981. (Autores Africanos, 8).

_____. *O cesto de katandu e outros contos*. Lisboa: Edições 70: União dos Escritores Angolanos, 1986.

SOROMENHO, Fernando Monteiro de Castro. *Nhári*: o drama da gente negra. Porto: Livraria Civilização, 1938.

_____. *Noite de angústia*: romance. 2. ed. [Lisboa]: Inquérito, [1943].

_____. *Terra morta*. Rio de Janeiro: Casa do Estudante do Brasil, 1949. (Coleção Gaivota).

_____. *Viragem*. [Lisboa]: Ulisseia, 1957. (Coleção Atlântida).

_____. *Histórias da terra negra*. Lisboa: Gleba, 1960. 2v.

_____. *Homens sem caminho*: romance. Lisboa: Portugália, [s.d].

_____. *Rajada e outras histórias*. Lisboa: Portugália, [s.d].

_____. *A chaga*. Rio de Janeiro: Civilização Brasileira, 1970.

TENREIRO, Francisco José. *Coração em África*. Linda-a-Velha: África Editora, 1982.

TEXTOS *africanos de expressão portuguesa*. [Angola]: Ministério da Educação, [s.d]. 2.v.

TRONI, Alfredo. *Nga Mutúri*: cenas de Luanda. [Lisboa]: Edições 70, [1973].

VAN-DÚNEM, Aristides. *Estórias antigas*. Lisboa: Edições 70: União dos Escritores Angolanos, 1986.

VAN-DÚNEM, Domingos. *Milonga*. Porto: Brasília, 1986.
VIEIRA, José Luandino. *A cidade e a infância*: estórias. 2. ed. Lisboa: Edições 70, 1977.
_____. *A vida verdadeira de Domingos Xavier*. São Paulo: Ática, [s.d]. (Autores Africanos, 1).
_____. *No antigamente, na vida*: estórias. 3. ed. Lisboa: Edições 70. [1977].
_____. *Macandumba*: estórias. Lisboa: Edições 70, [1978].
_____. *João Vêncio: os seus amores*: estórias [Lisboa]: Edições 70, 1981.
_____. *Lourentinho, dona Antónia de Sousa Neto & eu*. Lisboa: Edições 70, 1981.
_____. *Luanda*: estórias. São Paulo: Ática, 1982. (Autores Africanos, 10).
_____. *Nós, os do Makulusu*. 4. ed. Lisboa: Edições 70, 1985.
_____. *Velhas estórias*. 2. ed. Lisboa: Edições 70: União dos Escritores Angolanos, 1986.
_____. *Vidas novas*. 5. ed. [Cuba]: [Ediciones Cubanas]: União dos Escritores Angolanos, 1986.
XITU, Uanhenga [CARVALHO, Agostinho Mendes]. *Manana*. 2. ed. Lisboa: Edições 70, [1978].
_____. *Maka na sanzala (Mafuta)*. Lisboa: Edições 70, [1979].
_____. *Mestre Tamoda e Kahitu*. São Paulo: Ática, 1984. (Autores Africanos, 22).

II TÍTULOS GERAIS

ABRANCHES, Henrique. Encorajar a linha política justa instituindo uma cultura ao serviço do povo. *África*, Lisboa, n.1. p. 45-48, 1978.
_____. *Sobre culturas regionais angolanas*. Luanda: União dos Escritores Angolanos, 1979. (Cadernos Lavra & Oficina, 19).
AGUESSY, Honorat. Visões e percepções tradicionais. *In*: AGUESSY, Honorat *et al*. *Introdução à cultura africana*. Tradução de Emanuel L. Godinho, Germano C. Franco e Ana Mafalda Leite. Lisboa: Edições 70, [1980], p. 95-136 (Biblioteca de Estudos Africanos, 2).
ALMEIDA, Pedro Ramos. *História do colonialismo português em África*. Lisboa: Estampa, 1978.
ANDRADE, Mário de. *Cartas a Manuel Bandeira*. Prefácio e notas de Manuel Bandeira. Rio de Janeiro: Tecnoprint, 1966.
ANGOLA: Os símbolos do poder na sociedade tradicional. Coimbra: Centro de Estudos Africanos, Instituto de Antropologia, 1983.
ALTUNA, Raúl Ruiz de Asúa. *Cultura tradicional banto*. Luanda: Secretariado Arquediocesano de Pastoral, 1985.

ANTÓNIO, Mário. *Luanda, "ilha" crioula*. Lisboa: Agência-Geral do Ultramar, 1968.

A RESISTÊNCIA em Angola: (Resistência militar à ocupação colonial de finais do séc. XIX à 2ª. década do séc. XX). Orientação de Aurora F. Ferreira; elaboração: Ana Paula R. Tavares e Oscar Manuel F. Guimarães. Luanda: Centro Nacional de Documentação e Investigação Histórica da Secretaria de Estado da Cultura, 1984.

BAKHTIN, Mikhail. *Problemas da poética de Dostoiévski*. Tradução de Paulo Bezerra. Rio de Janeiro: Forense-Universitária, 1981.

_____. (VOLOCHINOV, V.N.). *Marxismo e filosofia da linguagem*. 3. ed. Tradução de Michel Lahud e Yara Frateschi Vieira, com a colaboração de Lúcia Teixeira Wisnick e Carlos Henrique D. Chagas Cruz. São Paulo: Hucitec, 1983.

_____. *Problemas literarios y estéticos*. Tradução de Alfredo Caballero. Habana: Editorial Arte y Literatura, 1986.

BALANDIER, George. *Sociologie actuelle de l'Afrique noire*: dynamique sociale en Afrique Centrale. 2. ed. Paris: Presses Universitaires de France, 1963. (Bibliothèque de Sociologie Contemporaine).

BALOGUN, Ola. Forma e expressão nas artes africanas. *In*: AGUESSY, Honorat *et al*. *Introdução à cultura africana*. Tradução de Emanuel L. Godinho, Germiniano C. Franco e Ana Mafalda Leite. Lisboa: Edições 70, 1980. p. 37-94 (Biblioteca de Estudos Africanos, 2).

BARTHES, Roland. *S/Z*. Paris: Seuil, 1970.

_____. *Novos ensaios críticos* seguidos de *O grau zero da escritura*. Tradução de Heloysa de Lima Dantas, Anne Arnichand e Álvaro Lorengini. São Paulo: Cultrix, 1974.

_____. *O prazer do texto*. Tradução de J. Guinsburg. São Paulo: Perspectiva, 1977. (Elos, 2)

_____. *Fragmentos de um discurso amoroso*. Tradução de Hortênsia dos Santos. Rio de Janeiro: F. Alves, 1981.

BASTIDE, Roger. L'Afrique dans l'oeuvre de Castro Soromenho. *In*: SOROMENHO, F.M. de Castro. *Histórias da terra negra*. Lisboa: Gleba, 1960. 2v.

BENJAMIN, Walter. *Obras escolhidas*. Tradução de Sérgio Paulo Rouanet. São Paulo: Brasiliense, 1985. v. 1: Magia e técnica, arte e política.

_____. *Obras escolhidas*. *Rua de mão única*. Tradução de Rubens Rodrigues Torres Filho e José Carlos Martins Barbosa. São Paulo: Brasiliense, 1987. v. 2. Rua de mão única.

BENOIST, Luc. *Signos, símbolos e mitos*. Tradução de Ana Maria Vargas. Rio de Janeiro: Interlivros, 1976.

BERGER, Peter L., LUCKMANN, Thomas. *A construção social da realidade*: tratado de sociologia do conhecimento. 5. ed. Tradução de Floriano de Souza Fernandes. Petrópolis: Vozes, 1983. (Antropologia, 5).

BERND, Zilá. *Negritude e literatura na América Latina.* Porto Alegre: Mercado Aberto, 1987. (Novas Perspectivas, 24).
BETTELHEIM, Bruno. *A psicanálise dos contos de fada.* 3. ed. Tradução de Arlene Caetano. Rio de Janeiro: Paz e Terra, 1980. (Literatura e Teoria Literária, v. 24).
BORNHEIM, Gerd. O conceito de tradição. In: BORNHEIM, Gerd et al. *Tradição/Contradição.* Rio de Janeiro: Zahar, 1987, p. 13-29. (Cultura Brasileira).
BOSI, Alfredo. Cultura Brasileira. In: SAVIANI, Dumeval et al. *Filosofia da educação brasileira.* Rio de Janeiro: Civilização Brasileira, 1983, p.135-176. (Educação e Transformação, v. 6).
_____. Cultura como tradição. In: BORNHEIM, Gerd et al. *Tradição/Contradição.* Rio de Janeiro: Zahar, 1987, p. 31-58. (Cultura Brasileira).
BOSI, Ecléa. *Memória e sociedade:* Lembranças de velhos. São Paulo: T.A. Queiroz, 1983.
BOURDIEU, Pierre. *A economia das trocas simbólicas.* 2. ed. Introdução, organização e seleção de Sérgio Miceli. Tradução de Sérgio Miceli e outros. São Paulo: Perspectiva, 1982. (Estudos, 20).
BURNESS, Donald. Literature and Ethnography. The case of O segredo da morta and Uanga. In: *Cadernos de literatura.* Coimbra, n. 12, p. 42-50, 1982.
CABRAL, Amílcar. Resistência cultural. In: *Textos africanos de expressão portuguesa.* [Angola]: Ministério da Educação, [s.d], v. 1, p. 137-141.
CANDIDO, Antonio. *Literatura e sociedade:* estudos de teoria e história literária. 5. ed. São Paulo: Ed. Nacional, 1976.
_____. *A educação pela noite e outros ensaios.* São Paulo: Ática, 1987. (Temas, 1).
CARDOSO, António. Inquérito aos escritores. *Lavra & Oficina*, Luanda, n. 16, p. 3-5, 1980.
CARVALHO, Henrique Augusto Dias. *Expedição portuguesa ao Muatiânvua. Etnografia e história tradicional dos povos da Lunda.* Edição ilustrada por H. Casanova. Lisboa: Imprensa Nacional, 1980.
CASSIRER, Ernst. *Antropologia filosófica:* ensaio sobre o homem. 2. ed. Tradução de Vicente Félix de Queiroz. São Paulo: Mestre Jou, 1977.
CHAVES, Rita de Cássia Natal. *Mayombe:* a reinvenção de Ogum, o Prometeu africano, Niterói, 1984. Dissertação (Mestrado) — Universidade Federal Fluminense.
COELHO, Jacinto do Prado. *Introdução ao estudo da novela camiliana.* 2. ed., ref. e aum. Lisboa: Imprensa Nacional: Casa da Moeda, [s.d.].
COSME, Leonel. Literatura e revolução. *África*, Lisboa, n. 3, p. 289-291, 1979.

DAVIDSON, Basil. *Os africanos*: uma introdução à sua história cultural. Tradução de Fernanda Maria Tomé da Silva. Lisboa: Edições 70, [1981]. (Biblioteca de Estudos Africanos: 4).
DAVIS, Flora. *A comunicação não-verbal*. Tradução de Antonio Dimas; direção de Fanny Abramovich. São Paulo: Summus, 1979. (Novas Buscas em Educação, v.5).
DERRIDA, Jacques. *A escritura e a diferença*. Tradução de Maria Beatriz Marques Nizza da Silva. São Paulo: Perspectiva, 1967. (Debates, 49).
DESCOLONIZAÇÃO: seleção, introdução e revisão de Theo Santiago. Tradução de Antonio Monteiro Guimarães Filho, Theo Santiago e José Fernandes Dias. Rio de Janeiro: F. Alves, 1977. (Ciências Sociais).
DURAND, Gilbert. *Les structures anthropologiques de l'imaginaire*: introduction à l'archétypologie générale. Paris: Bordas, 1980.
EAGLETON, Terry. *Marxismo e crítica literária*. Tradução de António Sousa Ribeiro. Porto: Afrontamento, [1978]. (Crítica e sociedade, 8).
ELIADE, Mircea. *Mito e realidade*. Tradução de Pola Civelli. São Paulo: Perspectiva, 1972. (Debates, 52).
ERVEDOSA, Carlos. *Roteiro da literatura angolana*. 2. ed. Revista e atualizada pelo autor. Lisboa: Edições 70, [1979]. (Estudos: 4).
FANON, Frantz. *Por la revolución africana*. Tradução de Demetrio Aguillera Malta. México, Fondo de Cultura Económica, 1975. (Colección Popular. Tiempo Presente, n. 70).
_____. *Pele negra, máscaras brancas*. 2. ed. Tradução de Alexandre Pomar. Porto: Paisagem, 1975. (Mutações, 8).
_____. *Os condenados da terra*. 2. ed. Tradução de José Laurênio de Melo. Rio de Janeiro: Civilização Brasileira, 1979. (Perspectivas do Homem, v. 42).
FERRAZ, Maria de Lourdes A. *A ironia romântica*: estudo de um processo comunicativo. [Lisboa]: Imprensa Nacional: Casa da Moeda, [1987]. (Estudos Gerais. Série Universitária).
FERREIRA, Eugénio. *A crítica neorealista*. 3. ed. Luanda: União dos Escritores Angolanos, 1980. (Cadernos Lavra & Oficina, 27).
FERREIRA, Manuel, MOSER, Gerald. *Bibliografia das literaturas africanas de expressão portuguesa*. Lisboa: Imprensa Nacional — Casa da Moeda [1983].
FEUSER, Wilfried F. Entre a tradição e a modernidade: impressões sobre a literatura nigeriana. Tradução de Wanda Ramos. *África*, Lisboa, n.2, p. 117-124, 1978.
FISCHER, Ernst. *A necessidade da arte*. Tradução de Leandro Konder. São Paulo: Círculo do Livro, [s.d].
FRANZ, M.-L. von. O processo de individuação. *In*: JUNG, Carl Gustav *et al*. *O homem e seus símbolos*. 5. ed. Tradução de Maria Lúcia Pinho. Rio de Janeiro: Nova Fronteira, [s.d], p. 159-229.

FRYE, Northrop. *Anatomia da critica*. Tradução de Péricles Eugênio da Silva Ramos. São Paulo: Cultrix, 1973.

FREUD, Sigmund. *Obras completas*. Tradução de Luiz Lopes-Ballesteros y de Torres. Madrid: Biblioteca Nueva, 1968. 2 v.

GENETTE, Gérard et al. *Análise estrutural da narrativa*. Tradução de Maria Zélia Barbosa Pinto, Rio de Janeiro: Vozes, 1971. p.257-275 (Novas Perspectivas em Comunicação, 1).

GLISSANT, Édouard. *Le discours antillais*. Paris: Seuil, 1981.

GNERRE, Maurizzio. *Linguagem, escrita e poder*. São Paulo: Martins Fontes, 1985. (Texto e Linguagem).

GOLDMANN, Lucien. *Dialética e cultura*. Tradução de Luiz Fernando Cardoso, Carlos Nelson Coutinho e Giseh Vianna Konder. 2. ed. Rio de Janeiro: Paz e Terra, 1979.

GONÇALVES, Virgínia Maria. *Os arquétipos e a ruptura dos estereótipos na produção literária de Luandino Vieira*. Universidade de São Paulo, Tese (Doutorado), Departamento de Letras Clássicas e Vernáculas da Faculdade de Filosofia, Letras e Ciências Humanas, 1986, São Paulo: 1986.

GRAMSCI, Antonio. *Literatura e vida nacional*. Tradução e seleção de Carlos Nelson Coutinho. 2. ed. Rio de Janeiro: Civilização Brasileira, 1978. (Perspectivas do Homem, v. 49).

_____. *Os intelectuais e a organização da cultura*. Tradução de Carlos Nelson Coutinho. 5. ed. Rio de Janeiro: Civilização Brasileira, 1985. (Perspectivas do Homem v. 48).

HAMILTON, Russel G. *Literatura africana literatura necessária I — Angola*. Tradução do autor. Lisboa: Edições 70, 1981. (Biblioteca de Estudos Africanos, 3).

HELD, Jacqueline. *O imaginário no poder*: as crianças e a literatura fantástica. Tradução de Carlos Rizzi. São Paulo: Summus, 1980. (Novas Buscas em Educação, v. 7).

HENDERSON, Joseph L. Os mitos antigos e o homem moderno. *In*: JUNG, Carl Gustav et al. *O homem e seus símbolos*. Tradução de Maria Lúcia Pinho. Rio de Janeiro: Nova Fronteira, [s.d], p. 105-107.

IANNONE, Carlos Alberto. Achegas para o estudo de um dos tipos sociais da ficção de Castro Soromenho. *África*, Lisboa: n. 3, p. 329-332, 1979.

JOLLES, André. *Formas simples*: Legenda, Saga, Mito, Adivinha, Ditado, Caso, Memorável, Conto, Chiste. Tradução de Álvaro Cabral. São Paulo: Cultrix, 1976.

JUNG, Carl Gustav. *A natureza da psique*. Tradução de D. Mateus Ramalho Rocha. Petrópolis: Vozes, 1984. (Obras completas de C. G. Jung, v. VIII/2).

_____. Chegando ao inconsciente. *In*: JUNG, Carl Gustav *et al*. *O homem e seus símbolos*. Tradução de Maria Lúcia Pinho. 5. ed. Rio de Janeiro: Nova Fronteira, [s.d], p. 19-107.

_____. *Memórias, sonhos, reflexões*. Tradução de Dora Ferreira da Silva. Reunião e edição de Aniela Jaffé. 6. ed. Rio de Janeiro: Nova Fronteira, [1984].

KANE, Mohamadou K. *Roman africain et traditions*. Edité avec le concours de la Fondation L.S. Senghor. Dakar: Les Nouvelles Éditions Africaines, 1982. (Essais Littéraires, 1).

KESTELOOT, Lilyan. *Les écrivains noirs de langue française*: naissance d'une littérature. Bruxelles: Editions de l' Université de Bruxelles, 1983.

Ki-ZERBO, Joseph. *História da África negra*. Tradução de Américo de Carvalho. Lisboa: Europa-América, 1978. 2.v. (Biblioteca Universitária, 14 e 15).

KOTHE, Flávio R. *A alegoria*. São Paulo: Ática, 1986. (Princípios, 72).

LABAN, Michel. Angola: le témoignage de Uanhenga Xitu. *In*: *Bulletin des études portugaises et brésiliennes*. Paris: A.D.P.F., t. 42-43, p. 45-68.

LAGARDE, André, MICHARD, Laurent. *XIXe siècle*: les grands auteurs français du programme. 3. ed. Paris: Bordas, 1956. (Collection Texte et Littérature).

LARANJEIRA, Pires J.L. *Literatura calibanesca*. Porto: Afrontamento, 1985.

LEFEBVE, Maurice-Jean. *Estrutura do discurso da poesia e da narrativa*. Tradução de José Carlos Seabra Pereira. Coimbra: Almedina, 1980.

LEPECKI, Maria Lúcia. Luandino Vieira: sob o signo da verdade. *África*, Lisboa, n. 2, p 134-142, 1978.

LÉVI-STRAUSS, Claude. *Antropologia estrutural*. Tradução de Chaim Samuel Katz e Eginardo Pires; revisão etnológica de Júlio Cezar Melatti. Rio de Janeiro: Tempo Brasileiro, 1967.

_____. *Mito e significado*. Tradução de António Marques Bessa. Lisboa: Edições 70, [1981].

LOTTMAN, Iouri. *La structure du texte artistique*. Paris: Gallimard, 1973.

LOURENÇO, Manuel. O desenvolvimento da consciência em "Sagrada esperança". *África*, Lisboa, n. 3, p. 253-262, 1979.

LUANDINO: José Luandino Vieira e a sua obra. [Lousã]: Edições 70, [1980]. (Signos, 32).

MACHEL, Samora. O combate cultural no nosso país. *África*, Lisboa, n. 5, p. 554-558, 1979.

MAIA, António da Silva. *Dicionário rudimentar Português-Kimbundo*. Vila da Feira: Empresa Gráfica Feirense, [s.d] (Edições e propiedade do autor. Distribuição Editorial Missões).

MAIA, J.D. Cordeiro (coord.). *Ensaio de diccionario Kimbúndo-Português*. Lisboa: A.M. Pereira, 1893.

MARGARIDO, Alfredo. *Estudos sobre literaturas das nações africanas de língua portuguesa*. Lisboa: A Regra do Jogo, 1980.

MARQUES, Irene Guerra. *Algumas considerações sobre a problemática lingüística em Angola*. Luanda: Instituto Nacional do Livro e do Disco, [s.d].

MÁRQUEZ, Gabriel García. Gabo. Além da imaginação. *O Globo*, Rio de Janeiro: 13 fev. 1987, Segundo Caderno, p. 10.

MARTINHO, Ana M., RAMOS, Isabel M. e TAVARES, Teresa M. Mensagem da CEI — uma memória a guardar, 1987. Comunicação apresentada no I Encontro Universitário sobre Línguas, Culturas, História e Literatura dos Países Africanos de Língua Oficial Portuguesa. Santarém, jun. 1987.

MATA, Inocência L. dos Santos. *A prosa de ficção no período colonial*. (S. Tomé e Príncipe). Dissertação (Mestrado) — Lisboa: Faculdade de Letras, Universidade de Lisboa. 1986.

MATTA, Roberto da. *Carnavais, malandros e heróis*: para uma sociologia do dilema brasileiro. 4. ed. Rio de Janeiro: Zahar, 1983.

MEDEIROS, Tomás. Conversando com Carlos Ervedosa. *Mensagem*, Lisboa, v. 3, n. 34, p. 2-8, 1960

MEMMI, Albert. *Retrato do colonizado precedido pelo retrato do colonizador*. Tradução de Roland Corbisier e Mariza Pinto Coelho. 2. ed. Rio de Janeiro: Paz e Terra, 1977. (O mundo Hoje, v. 20).

MORANTE, Elsa. Aracoeli. *Jornal do Brasil*. Rio de Janeiro, 9 abr., 1983. Caderno B, p.1

MOURALIS, Bernard. *As contraliteraturas*. Tradução de António Filipe Rodrigues Marques e João David Pinto Correia; posfácio de João David Pinto Correia. Coimbra: Almedina, 1982.

_____. *Littérature et développement*: essai sur le statut, la fonction et la représentation de la littérature négro-africaine d'expression française. Paris: Silex, 1984.

MOURÃO, Fernando Augusto Albuquerque. *A sociedade angolana através da literatura*. São Paulo: Ática, 1978. (Ensaios, 38).

NDAW, Alassane. *La pensée africaine*: recherches sur les fondements de la pensée negro-africaine. Préface de Léopold Sédar Senghor. Dakar: Les Nouvelles Éditions Africaines, 1983.

NETO, Agostinho. *Sobre a literatura*. 2. ed. Luanda: União dos Escritores Angolanos, 1978. (Cadernos Lavra & Oficina, 5).

_____. *Sobre a literatura nacional*. Luanda: União dos Escritores Angolanos, 1979. (Cadernos Lavra & Oficina, 15).

NETTO, Araújo. Elsa Morante tenta o suicídio. *Jornal do Brasil*. Rio de Janeiro: 9 abr. 1983. Caderno B, p. 1.

_____. Escatologia e cosmogonia em *Hora di bai* de Manuel Ferreira. *Estudos Portugueses e Africanos*, Campinas, n. 4, p. 44-59, 1984.

_____. *O espaço do desejo*: uma leitura de A ilustre casa de Ramires, de Eça de Queirós. Brasília: Ed. da UnB; Niterói: EdUFF, 1989.

_____. Estudos sobre literaturas africanas de língua portuguesa: relato de uma experiência. *In*: ACTAS do X Encontro e I Colóquio. Lisboa, Coimbra, Porto: Instituto de Cultura Brasileira, Universidade de Lisboa, 1984, p. 584-590.

_____. O gozo da ficção: leitura de *Amor de salvação*, de Camilo Castelo Branco. *UFES*, Vitória, n. 33, p. 21-44, 1985.

_____. Lunda e Luanda. *Angolê*: Artes e Letras, Lisboa, n. 5, p. 6, 1987.

PAZ, Octavio. *O arco e a lira*. Tradução de Olga Savary. Rio de Janeiro: Nova Fronteira, 1982. (Logos).

PEREIRA, Carlos Martins. No caminho para o Homem Novo. *África*, Lisboa, n. 4, p. 412-419, 1979.

PIRES, José Cardoso. *E agora, José?* [Lisboa]: Moraes, [1977].

POUILLON, Jean. *O tempo no romance*. Tradução de Heloysa Lima Dantas. São Paulo: Cultrix: Ed. da USP, 1974.

PROPP, Vladimir I. *Morfologia do conto maravilhoso*. Tradução de Jasna Paravich Sarhan. Rio de Janeiro: Forense-Universitária, 1984.

RAMOS, Arthur. *O folclore negro do Brasil*: demopsicologia e psicanálise. 2. ed. ilust. e rev. Rio de Janeiro: Casa do Estudante do Brasil, [1954].

REDINHA, José. *Etnias e culturas de Angola*. [S.L]: Edição do Instituto de Investigação Científica de Angola: Banco de Angola, Actualidade Editora, [1975].

REIS, Carlos. *Textos teóricos do neo-realismo português*. Coimbra: Almedina, 1981.

RODRIGUES, José Carlos. *Tabu da morte*. Rio de Janeiro: Achiamé, 1983.

ROSÁRIO, Lourenço Joaquim da Costa. *Narrativa africana de expressão oral*. Tese (Doutorado) — Coimbra: Universidade de Coimbra, 1986.

RUI, Manuel. Eu e o outro — o invasor (ou em três poucas linhas uma maneira de pensar o texto). São Paulo: Centro Cultural, 1985. Comunicação apresentada no Encontro Perfil da Literatura Negra.

SANTA CRUZ, Maria de. Luandino e a maka de Babel. Lisboa: Fundação Calouste Gulbenkian, 1985. Conferência pronunciada no Colóquio sobre "Literaturas Africanas de Língua Portuguesa": Tradição e modernidade.

SANTIAGO, Silviano (supervisão). *Glossário de Derrida*: trabalho realizado pelo Departamento de Letras da PUC-Rio. Rio de Janeiro: F. Alves, 1976.

_____. *Uma literatura nos trópicos*: ensaios sobre dependência cultural. São Paulo: Perspectiva: Secretaria da Cultura, Ciência e Tecnologia do Estado de São Paulo, 1978. (Debates, 155).

SANTILLI, Maria Aparecida. *Africanidade*. São Paulo: Ática, 1985.

SANTOS, Eduardo dos. *A negritude e a luta pela independência na África portuguesa*. Lisboa: Minerva, 1975.

SANTOS, Juana Elbein dos. *Os Nàgô e a morte*: Pàdè Àsèsè e culto Égun na Bahia. 4. ed. Petrópolis: Vozes, 1986. (Mestrado, v. 4).

SARTRE, Jean-Paul. Orphée noir. In: SENGHOR, L.S. *Anthologie de la nouvelle poésie nègre et malgache de langue française*. Paris: P.U.F., 1948. p. IX-XLIV. (Colonies et Empires).

SCHWARZ, Roberto. Nacional por subtração. In: BORNHEIN, Gerd *et al*. *Tradição/Contradição*. Rio de Janeiro: Zahar, 1987. p. 91-110. (Cultura Brasileira).

SENGHOR, Léopold Sédar. *Lusitanidade e negritude*. Lisboa: Academia das Ciências de Lisboa: Instituto de Altos Estudos, 1975. (Nova Série-Fascículo I).

SILVA, Maria Teresa Gil Mendes da. As aventuras de Ngunga: uma mitologia invertida? *África*, Lisboa, n. 10, p. 591-609, 1980.

SOBRIÑO, Encarnación. *Ideologia e educação*: reflexões teóricas e propostas metodológicas. Tradução de Roland Lazarte. São Paulo: Cortez: Autores Associados, 1986. (Educação Contemporânea).

SOW, Alpha. Prolegómenos. In: AGUESSY, Honorat *et al*. *Introdução à cultura africana*. Tradução de Emanuel L. Godinho, Germiniano C. Franco e Ana Mafalda Leite. Lisboa: Edições 70, [1980], p. 11-35. (Biblioteca de Estudos Africanos, 2).

TEXTOS teóricos do neo-realismo português. Apresentação crítica, seleção, notas e sugestões de leitura de Carlos Reis. Lisboa: Seara Nova, Comunicação, 1981. (Textos literários, 19).

TODOROV, Tzvetan. *As estruturas narrativas*. 2. ed. Tradução de Leyla Perrone-Moisés. São Paulo: Perspectiva, 1970. (Debates, 14).

_____. *Mikhail Bakthine, le principe dialogique, suivi de Écrits du cercle de Bakthine*. Paris: Seuil, 1981. (Poétique).

TOMACHEVSKI, B. Thématique. In: TODOROV, Tzvetan *et al*. *Théorie de la littérature*: textes des formalistes russes réunis, présentés et traduits par Tzvetan Todorov. Paris: Seuil, 1965.

TORRES, Alexandre Pinheiro. *Romance*: o mundo em equação. [Santa Maria Lamas]: Portugália, 1967. (Problemas, 19).

_____. O processo da marginalização do mulato na triologia de Camaxilo de Castro Soromenho. *África*, Lisboa, n. 1, p. 5-10, 1978.

_____. *O neo-ralismo literário português*. Lisboa: Moraes, 1977. (Temas e Problemas).

TRIGO, Salvato. *A poética da "Geração da Mensagem"*. Porto: Brasília, 1979. (Literaturas Africanas, 2).

_____. *Introdução à literatura angolana de expressão portuguesa*. Porto: Brasília, 1977. (Literaturas Africanas, 1).

_____. *Luandino Vieira — o logoteta*. Porto: Brasília, [1981]. (Literaturas Africanas).

_____. *Uanhenga Xitu — da oratura à literatura*. *Cadernos de literatura*. Coimbra, n. 12, p. 29-33, 1982.

_____. *Ensaios de literatura comparada afro-luso-brasileira*. Lisboa: Vega, [s.d].

TURNER, Victor W. *O processo ritual*: estrutura e anti-estrutura. 5. ed. Tradução de Nancy Campi de Castro. Petrópolis: Vozes, 1974.

VÁSQUEZ, Adolfo Sanchez. *As idéias estéticas de Marx*. 2. ed. Tradução de Carlos Nelson Coutinho. Rio de Janeiro: Paz e Terra, 1978. (Pensamento Crítico, v. 19).

VENÂNCIO, José Carlos. *Uma perspectiva etnológica da literatura angolana*. Lisboa: Ulmeiro, 1987. (Universidade, n. 9).

VOZ de Angola clamando no deserto. Lisboa: Edições 70. [1984]. (Autores Africanos, 37)

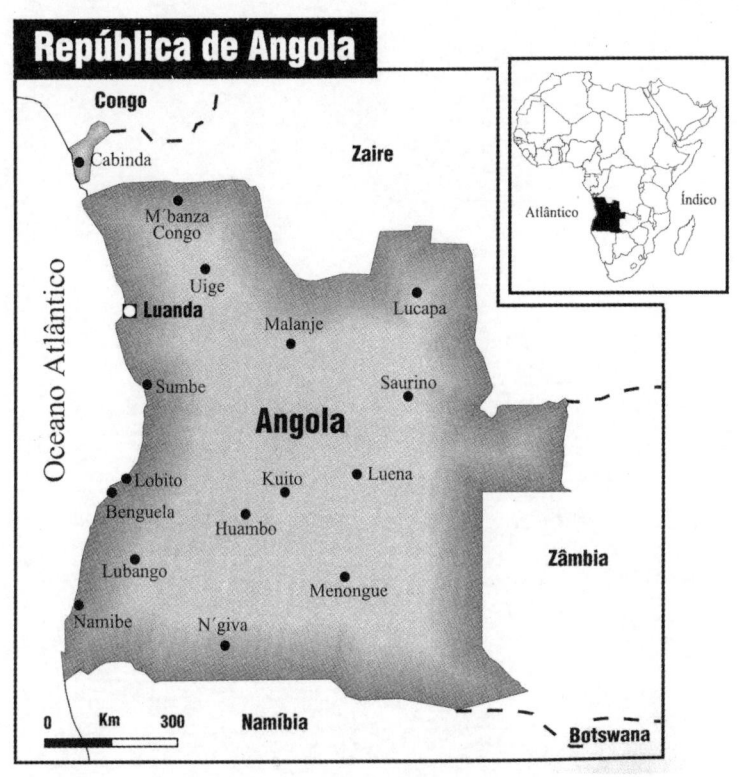

Fonte: Angola — petróleo sem fim. *Anuário África Hoje*. 1997/1998. Lisboa: Lucidus Publicações LDA, 1997/98.

ILUSTRAÇÕES

Reprodução de máscara existente no Museu de Angola em *Entre voz e letra*, o lugar da ancestralidade na ficção angolana do século XX, Laura Cavalcante Padilha, EdUFF, Niterói, 1995 9
Ilustrações, arranjo gráfico e controle de execução de António P. Domingues em *Sagrada Esperança*, de Agostinho Neto, União dos Escritores Angolanos, Luanda, 1986 15
Capa do livro de Oscar Ribas, *Missosso*, literatura tradicional angolana (3º vol.), Tipografia Angolana, Luanda, Angola, 1961 33
Capa de Alceu Saldanha Coutinho em *O segredo da morta*: romance de costumes angolenses, de António de Assis Júnior, Lisboa, Edições 70, 1979, 2ª edição 77
Ilustração de Manuel Ribeiro de Pavia em *Calenga*, de Castro Soromenho, Editorial Inquérito Limitada, Lisboa, 1945 117
Capa da obra de António Jacinto, *Vôvô Bartolomeu*, Edições 70, Lisboa, 1979 167
Ilustração da capa de Machado Dias, em *João Vêncio*: os seus amores, de José Luandino Vieira, Lisboa, Edições 70, 1987, 2ª edição 237
Capa do livro de Arthur Pestana Pepetela, *As aventuras de Ngunga*, União dos Escritores Angolanos, 1988, Rio Tinto, Portugal, 6ª edição 237
Ilustração de capa do livro *Maka na Sanzala (Mafuta)*, de Agostinho Mendes de Carvalho (Vanhenga Xitu), Edições 70, Lisboa, 1978 237
Mapa de Angola extraído do *Anuário África Hoje 79/78*. Angola — petróleo sem fim. Lisboa: Lucidus Publicações Ltda, 1997, p. 44-46 253

Este livro foi impresso em abril de 2011, na Repro India, na Índia.
O papel de miolo é offset 70g/m², e o de capa é cartão 250g/m².
A fonte de miolo é a ITC Stone Serif, corpo 9/13.